JN213547

# 日本における「近代政党」の誕生

## 戦前期島根県における憲政会・民政党勢力の展開

杉谷直哉［著］ SUGITANI Naoya

法律文化社

# はしがき

「政党」という言葉にポジティブなイメージを持つ人間はあまりいないのではないだろうか。一八六二年にヨーロッパに留学した福沢諭吉が、当時のヨーロッパの人々が政治上の議論を堂々としていることに衝撃を受けたとして次のように回想しているのはよく知られている。

党派には保守党と自由党と徒党のやうなものがあつて、双方負けず劣らず鎬を削つて争ふて居ると云ふ。何の事だ、太平無事の天下に政治上の喧嘩をして居ると云ふ。サア分からない。コリャ大変なことだ、何をして居るのか知らん。少しも考の付かう筈がない。彼の人と此の人とは敵だなんだと云ふて、同じテーブルで酒を飲で飯を喰て居る。少しも分らない。ソレが略(ほぼ)分るやうにならうと云ふまでには骨の折れた話で、其謂れ因縁が少しづつ分るやうになつて来て、入組んだ事柄になると五日も十日も掛つてヤツト胸に落ると云ふやうな訳けで、ソレが洋行の利益でした。(『福沢諭吉全集　第7巻』岩波書店、一九五九年、一〇八頁)

福沢の感じた違和感とは、「太平無事の天下」の中にあって政治の「喧嘩」を繰り広げる人々の姿にあった。これは後年の回想であり、福沢の誇張もあるかもしれないが、人々が「徒党」を組んで、敵と飲食を共にして議論をしていることにカルチャー・ショックを受けたことは間違いないだろう。また、福沢が「徒党」というマイナスイメージを想起する言葉で政党を表現している点も注意したい。徒党を組んで政治的な企みを堂々と議論する姿は、幕藩体制下の秩序に慣れ親しんだ福沢にとっては、衝撃的だったはずである。福沢の衝撃から一六〇年ばかり経過した現在(二〇二五年)において、はたして政党は日本に慣れ親しんだ存在となったのだろうか。今日の「政治不信」とも言える政治社会のあり方を考えると、福沢の戸惑いはなお示唆に富むものではないだろうか。

本書は、こういった戸惑いをもって迎えられた政党が、いかにして政治社会の中に浸透しようとしたのか、政治社会はどのようにそれを受け止めたのかを明らかにするものである。そのために本書は、政党をめぐる数々の要素にスポットを当てていく。たとえばそれは政治家であり、また政策であり、地域であり、あるいは組織であり、メディアであり、政党や政治家に対するイメージなどである。政党と一言に言っても、その捉え方は様々である。これらの要素について端的にその意味を述べるなら、政党に所属したのが政治家であるなら、政治家が政党の支持を広めようと用いたのが組織や政策であり、それに対する社会からの応答がメディアによる評論とそれによって生じるイメージ形成であった。本書は政党とそれを取り巻く政治社会の変容を捉えながら、戦前期の政党政治を捉え直す試みである。言うまでもなく戦前の政党政治の経験は、現在の政治社会のあり方を考える上でも知っておくべき教訓が多くあるはずである。

本書の問題意識の一つは、今なおマイナスイメージが付きまとう政党に多くの人々が集い、それが政治社会に大きな変化をもたらしたこと、そして政党もまた政治社会に影響を受けながら変化したという相互作用を明らかにしたいということである。歴史とは現在と過去との対話であるとの言葉はよく見聞きするが、本書は政党と政治社会がどう「対話」しながら、日本のデモクラシーの歴史を形作ったかを明らかにする試みであるとも言えよう。

# 目次

戦前の島根県関係地図

(「日本交通分県地図　島根県」〔大阪毎日新聞社、1925年(大正14)〕を元に筆者作成)

# 序章　戦前の政党をめぐる論点

## 終わらない政党不信

現在に至る政党に関するイメージは、「一部の人間が思い通りになるように政治を決めており、政党はその手段にすぎないである」とか、「政策や理念は建前に過ぎず実際に政治を動かすのは財界や地域の有力者である」、「政治家は汚い手段で金儲けばかりしており全く国民生活を顧みず、国民にばかり負担を強いている」、というようなものであろう。北欧政治の研究者である岡沢憲芙による著書『政党』のオビには「政党に未来はあるか！」との言葉が書かれている。岡沢は序章で「政党は日本の政治風土に根付くのであろうか。市民から見た政党風景は芳しくない。ウサン臭さとダーティ・イメージがどうしても付纏う。腐敗政治の代名詞であったり、派閥単位のボス政治をソフトに覆い隠す包装紙であったりする。そして、わかりにくい」と書いている（岡沢 一九八八：一）。

『政党』が書かれたのは一九八八年であるが、政党に対するネガティブなイメージは基本的に変わることがないと言ってよい。近年の政党論の成果である待鳥聡史『民主主義にとって政党とは何か』も、「あとがき」で「現在は、政党そのものの存在意義に疑念が抱かれている時代の一つであ」り、「政党は常に嫌われ、批判される存在であった」ものの、明らかに利益分配が困難になりつつある今日では、政党不信は明らかに強まっていると主張する（待鳥 二〇一七：二三一）。

本書は、そうした「嫌われもの」の政党の歴史を、地域から見つめ直していく試みである。

## 日本における政党の起源

明治維新を迎えた日本社会は旧来の秩序が大きく変容する混乱の中にあった。これまで支配階級であった士族を中心とする反乱も相次いでいた。そのような中で、社会の不平不満を受け皿にして政府に自らの要求を通そうとする動きが活発化した。一八七四年（明治七）に日本で最初に誕生した政党とされる愛国公党が提出した民撰議院設立建白書が、自由民権運動のきっかけとなったことはよく知られている。しかし、愛国公党はやがて自然消滅の道を辿ることになる。士族反乱が鎮圧されると、武力行使による要求貫徹の路線は否定され、もう一つの路線であった自由民権運動が活発化する。この運動が求めたのは国会開設であった。こうした要求を藩閥政府も無視できなくなり、一八九〇年に帝国議会が開会された。政党が本格的に日本政治に関わる歴史は、ここから始まっていったのである（季武 二〇二一、松沢 二〇一六）。

日本の政党の流れは大まかに分けて二つある。一つは自由民権運動の間に幾度かの再編を経ながら形成された、いわゆる自由党系のグループである。中心的存在の一人は板垣退助であり、藩閥政府と対峙していった。一九〇〇年（明治三三）は元老の伊藤博文を総裁に迎えて立憲政友会となる。政友会は主に地主層を基盤としつつ、地方利益誘導と呼ばれる地域振興策を打ち出すことで広範な支持を獲得していったとされている。こうした支持を背景に政友会は、一九一八年（大正七）に原敬が首相に就任すると全盛期を迎える。しかし、一九二一年に原が暗殺されると党内の対立が深まっていき、一九二四年には党内対立が決定的となって分裂する。分裂した政友本党は、もう一つの政党である憲政会と合流し、一九二七年（昭和二）に立憲民政党が結党される。

もう一つの政党の流れは大隈重信が中心となった改進党系のグループである。このグループは何度かの再編を経て一時自由党と合流して憲政党となるが、路線対立から分裂する。その後、一九一〇年にいくつかの党派と合流して立憲国民党となるが、一九一三年には党内から桂太郎（かつらたろう）（一八四八〜一九一三）の新党構想に参加し立憲同志会が結党される。同志会には桂が引き抜いた官僚出身者が複数おり、中には若槻礼次郎（わかつきれいじろう）（一八六六〜一九四九）ら後に内閣総理大臣となるような人物も含まれていた。同志会は一九一六年に憲政会となり、一九二七年には政友本党と合流して立憲民政党に至る。特徴として政友会の積極財政に対して民政党は緊縮財政を標榜し、外交政策も政友会のそれと比較して穏健であったとされる（井上 二〇一二など）。

本書の扱う主な時代は、一九二〇年から一九三七年までである。日本政治史の流れを見ると、政友会が原敬の指導下のもと全盛期を迎える一方で、党勢を後退させた憲政会が再建を期し、民政党として政権与党となってから、一九三二年の政権交代を経て五・一五事件で政党内閣制が中断し、一九三六年の二・二六事件で政党内閣制が崩壊していく時期に該当する。政党の栄枯盛衰を表出しているのがまさにこの時期であると言えよう。

## 「近代政党」とは何か

以上の前提を踏まえて本書は、日本における政党の歴史を「近代政党」の誕生とその展開という視点で捉えることを目的とする。ここでの「近代政党」とは、議会政治が始動した直後に見られた地主・企業家・資産家などの名望家層が中心であり、制限選挙制下で議会を運営した政党（「名望家政党」）とは異なり、普通選挙（戦前は男子のみ、戦後は女子も含める）に対応できるような広く有権者に根差した政党のことを指す。本書では「近代政党」の概念を次のように規定する。すなわち、(1)不特定多数の有権者に向けた国民生活の向上・安定を目指した、高い専門性に裏打ちされた政策を選挙で主張し、政策を実行することで政治社会の統合と安定化を図る、(2)多くの有権者を糾合できるような幅広い手段を展開する、(3)政治活動を支える組織網を整備する、(4)政党批判に対して自らの正当性を社会に訴える言説を展開できる能力を有する、以上の四点の要素を満たす政党が本書の定義する「近代政党」である。

なお、「近代政党」という概念自体は本書の完全なオリジナルの概念ではない。古くはマックス・ウェーバーが『仕事としての政治（職業としての政治）』で明らかにしたように、従来の貴族層が中心となっている名望家政党から「デモクラシー、大衆選挙権、大衆の集票と大衆組織の必要、きわめて高度な指揮の統一性ときわめて厳格な規律の発展」の上に成り立つ政党を「近代的組織政党」と定義した（ウェーバー著、野口訳 二〇一八：一五〇）。また、モーリス・デュベルジェは『政党社会学』の中で、「幹部政党」と「大衆政党」の概念を規定し、「幹部政党」は選挙に勝利できる「資本家」や「有名人」を擁立して選挙を展開する政党であり、「大衆政党」は「政治教育を受け、かつどのようにしたら国家の生活に介入することができるかを学ぶ活動的な大衆に訴えること」に特徴があるという（デュベルジェ著、岡野訳 一九七〇：八一〜八二）。ウェーバーとデュベルジェの提起した名望家政党・幹部政党と近代組織政党・大衆政党は、一般的には同一視されている（岡沢 一九八八：一三六〜一三八、待鳥 二〇一八：四六〜四八、五四〜五七）。本書ではこれらの指摘を踏まえ近代組織政党・大衆政党などの概念を包含した政党として「近代政党」を提起する。一部の地主・資本家の利害を代弁する政党から、広く有権者・大衆を基盤とする「近代政党」への質的転換が選挙権の拡大と並行して進展したとするのが政党史の通説的理解である。この見方は基本的に日本の政党にも当てはまると言える。たとえば、季武嘉也・武田知己編『日本政党史』の目次を見れば分かるように、「名望家政党」として発展した政党が「大衆政党」へと変遷したことを前提としている。[1] 粟屋憲太郎も『昭和の政党』の中で、「制限選挙」下にあった政党は「名望家政党」であったが、男子普通選挙の実現に伴い「政綱・政策」を重視するようになったとしている（粟屋 二〇〇七：九九〜一〇二）。粟屋の指摘は「名望家政党」から「近代政党」への転換を意味していると言えよう。

ただし、デュベルジェも粟屋も指摘するように、「名望家政党（幹部政党）」と「近代政党（大衆政党）」との区別は必ずしも自明ではない（デュベルジェ著、岡野訳 一九七〇：八二〜八九、粟屋 二〇〇七：一〇一〜一〇二）。季武も男子普通選挙以前の政友会が「大衆政党要素」を持っていたと指摘している（季武・武田 二〇一一：一〇二〜一〇四）。「近代政党」といってもその前身である名望家政党的要素がすぐに皆無になるわけではない。「近代政党」は名望家政党を基礎として形成・発展していったのである。

本書が「近代政党」の条件として列挙したうち、(4)について補足しておきたい。政党は設立当時から常に批判の対象であった。政党の金権体質や汚職をメディアは大々的に批判した。また、官僚勢力も人事権を行使して省庁統制を図る政党勢力の行動を「党弊」として批判したほか、地域の中でも党争で地方自治を乱す政党の動きを「党弊」として批判する向きがあった。こうした批判は政党が社会における基盤を失っていく原因となったと考えられてきた。

本書はこうした政党批判に対して、政党が無力ではなかったことを指摘したい。すなわち、「近代政党」として組織を整備し、常に社会と対面してきた政党は自らの政治的立場を正当化するための理論を構築していた。注目すべきはそのような理論が、政党批判よりも実態を正確に分析したものだったことである。本書はそうした政党批判に対する反論を、政党と地域の関係から見つめていくこととしたい。

### 戦前期政党政治史研究

日本における政党のイメージは党利党略や汚職などのマイナスイメージが付きまとっていた（苅部・小川原 二〇一六、筒井 二〇一二、奈良岡 二〇二二）。よく知られるように、明治期以来日本の政党イメージは「朋党」「徒党」といった概念と結びついて批判的に論じられていた（山田 一九九九）。政党は国民的組織も政策的基盤も乏しい集団にすぎず、国民の統合に失敗したとされてきたが（由井 一九八二、赤木 一九八四）、こういった見解は政党への否定的見解を下敷きにしていた。日本社会には潜在的な政党という存在への反発があった一方で、こうした反発の中でも政党は曲がりなりにも影響力を有し続けた。このことをどう理解すべきかについての研究が蓄積されてきた。

政党政治をめぐる研究は、もはや枚挙にいとまがないほど蓄積されている（井上 二〇一二、井上 二〇一三、奥 二〇〇四、小山 二〇一二、清水 二〇〇七、菅谷 二〇一九、筒井 二〇一二、奈良岡 二〇〇六、坂野 二〇〇九、古川 二〇〇一・二〇二四、村井 二〇〇五・二〇一四、若月 二〇一四、井上ほか編 二〇二四、十河 二〇二四など）。近年の研究が明らかにしたことは、政党勢力が軍部やその他の政治勢力の進出によって後退し続けて解党したのではなく、政治家が多数の政治構想を有し、政党内閣復帰の可能性の中で行動し続けた事実である。

これらの政党をめぐる歴史研究は主に明治憲法体制という多元的な政治勢力が存在する状況下で、いかに政党が浮上するに至ったのかという視点からなされてきた（季武 二〇〇四、三谷 一九八三、宮崎 一九八四・一九九〇）。また、政党と社会の関係に視点を移すと、二大政党がスキャンダル合戦に終始したことが政党政治への不信感を高めたとの見方は長らく説得的であった（高橋・宮崎 一九八五、筒井 二〇一二）。これに対して村井良太は、「政党の劣化が政権からの排除を招いたのではなく、政権からの排除が政党の劣化を招いた」と主張する（村井 二〇一四：四二四）。政党不信の原因となった議会での騒擾や汚職、選挙不正、スキャンダル合戦などはいずれもメディアから厳しく批判されたが、それらは政党政治中断の決定的要因ではなかった点に注意したい（古川 二〇二四：三七八～三七九）。政党内閣制の中断と崩壊の主因は、首相任命権を実質的に有していた元老西園寺公望の判断であった。政党の腐敗や議会での騒擾が天皇や西園寺の政党への信頼を喪失させたことが、政党内閣の中断・崩壊を招いたとする見方は依然として根強いが（奈良岡 二〇二二）、村井が指摘するように、政党勢力が他の政治勢力より劣っていたという客観的事実も存在しない。宮田昌明は、憲政会政権期の経済政策が内外の民主化の趨勢や、国民意識にも符合する社会の安定化を図るものだったとする（宮田 二〇一四：三七二～三七五）。宮田の研究は民主化の趨勢という国際情勢の政党内閣期を位置づけた上で、当時の国際収支の統計や村レベルでの耕地面積の分析をも行うなど、きわめて精度が高いものとなっており、日本の政治外交史研究の中でも特筆すべき成果である[2]。小関素明は浜口雄幸内閣期の「政党政治」革正構想に触れており、そこで事務官僚の身分保障や、比例代表制の導入、拘束名簿による政党幹部の優先的当選などが議論されていたとしている（小関 二〇一四）。政党と地域の関係で言えば比例選挙区と事務官僚の自立化による「政党の利益誘導形態の修正」を浜口内閣が展望していた点が重要である（小関 二〇一四：二三四）。また十河和貴は、閣僚が官庁の代弁者として振る舞うようになる「政党の官僚化」現象を指摘して、政党内閣制が機能不全に陥る過程を明らかにした（十河 二〇二四）。

政策立案の中核となる政務調査会についても、戦後の自由民主党までを見据えた研究が発表されている（奥・清水・濱本ほか 二〇二四）。労働政策、経済政策、農業政策、スポーツ政策などの政党内閣が展開した政策についても、多くの先行研究が指摘している（井上ほか編 二〇二四、尾川 二〇二二、加藤 二〇一二、土川 一九九五、原 一九八一、松浦 二〇二〇、源川 二〇〇一、宮崎 一九八〇、森邊 一九九六、安田 一九九四など）。

ここで戦前期の政党政治史研究の中でとくに重要な研究として、井上敬介と宮田の研究を挙げておきたい。井上は戦前の二大政党の一角である立憲民政党の研究を発表している。井上は民政党政治家の「官僚主導・国民を無視した政権本位の軍隊的政党（権力としての主体を欠く政党）から、多数の衆議院議員主導・国民に立脚した政策本位の『立憲政党』（権力の主体としての政党）に改良」する「政党改良」の試みを通して民政党の検討を行った（井上二〇一二：五）。宮田は憲政会勢力の特徴を「組織的未成熟、寄り合い所帯的な性格を残し」つつも、改進党系の源流である「政官界や新聞界に形成された人脈を基盤とし」、「長期の野党、反対政党としての経験を積み重ねる中で、次第に理念を中心とした同志的結合としての性格を強め」、「各議員が自己責任に基づいて進取の気概を持ち、かつ、それを共有する支持者にその主張を訴えかけるという政治手法を採用」しており、「制限選挙制の下で地盤を固めている政友会に対抗する上で、積極的な理念の提起」を図っていたと評価する（宮田二〇一四：三二八〜三二九）。これらの指摘を踏まえると、憲政会・民政党系勢力には自己革新を行う組織的土壌が存在し、政策を中心とする「近代政党」としての素質が備わっていたものと考えられる。

なお、宮田の憲政会に対する次のような指摘は重要である。すなわち、「普通選挙法を成立させ、国民の権利を拡大することでその義務感と責任感の形成を促し、民主化の内外趨勢に対応する新たな国家統合を目指」したが、「こうした民主化の気運は、中国における北伐に伴い、日本国民の生命、財産が危険にさらされる事態に直面することで、それらを保護する政府の積極的対応を求める国民的気運をも生み出した」（宮田二〇一四：三七四〜三七五）。宮田が指摘するように、民主化の気運はやがて積極的対応（対外強硬策）を政府に求める気運が高まると、多くの有権者の支持を必要とする政党もそれを無視できなくなっていくのである。

### 政党政治と地域

政党が活躍する場としては議会の他にも、選挙区となっている地域[3]がある。「近代政党」への転換を図る政党にとって、地域に組織を整備し、議員の地盤を構築し、有権者に広く政策を訴える場としての地域の重要性がきわめて高いことは自明である。政党と地域の関係をめぐっては地方利益誘導論がよく知られている。代表的なものとして有泉貞夫や三谷太一郎らのものがある（有泉 一九八〇、一九八四、一九八五、三谷 一九九五）。とくに有泉は、地方利益誘導と知事の任免権を行使することによって地域への影響力を保持してきた政党が、政党内閣制の中断で知事の人事権を失い、さらに地方利益誘導に代わって官僚勢力が主導した時局匡救事業に代表される政党を介さない政策によって、地方での影響力を失っていったとの見方を立てている。こうした見解は選挙粛正運動による政党の影響力喪失という見方とも相まって、通説的位置を占めてきた（源川 一九九二）。

一方で、伊藤之雄や雨宮昭一による、青年党や政治革新を目指すグループの分析から、当時の政党が名望家政党からの転換を試みようとしていたとの指摘がある（雨宮 一九九九、伊藤 一九八七）。また、岡山県の進歩党系勢力の展開を検討した久野洋は、明治期の民力休養論が地方利益誘導とは異なる政策を求める民意をすくい上げる論理を有していたと指摘している（久野 二〇二二）。地方利益誘導にとどまらない政党と地域の関係を論じる視点が今後も求められる。

そうした視点を持ったきわめて優れた研究として、横関至の研究を挙げておきたい。横関は農民運動が盛んであった香川県を対象として民政党が農民運動に接近しつつ、生活改善を訴えるとともに現状改革を基本路線とする政策体系による民衆掌握を図っていた事実を明らかにし、民政党と政友会の差異を踏まえる必要性を提起した上で、地方利益誘導のみで政党と地域の関係を論じることはできないと指摘している（横関 一九九九）[4]。政党の支持基盤が政策によって影響されるとともに、政党が地域の政治状況を踏まえた現状改善策を提示して支持獲得を図っていたことを指摘した点で、横関の研究は画期的なものと評価すべきである。この事例は「近代政党」への転換を目指した民政党が政策・組織を整備していたことを示している。

さらに近年では、手塚雄太による政治家個人の後援会に焦点を当てた研究や、車田忠継による政治家個人の選挙の状況を分析した研究も登場している（手塚 二〇一七、車田 二〇一九）。これらの研究は戦後期にまで政治家の支持基盤が継承されていった過程を詳述しつつ、支持基盤が単純な継承ではなく再編を経ていたことを明らかにしている点で画期的な研究と位置づけられる。もちろん選挙戦は度重なる汚職や選挙違反と無縁ではなかったものの（季

武 二〇〇七)、政治家個人は自らの政策を標榜しつつ、支持基盤の再編と拡大に努めることで当選を目指した。政党勢力を評価する研究は中央だけでなく、地方的展開の中にも求められていると言えよう。

## 課題と方法

以上のような先行研究を踏まえた上で、本書では県レベルの政党の活動に焦点を当てていきたい。

県レベルの政党研究については、近年井上敬介が北海道を対象とした政党研究を進めているほか(井上 二〇一九・二〇二二)、阿部恒久による明治期新潟県の政党運動を示した研究がある(阿部 一九九六)。だが、政党内閣制が成立する一九二五年前後から崩壊に至る一九三六年前後までに焦点を当てた県レベルでの政党史を描く試みは十分とは言えない。先述の車田や手塚の研究は後援会活動が分析の中心であり、政党の地方組織に関する検討は不十分である。井上は選挙を中心に地方組織の動向を分析しているが、支部組織の選挙以外での活動や、支部組織と後援会の関係などについては、さらなる検討が求められる。阿部の研究は明治期を中心にしているものであり、政党内閣期以降の検討がなされていない。政党組織の問題や政党の活動の実態を問う試みが求められている。県とそれを構成する市・郡・町・村は政党と社会の接地面ともいうべき空間であった。政党と地域の関係を明らかにすることは戦前の政党デモクラシーの現場を明らかにすることでもある。本書は先行研究の成果を踏まえつつ、事例研究を蓄積していくことで戦前の政党政治の意義を明らかにする試みである。

本書では対象とする地域として島根県を設定する。その理由としては、第一に、島根県は戦前から政党を支えた政治家たちの出身地だったためである。代表的な人物としては憲政会・立憲民政党の総裁を務め、首相を二度経験した若槻礼次郎が挙げられる。これまで若槻と出身地である島根県の関係についてはほとんど明らかにされてこなかった。これから見るように若槻は島根県における憲政会・民政党勢力の中心的存在として党勢を支えたのである。また、衆議院議員としては若槻と同じ民政党に所属し、党総務や第二次若槻内閣で商工大臣などを務めた櫻内幸雄(さくらうちゆきお)(一八八〇〜一九四七)、憲政会・民政党に所属して浜口雄幸内閣の商工大臣などを務めた俵孫一(たわらまごいち)(一八六九〜一九四四）がいる。いずれも党の指導的立場にあった有力政治家である。

若槻ら憲政会・民政党と対峙した政友会にも重要な政治家がいた。党総務や農林大臣（広田弘毅内閣・米内光政内閣）、農商大臣（小磯国昭内閣）などを務めた島田俊雄（一八七七～一九四七）である。一九三六年に政友会が四名の議員による総裁代行制をとると、島田はその一人として党内で重要な地位を占めた。

また、戦前に議員を務め戦後も活動を続けた人物もいる。戦前に若槻の側近として活動し戦後に内務大臣（片山哲内閣）に就任した木村小左衛門（一八八八～一九五二）、戦後初の民選島根県知事となった原夫次郎（一八七五～一九五三）らである。

このように島根県は戦前から戦後にかけて活躍した政党政治家を多数有しており、政党の活動も活発であった。政治家たちは自らの支持を拡大させるための継続的な試みを打ち出しており、有権者も地方紙も、政党に対して高い関心を寄せていた。政党の展開を見る上で重要な事例となる。

第二に、島根県では無産政党などの有力な非既成政党勢力が台頭することがなかったためである。島根県では既成政党が常に衆議院の議席を独占した。こういった地域の検討は、既成政党の支持基盤の背景を知るために不可欠である。

第三に、島根県が日本の産業が近代化を急速に進める中で、後進性という課題を抱えていた地域であったためである。島根県を含む日本海側の地域は、当時の中央集権政府によって発展から置き去りにされた近代日本の矛盾を表す地域でもあった（阿部 一九九七）。こうした日本海側地域のことは「裏日本」と呼ばれてきた。阿部恒久によれば、「裏日本」という言葉は地理学者の矢津昌永が教科書に掲載したことから広まっていった。当初は自然地理上の概念として使われてきたが、一九〇〇年頃から地域間格差を説明する概念として機能したという（阿部 一九九七：四六～四七）。日本海側地域の後進性が明らかになるにつれて、「裏日本」は発展に取り残された地域を指す言葉として差別的に用いられるようになったのである。

そのような地域にとって、議会政治は矛盾や課題・不満を中央に伝達できる数少ない手段であった。だからこそ、島根県の人々は政治家とともに政党活動に身を投じていくこととなるのである。こういった後進地域の人々と政治家が何を考えどのように行動していたかを明らかにすることは、近代日本の政治・経済・文化の相互連関性を考える上でも非常に重要な事例となる。しかし、いわゆる裏日本側の政党史研究については新潟県のものが挙げられるが、決して十分な蓄積があるわけではない（阿部 一九九六、山室 一九八四）。また、島根県に代表されるような後進地域の場合、政治的課題はインフラ整備を中心とする利益誘導が主であると考えられてきた。現に新潟県の政党運動を扱った阿部は、日露戦後に政友会が新潟県において積極的に利益誘導を図ったことを明らかにした。くわえて、第一次護憲運動が新潟ではほとんど盛り上がらなかったことを指摘し、「地主層を最大基盤とする政党勢力にマス・デモクラシーの勢力が育っていなかった」ことを「裏日本」的特徴であると評した上で、第一次世界大戦後に活発化する小作争議にデモクラシーの萌芽を見出している（阿部 一九九六：二九五）。このように、後進地域では政党を中心とする民主政治を実現する機運は概して低調であり、小作争議のような政治・社会運動を重視する見方が支配的であった。島根県の近代史研究者の一人である内藤正中の研究も無産政党の動向に力点を置く一方で、民政党のような県内で勢力を持っていた既成政党の動向についてはほとんど無視している（内藤 一九八二）。

このように日本海側の地域における政党活動を軽視する見方が長く支配的だった背景には、戦後の政党政治において日本海側の地域が自民党の強固な支持基盤となっていた事実も重要であると思われる。「地元利益のために奔走してくれる与党議員への期待」から、日本海側地域では自民党に代表される地方利益誘導が有効であったとの見方には、確かに一定の説得力がある（古厩 一九九七：一〇三）。

なお、地方利益誘導をめぐっては、政権与党があえてインフラ整備を遅らせる戦略を取ることで、与党への支持を繋ぎ留め続けたとする現代政治学の知見もある（斉藤 二〇一〇）。この戦略が取られたとされる地域こそ島根県である。島根県では地方利益誘導によってインフラ整備が進んだのではなく、政治的思惑の中でインフラ整備が十分に進められなかったとする指摘は重要であるが、これらの研究に共通しているのは、日本海側（裏日本）に位置する後進地域の政治を分析するためには、地方利益誘導が決定的に重要であるとの見方である。

本書はこうした強固な見方に対して、後進地域における政党活動が、積極的な理念の提起や多様な政策の主張を伴っていたことを明らかにする。結論を先取りすれば、後進地域の島根県だったからこそ、政策や理念の積極的な提起による盛んな政治活動が繰り広げられたのである。戦前期の島根県をめぐる政党の事例は、従来の研究が明らかにしてきた地域とは異なる性格を持つ事例であり、かつ、現代政治学にも通底している後進地域＝利益誘導政治という強固な枠組みを相対化する重要な意味を持つ内容となる。

第四に、これが最も重要な理由であるが、島根県の憲政会・民政党勢力の中に「近代政党」への転換を図る動きが活発に見られたことである。前述のように憲政会・民政党は「近代政党」に質的転換を果たすための取り組みを展開していた。本書のねらいは政党の近代化が地方でどう展開したのかを考察することであるが、島根県の事例は重要な政党の先進事例として位置づけられる。

なお、島根県の地域政治史研究については、山田政治、内藤正中、竹永三男、沼本龍らの地域史研究の蓄積が存在するほか、近年『松江市史』が刊行されるなど急速に進展しつつある。これらの成果を本書では適宜援用していきたい。

## 島根県のメディア状況

ここで、島根県のメディア状況について簡単に触れておきたい。島根県には地方紙として政友会系の立場を取る『山陰新聞』と民政党系の立場を取る『松陽新報』が存在していた（杉谷 二〇一八）。

また、政治的中立の立場を取る郷土人雑誌『島根評論』の存在が重要である。当時の日本には東京など都市部を中心に各県の出身者が結成する県人会が存在していたが、そうした県人会と関連して登場したのがこうした郷土人雑誌であった。郷土人雑誌は誌上での郷里の近況を都市部に移住した人々が知る重要なメディアであった。『島根評論』の政治的立場は政党に偏らない不偏不党、公正中立の立場を取っていた（竹永 一九八五）。これらのメディアからは当時の政党組織の動向が詳細に分かるだけでなく、政党がどのように評価されていたかを見る上でも重要な視座を提供してくれる。

## 各章の構成

本書の構成は次の通りである。

第1章では、一時劣勢に立たされた島根県下の憲政会勢力が、若槻らの活動によって党勢を回復させ、民政党結党によって盤石な党勢を築くに至った過程を描く。憲政会の「近代政党」への転換に向けた取り組みが、党勢を回復させる試みの中で生じていたことを指摘し、民政党結党以降の取り組みも分析する。

第2章では、主に民政党の地方組織について明らかにする。「近代政党」にとっては組織的に活動するための地方組織の存在が不可欠だが、政党の地方組織については、十分な蓄積が存在しない状況であった。そこで戦前期の政党の地方組織の展開を民政党の事例から検討する。民政党は一九二七年に結党されており、結党時から地方組織の整備を精力的に進めてきた。その構成メンバーや支部役員人事は、地方紙を通じて有権者に伝えられていったが、そこから戦前期の政党の地方組織の特徴を明らかにする。

第3章では、政党内閣制崩壊後の政党勢力の状況を、二つの総選挙を軸に描く。民意に立脚し政策を「近代政党」への転換を果たしたことが、政党に大きな変容をもたらした。すなわち、村井良太が指摘したように、政権から排除されたことで政党は「近代化装置としての側面を薄め、国民感情の表出というもう一つの本分に傾斜」した（村井二〇一四：四二四）。本書では村井が指摘する国民感情の表出は、男子普通選挙成立の過程の中で「近代政党」への質的転換が果たされたからこそ可能であったと考える。それによって政党の主張は硬化していき、政権から遠ざかっていった。この逆説こそ、政党の陥ったジレンマであった。さらに、国民感情の醸成にはメディアが関わっていたことも明らかにする。対外情勢の変化による国民感情の変化とそれに伴う政党の立場の変容は、かつての対英米協調を基軸とする穏健な政治路線からの離反を意味した。

第4章では、島根県で展開された選挙粛正運動の展開と帰結を描く。日本の政党は明治憲法体制下において他の政治勢力と競合する関係にあった。そのような立場にあった政党が直面したのがこの選挙粛正運動である。選挙粛正運動とは選挙不正を撲滅することを目的とする官製運動である。選挙粛正運動では、政党を地方自治の舞台から排除すべきであると主張する「政党排除論」が訴えられた。これに対して、政党政治家から政党政治擁護の言説が展開される。日本の「近代政党」は、こうした政党批判に抗うために自らの存在の正当性を主張する言説を展開していた。それらの議論を対比させつつ、選挙粛正運動の意義と限界性を明らかにすることで、当時の政党の置かれていた状況を考察する。

第5章では、若槻礼次郎の伝記や地方紙での評価を通して政党政治家が果たした役割やその意義について検討する。男子普通選挙の施行による有権者増大は、メディア戦略・イメージ戦略の重要性が増すことを意味していた。イメージ戦略は近代政党を支える重要な政策の一環であっただけでなく、地域にとっては政治的意味にとどまらない教育的意味を有していた。ここからは「近代政党」が、政策や組織などといったハード面にとどまらない多様な手段による有権者の支持獲得を図っていたことを指摘する。

以上の全五章を通して、近代日本における政党の意義をまとめていきたい。

注

(1) 季武・武田(二〇一一)の目次には「縦断的名望家政党の発展」、「動揺する名望家政党」、「政党政治と普選―多層化した大衆政党(一九二四年~三二年)」という表現がある。デュベルジェの「大衆政党」の概念を流用しているのは明らかである。

(2) ただし、宮田の研究には先行研究への行き過ぎた批判が目立つ。戸部(二〇一五)、浜口(二〇一六)も参照。

(3) 本書では「地域」と「地方」という二つの概念を併用している。基本的に意味するところは大きく変わらないが、「地域」は社会構造や地域社会の抱えている問題などを取り上げるときに用いるのに対し、「地方」は中央政治との関連や政党支部の活動などを念頭に置いている。

(4) 横関の研究は民政党の県議会での活動や、選挙活動、民政党の地方組織にまで検討を加えた研究であり、地方政党史研究の中では他に類を見ない視野の広さを持っている。まず参照されるべき研究である。

# 第1章　島根県における憲政会・立憲民政党勢力の形成と展開
## ――大正・昭和戦前期の「近代政党」への転換の構造――

## 1　戦前期の政党研究・選挙研究の再検討

### 戦前期政党政治史研究の整理

本章では、憲政会・民政党勢力が「近代政党」への転換を図っていたことを明らかにする。それにあたって、男子普通選挙が実現した一九二五年前後の政治社会の状況について概観しておきたい。

日本近代史研究者で農民運動の研究で知られる横関至は、「一九二〇年代後半の時期は普選法施行による国民の政治参加の拡大と大衆的規模をもった社会運動の進展との同時進行という新たな政治的条件が形成された時期であった。既成政党・資本家・地主等にとって、既定の処方箋では対処しえない事態が創出された。それらの勢力は、眼前の新たな事態への対応に苦慮せざるをえず、必死になって状況に対処する方途を探った」とする（横関 一九九八：一七九）。普選実現によるインパクトが政治社会の変動をもたらし、政党勢力の転換を促したことは従来から広く言われてきた（粟屋 二〇〇七：九九～一〇二）。普通選挙運動を主導したのが憲政会であったこともあり（松尾 一九八九：二〇九～二一五、三〇五～三二二）、憲政会系勢力を中心に従来の「名望家政党」から普選に対応した政策を訴える政党への質的転換を見出そうとする研究が蓄積されてきた。たとえば伊藤之雄は、兵庫県但馬地方における憲政会・民政党の政治家である斎藤隆夫と立憲青年党の活動を通して名望家秩序が改造されていったと指摘する（伊藤 一九八七）。また雨宮昭一は、憲政会系勢力として活動した茨城県の惜春会の活動を検討し、「既成政党の基底部はたんなる名望家政党ではなく、〝大衆〟性を」有する「動的な名望家政党」への転換が始まっていたことを指摘する（雨宮 一九九九：五六）。これらの研究は、青年層などの政党外の構成要因が政党の質的転換を引き起こしたとしている点で一致している。[1] 注目すべきは、憲政会・民政党系勢力に共通して名望家政党から男子普通選挙に対応できる政党への転換が図られた事実である。

### 戦前期の選挙をめぐる有権者の投票行動

ここで近年の憲政会・民政党勢力をめぐる評価について確認したい。従来の研究では一九二五年（大正一四）の男子普通選挙の実現によって「近代政党」への質的転換が進んだと考えられてきたが、政党の中で普選に対応できるような準備が以前からなされていたはずである。

本章は政党の質的転換の試みを地方の事例から明らかにするものである。なお事例研究については、熊本県出身議員の大麻唯男の選挙をめぐる事例から「戦前の総選挙では、個人が候補者を選択する余地はな」く（浅野 一九九六ａ：二二七）、投票行動は「有権者個人個人の自由意思に基づくものではなく、地方指導者の意向にそって」、「集団投票」がなされたとする指摘がある（酒井 一九九六ａ：二二七）。この前提に立つ場合、政策的差異や支持基盤の存在はそれほど有力ではない。有権者の投票行動の振り幅の大きさを強調する見解も踏まえると（川人 一九九二、山室 一九九三）、有権者はその時々の与党に投票する機会主義的な投票行動を行っていたことが確認できる。男子普通選挙の実施以降も「名望家政党」としての要素が残っていたと考えれば、「集団投票」がなされたと見てよい。もっとも、この見解に対しては、千葉県出身議員の川島正次郎の選挙における動向を検討した車田忠継による有力な反証もすでに存在する。車田によれば当時の選挙区には「継続して同一の政党や代議士に投票を続ける有権者が多い町村」、「常に投票先を変える有権者が多い町村」、「そのどちらにも当てはまらない町村」が併存していたという（車田 二〇一九：三二〇）。有権者の投票行動を規定する要因は事大主義的傾向だけではなく、多様なものであったと考えられる。

## 2　戦前期島根県の経済・政治状況

### 戦前期島根県の経済産業構造

ここからは戦前期の島根県の経済状況について確認しておきたい。近代化の中の島根県を位置づける上で重要なキーワードは「裏日本」であろう。今日ではほぼ死語となっているが、日本海側の後進地域を指すこの言葉は、島根県の近現代史を考える上では欠かせない。内藤正中は「日本資本主義発達史のなかで、裏日本とされる北陸や山陰は、いわば裏方としての地域区分をになわされ」たとする（内藤　一九八二：一二四）。古厩忠夫によれば、島根県の一九〇九年（明治四二）の殖産計画一〇年計画では「穀物・養蚕・畜産・林業・水産業であり、食糧・工業原料供給地であ」ったほか、一九一八年の産業計画も「醸造・製紙・窯業・染織など地場産業の域を出ていない」ものであった（古厩　一九九七：六九〜七一）。

次に農業構造について確認したい。内藤によれば、島根県の小作地率は一九二四年（大正一三）時点で県平均五一・八％であった（内藤　一九八二：一二〇）。やや時期はずれるが、横関によれば一九二〇年の全国平均の小作地率は五一・七二％であることを踏まえれば、ほぼ全国平均に近い数値であったと見てよい（横関　一九九九：八二）。なお、先述の熊本県の事例では、自小作人および小作人が農業従事者の七割を占めており、地方指導者の統制による集団投票が行われたとの指摘がある（酒井　一九九六a：三二一）。しかし、先述のように有権者の投票行動は多様なものであり、小作地率だけで投票行動を規定するのは早計であろう。現に小作地率が全国的に見ても高い香川県では農民運動が盛んであった（横関　一九九九）。なお、島根県でも小作争議や無産運動が活発化するなど、既存の支配秩序への挑戦が見られたことに注意したい（内藤　一九八二：一二四〜一三五）。

次に産業構造についてであるが、橋本貴彦によれば、島根県の工業化が進展するのは一九二四年から三一年にかけてであり、大規模工場の操業や、世界恐慌による農業単価の下落などを受けて、農業に代わって工業が産業別生産総価額で第一位の産業となっていったという（橋本 二〇一四：七六）。以上のことから、政党内閣期において島根県の工業化は進展していったことが確認できる。

## 明治・大正初期までの島根県の政治状況

本書が課題とする大正・昭和期以前の明治期における島根県の政治状況について確認したい。明治期から島根県の政治家たちは地域間格差是正のために活動を展開していた。初代松江市長の福岡世徳（一八九四〜一九二七）は政友会に所属し、衆議院議員などを務め地域振興のための旅を四七回も重ねた。竹永三男はこの福岡の旅を、「日本の資本主義経済が展開する中で形成された『表日本太平洋・山陽側』と『裏日本（日本海・山陰側）』の地域格差の拡大の中で、同じ山陰地域の米子・安来との都市間競争に後れを取って衰退する松江市を、県都として振興・発展させたいと考え、陳情・視察・情報収集を精力的に遂行する旅であった」と評価する（竹永 二〇一三：四八）。

また、政友会に所属した恒松隆慶（一八五三〜一九二〇）も島根県の地域振興に尽力した人物であった。恒松は現在の大田市出身で、名望家恒松家の養子となり、県会議員や衆議院議員を務めた人物であった[2]。阿部は恒松の議会での活動を取り上げており、議会で島根県の後進性を訴えた人物であったとしている（阿部 一九九七）。

このほかに明治期における島根県の中心人物として岡崎運兵衛（一八五〇〜一九一九）が挙げられる。岡崎は現在の出雲市出身で、松江市の地主であった岡崎家の養子となった。岡崎は県会議員・衆議院議員を務めて県政界に重きをなし、山陰鉄道開通や松江への連隊誘致などの地域振興に貢献した。また、憲政会・民政党系の地方紙である『松陽新報』の創刊者でもあった。党派としては大成会、帝国党、大同倶楽部、立憲同志会、憲政会と非政友系に属したが、その背景には島根県知事を務めた大浦兼武との交友関係があったと考えられる（山田 一九六五：二五七）。島根県の非政友系勢力における岡崎の存在感は大きく、白名徹夫『島根県新聞史』によれば岡崎が「政治運動と新聞事業に投じた金額は最も大で、当時の政治につきものの待合酒の飲みつぷりも、氏の豪放な気性をそのままに思い切つた派手さであつた。また自分一個の政治資金を費しただけでなく、同志の県市議立候補者や、のち岡崎に代つて憲政会島根支部長となつた高橋久次郎およびその傘下の政党人たちに相当の資金を与えて惜しまなかつた」という[3]。まさに名実ともに憲政会勢力の中心的存在が岡崎であった。

山田の研究にある通り、明治期の島根県の政党は政友会も同志会・憲政会も地方名望家を中心とする典型的な「名望家政党」であり、当選者もほとんどが地主層であった。彼らは主に自らの出身地を地盤とする地域で票を獲得して当選した（山田 一九六五：二五九〜二六六）。島根県の明治期の政治は名望家を中心に展開しており、彼らが地域発展の方策を打ち出すことで近代化が他地域と比して遅れながらも発展していた状況であった。

島根県の政治・経済の状況は大要以上のようなものであった。このような中で一九二〇年の第一四回衆議院議員総選挙（以下、衆院選）を迎えることとなる。

## 3　克堂会の結成——憲政会勢力の転換期

### 政友会勢力の伸長

一九一九年（大正八）に島根県の憲政会勢力の中心的存在であった岡崎運兵衛が死去した。地域の中でも強い影響力を持ち、憲政会勢力の中心的存在として活動してきた岡崎の死は、これまで「名望家政党」として発展してきた県下の憲政会勢力の転換点となる出来事であった。

このころ、急速に党勢を拡張していたのが政友会勢力である。一九二一年の『大阪朝日新聞山陰版』は「政友会の党勢拡張　斐伊川改修を条件に」と題して斐伊川治水問題の実現を交換条件として松江市で一〇〇〇名の党員募集をかける運動を展開しているとして次のように報じた（『大朝山陰版』一九二一年六月二三日）。

松江選出の政友会衆議院議員佐野政雄が「松江市の消防組頭たる関係上、主として此方面の筋合を辿りて右党員狩立ての運動をなさしめ現に雑賀方面に於けるものは同方面の消防小頭錦織佐太郎氏が之れを引受け」、「松江市に錦織氏と同程度の運動員二十名を置き一人約五十名を引受けせしめ之れにて予定の一千名を纏め得る予定なるが右運動員等は『松江市内で必ず一千名の入党届を纏めねば治水問題が実現せない』とて右の入党を強請しつつある為め昨今松江市民を通じ治水問題の解決を熱望しつつある折柄、意外に奏功し今日迄に相当入党者を集め得たる由」。松江市は岡崎の地盤であったが、政友会の佐野が当選するなど、松江における憲政会の党勢は衰退しつつあった。この記事からは、松江において利益誘導を駆使して政友会が党勢を拡張させていたことがうかがえる。

一九二二年には政友会島根支部大会が事務所新築落成式とあわせて挙行された。大会では「鉄道の速成を期す」「治水の速成を期す」「築港の速成を期す」「通信交通機関の完成を期す」「産業教育の振興を期す」「教育費国庫負担の増額を期す」ことが決議された（『大朝山陰版』一九二二年九月一六日）。決議の中に後に民政党が地方政策の目玉として掲げる教育費国庫負担があるのが興味深い。政友会は「裏日本」の中で後進地域の立場にあった島根県において、積極的な地域振興策を提示する利益誘導政治によって党勢を拡張しつつあったと言えよう。

## 克堂会の設立

憲政会勢力の動きとして注目すべきが克堂会の結成である。克堂会は一九二〇年に松江市で結成された若槻礼次郎の後援会である。「克堂」とは若槻の号である。戦前の政治家は号を持っていることが多く（犬養毅は木堂と称したほか、櫻内幸雄は蒼天、島田俊雄は硯堂と称した）、政治団体に号の名を冠することがしばしばあった。若槻は、大蔵官僚を経て立憲同志会や憲政会に参加した人物であり、一九一一年に貴族院議員に勅選されており、自身は選挙を経験していない政治家であった。しかし、政党活動に身を投じていた若槻は、郷里である島根県で自党の支持を拡大すべく行動していく。若槻の島根県における政治活動にとって、重要な人物だったのが渡部寛一郎（わたなべかんいちろう）（一八五三〜一九三八）である。[4] 渡部は現在の松江市雑賀町に生まれ、藩校修道館で学び、雑賀小学校教諭を務めた後、東京師範学校で教育学を修め、県立浜田女学校の校長、松江市教育長を務めた人物であった。このように一貫して教育者としてのキャリアを歩んだ渡部だったが、彼のキャリアで注目すべきなのは若槻の漢学の師として、克堂会の初代会長に就任したことである。[5] 一九一三年の第三次桂太郎内閣総辞職後に、若槻は渡部に対して「何分、政党運動は、初陣のことに有之、同郷先輩の勢援を仰くにあらざれば、成功覚束なく、自然間接直接に御援助を賜はり度、切望之至に御座候」と、後援を仰ぐ書簡を書き送っている(6)。克堂会の発会以前から、若槻が渡部を頼りにしていたことがうかがえる史料である。こうして渡部を中心に克堂会は活動を展開していくこととなる。

ここで克堂会の性格について触れておきたい(7)。『渡部寛一郎文書』には「克堂会設立要旨並規約」という一枚物の印刷用紙の史料がある。史料の形態から、多くの会員を募るために広く配布されたものと推察される。右上の書き出しには「克堂君三個信条」として「忠孝の大義を本とする事」「正義の観念に合致する事」「進歩の常道に順応する事」が掲げられた(8)。この三つの理念は若槻が繰り返し強調する理念であり、彼のイメージ形成にも関わってくることとなる(第5章)。設立要旨は「我島根県地方は山陰に僻在するも」古来より多くの人物を輩出したと前置きして、「廟堂に立て大臣の印綬を帯び今や中央政界に於て一方の重鎮となり我県代表的人物として気を吐く者を求むれば独克堂若槻礼次郎君あるのみ」と若槻が中央政界で活躍する唯一の島根出身政治家であると強調した。さらに若槻の性格は「温厚にして其主張穏健」であり、「就中頭脳明晰にして国家の財政に通暁せらるることは朝野人士の齊く是認する所なり」と若槻の政策能力の高さを評価した。また、若槻が幼少より「刻苦精励空挙赤手」で「国家棟梁の器と為り社稷の安危に一身を捧げ」て「常に国威の発揚を」期していると主張した。続けて若槻が今日の政界での地位を確立できたのは「藩閥の簀緑」や「郷党の推輓」でもなく、その明晰な頭脳で「習得したる実力の発露」であり、「我地方出身者中」「空前の偉材」であり「郷党の誇と為すべき」であるとした。そして、「我地方に於ける政治的立脚地を援護し之をして其信念を国政上に発揮大成せしむるは独郷人として同君に対する当然の情誼たるのみならず」、「国家忠なる所以に非ずや」と訴えた。最後に若槻の「師表的経歴を宣伝して教育上に資し以て後進を提撕誘掖せば必ずや感奮奮起して先輩に対する尊重私淑の美風を養成し以て我地方より更に絶大なる材能を発揮して各方面に活躍し国利民福を企

図1－1　若槻礼次郎
出所：国立国会図書館「近代日本人の肖像」。

図するもの」を輩出できるだろうと述べ、会への賛助を求めた。

また、規約では第二条に「地方人士の向上発展と公益の増進を期する為め有為の先輩を援護し後進の子弟を誘掖するを以て目的とす」としているように、要旨にも書かれた教育的目的が改めて強調されている。さらに注目すべきは規約第七条に「本会経費は会費及寄付金を以て之に充つ　会費は寄付金を以て之を充つ」としているように会費を設定していた点である。また、「克堂会部会規約」として「会員三十名以上を有する町村に之を設く」とあるように、町村レベルの活動を想定していた組織でもあった。

次に検討したいのが「克堂会設立趣旨書」と呼ばれる小冊子である[9]。ここには克堂会の設立目的がより詳しく書かれている。そこでは出雲地域が「いにし神つ代には地気最も盛ん」であったが、「降つて明治年間に及び、四通八達の表日本が絶へず文明の恵に浴するに反し、山嶽重畳せる我山陰は、不幸にして之に浴する能はず、政治に経済に将又社会に教育に、其他有らゆる方面に於て、事毎に表日本の後塵を拝するに過ぎず」、「上代出雲民族の勢威に顧みて、吾等の痛恨を禁ずる能はざる所なり」という認識が示された。

そのような中で若槻を政治的に後援することの意義を強調する。「現在に於て我島根県亦幾多の人材を出し、各方面に郷党を代表する者少きにあらずと雖も、政治上に我島根県を代表して、郷党の為めに気を吐く者を求むれば、何人も先づ指を克堂若槻礼次郎君に屈すること」であろう。若槻は「身を貧寒の境に起し、刻苦精励、徒手空拳、漸く今日あるに至りしもの、必ずしも藩閥の夤縁あるにあらず、亦必ずしも郷党の推挽あるにあらずして、薄志弱行者の克く企及し得る所にあらざるなり。由来立憲政治の世に於て、志を政治上に行はんとせば、須らく鞏固なる立脚地を有せざるべからず。然らば則ち此際に於て郷党に於ける君が政治的立脚地を援護し、以て後顧の憂なく其志を国政上に行はしむることは、単に郷党の情誼のみにあらずして、同時に後進を提撕誘掖して感奮興起せしめ、軈ては島根県をして雄を上国に競ひ、以て祖先に対ふるの素地を作す所以たるのみならず、亦以て国家に貢献する所以にして、必ずしも偏狭なる地方的観念に執着するにはあらず、是吾等の敢て自ら揣らず、爰に『克堂会』を企つる所以なり。同憂の諸君子、希くば来つて吾等の志を助けられんことを」。

克堂会は、若槻を地域的に後援することによって、裏日本として後進性に悩まされていた島根県の自尊心の回復と、国家への貢献を目指していたことが分かる。当時の日本の政治は藩閥中心の政治から政党が中心となる政治へと移りつつあった。藩閥の支援もなく、自らの学力で東京帝国大学を卒業し、官僚を経て政治家に転身して大臣に就任した若槻の経歴は、島根県の人々にとっては、立身出世の手本となるべき存在だった。

## 克堂会の思想的背景

克堂会の目的に教育的理由が色濃く打ち出された背景には、初代会長の渡部の意図があったことは明らかである。『渡部文書』には渡部が書いたと思われる原稿用紙の綴りが残されている。これは、渡部が克堂会の総会において演説した内容を記した原稿であると思われる。内容は次のようなものであった[10]。

第一次世界大戦後も様々な思想が交錯する中で「一資本家対労働者階級の問題は如何、農村対都市の問題は如何、思想問題、普選問題、パンの問題、キモノの問題」など様々な問題がある。「今や物と心との両方面に亙つて未曾有の大攪乱」が起きている中で最も重要なのは「経済上の問題である」ことに異論はないだろう。今必要なのは「財界を整理して国外国内の状勢に適応せしめること」であり、「一国の財政を料理し、一社会の経済状態を整へるには、該博であり、且つ統一した識見のなくてはならぬことは言ふ迄もない」。「国内国外の事情に精通して、此の精通したる知識の上に、方針を立てねばならぬのでありますが、特に刻下の状勢に就きまして、我々の要求する所、否、国家の要求し、社会の要求して已まぬものは人格の力─高潔廉直であつて且つ剛健なる人格であると信ずるのでございます」。経済界を「整理するには、公々無私に自信に立脚して何者にも媚びず泥まぬ所の─資本家に私せず又労働階級に迎合しない所の人格的の経済家を要するのであり」、「この社会の要求、国家の要求に対しまして、我県下出身の人として克堂若槻氏を挙げ得ることを、誇りといたさねばなりません」。若槻は「実に少年子弟の一目標として推称すべきものであ」り、「今日衆議員選挙の事がありまして、之が為に氏の政治的生命に大なる響を与へる所の今日に際しては、極力その脚地を擁護することが、やがて、自分の注文、即ち教育上の活きた模範を完成する訳合であると存じますので、敢て満場諸堂の御賛同を御願ひいたすのであります」。

渡部の現状認識がうかがえる重要な史料である。渡部は二つの理由から若槻への支持を訴えている。一つ目は、現状の日本の問題の中では経済問題が最重要であり、それを解決する能力を持つ人物が大蔵官僚であった若槻であるためである。二つ目は、資本家寄りでも労働者寄りでもない公平無私な人物であるためである。横関によれば、若槻は憲政会内閣期において、労働運動や農民運動が発生する必要性を認めつつ、その運動が「穏健」なものになるように思想を「善導」することで、社会の安定化を図る構想を表明していた（横関 一九七六）。渡部が述べた通り、若槻は資本家・地主と労働者・小作人のどちらの利害にも偏らない立場に立っていた。若槻に期待された役割は、財政・経済の専門家として経済問題に対処して生活状況を改善し、社会不安を緩和して国家の安定化を図ることにあった。島根県に地域発展などの利益誘導をもたらす文脈で若槻が期待されていたわけではなかったのである。

次に注目すべきは教育的観点である。教育者たる渡部にとって重要な関心事だったのは、若槻を継ぐような人材を島根から輩出することであった。その問題意識は「教育上の活きた規範を完成する訳合」という文言からもうかがえると同時に、設立要旨や設立趣旨に教育的な文言が書かれた背景には、渡部の意思が働いていたと思われる。

克堂会の性格が男子普通選挙に対応できる組織であったことも見逃せない。デュベルジェは「大衆政党」は多様な「補助的な組織」を有し「その多様性と変化が成功のひとつの要素」であり、「できるだけ多数の限定した目的をもった衛星的な団体を設置」したとする（デュベルジェ著、岡野訳 一九七〇：一一六）。克堂会はデュベルジェが定義する「補助的な組織」と言えるだろう。設立目的で教育的な側面が強調された背景には、政友会の利益誘導が補足できていない有権者を取り込むための有力な戦略だったと思われる。より多くの有権者に接する組織を整備することは男子普通選挙に対応した「近代政党」にとって不可欠な要素である。

手塚雄太によれば大正期から「政治家の名や号を冠した団体が設立され」、それらは「各政治家の人格・思想に学ぶ修養団体としての性格を持つもの、当該代議士の選挙区で集票組織としての性格を持つもの、あるいは名を冠した政治家が率いる党派の後援組織としての性格を有するもの、それらの混合体であるものなど」があったという（手塚 二〇一七：一〇二）。克堂会に関して言えば、修養団体としての性格と若槻の政治的な後援の両方を目的としていた。

克堂会は、岡崎亡き後の松江を中心とする島根県の憲政会勢力の「補助」組織として活動を本格化させていく。

**表1－1　第14回衆議院議員選挙結果（1920年5月10日執行）**

| 選挙区 | 候補者名 | 当落 | 党派 | 得票数 |
|---|---|---|---|---|
| 第1区<br>松江市 | 佐野正雄<br>桑原羊次郎 | 当選<br>落選 | 政友会<br>憲政会 | 751<br>686 |
| 第2区<br>八束郡　能義郡 | 櫻内幸雄<br>野津孝次郎 | 当選<br>落選 | 政友会<br>憲政会 | 5,197<br>3,609 |
| 第3区<br>仁多郡　大原郡<br>飯石郡　簸川郡 | 原夫次郎<br>高橋久次郎 | 当選<br>当選 | 政友会<br>憲政会 | 8,405<br>4,311 |
| 第4区<br>安濃郡　迩摩郡<br>邑智郡 | 平田民之助<br>石田孝吉 | 当選<br>落選 | 政友会<br>憲政会 | 5,120<br>668 |
| 第5区<br>那賀郡　美濃郡<br>鹿足郡 | 島田俊雄<br>俵孫一 | 当選<br>落選 | 政友会<br>憲政会 | 6,317<br>4,429 |
| 第6区<br>隠岐島 | 若林徳懋<br>古川清<br>一瀬一二 | 当選<br>落選<br>落選 | 政友会<br>政友会 | 552<br>454<br>107 |

・有権者数：45803人
・投票者数：40977人
・投票率：89.46％
出所：表1－1、表1－3ともに『衆議院議員選挙の実績』（公明選挙連盟、1967年）をもとに作成。

## 第一四回衆院選（一九二〇年）

一九二〇年に政友会を与党とする原敬内閣は、衆議院における絶対多数を確保すべく解散総選挙に踏み切った。この第一四回衆院選において政友会は躍進し憲政会は大敗を喫した[11]。島根県においても憲政会は六議席中一議席しか獲得できず惨敗した（表1－1）。とくに憲政会の中心人物だった岡崎の地元である第一区の松江選挙区で敗北したことは衝撃的であり、渡部は選挙結果について「松江市開票の結果、桑原氏敗戦の報に接し遺憾遣る方なし」と日記に綴っている（「渡部日記」一九二〇年五月一一日）。渡部の日記は概して感情を表現する記述は少ないが、この時は憲政会関係者と「午餐を共にして憤慨談を為し」たと綴っているように、感情をあらわにした[12]。

この結果は、先述の通り政友会勢力が憲政会勢力の地盤であった松江をも掌握しつつあったことを意味していた。しかも、松江に限って言えば、政友会側は当初「候補難」が報じられるなど（『大朝山陰版』一九二〇年四月二四日）、終始政友会が優位を保っていたわけではなかった[13]。『大阪朝日新聞山陰版』は「政友派が巧みに我党内閣を利用し鉄道、道路、治水等の地方問題を好餌として盛んに党勢拡張に努めたる結果」であると評した。さらに憲政会のもう一つの敗因として、「憲政派が岡崎運兵衛氏を失いし以来中心人物を有せざる為め各区候補者の間に何等の連絡無く統一無く各自思ひ思ひの運動に出で合理的組織的ならざりし」ことを挙げて、「頽勢を挽回するには、非常なる手腕と且つ其衝に当る人の大なる決心と努力とを要するも、現今の島根県憲政派には故岡崎氏に継ぐべき徳望と実力を兼備せる者なければ、近き将来退勢を挽回する如きは到底困難なるべしとて其前途を悲観されつつあり」とした（『大朝山陰版』一九二〇年五月一八日）。島根県の憲政会勢力は政友会の利益誘導によって地盤を侵食されただけでなく、岡崎という中心人物を失ったことで、党勢が大きく落ち込んでいた。憲政会は「名望家政党」としての限界を迎えていた。そのような中で克堂会は憲政会勢力再建の中心的存在となっていく。

この選挙で注目すべき動きを見せていたのは克堂会である。克堂会は松江市の候補者選定を憲政会松江支部から委嘱されるなど[14]、松江の憲政会の中心組織として活動していた。結成されたばかりの克堂会が重要な地位を占めていたことが分かる。一九二一年には若槻も出席して克堂会総会が開かれ（「渡部日記」一九二一年五月五日）、その翌日に憲政会島根支部総会が開催されている（同一九二一年五月六日）。二日間にわたって克堂会と憲政会の総会が開催されたことは、両者に共通性があったことを意味している。その後克堂会は島根県の各郡に組織を展開していく[15]。一九二二年のことであるが、克堂会の会員が増加し会が盛んになったことを感謝する書簡が若槻から渡部に送られている[16]。書簡の中で若槻は「克堂会の為め一方ならず、御配慮被下、御蔭を以て、会員続々増加し、今日之盛況を見るに至り候こと、何共御礼之申上様無御座、只々感謝罷在候と申すの外無之候。克堂会員の増加は、即ち不肖に対する同情者の増加に有之、先輩旧友新朋が、此の如くして小生を援被下候を見、深く之を誇と致すのみならず、誠に心強く感じ居る次第に御座候」と記している。渡部らの活動が奏功して克堂会の勢力が増しつつあった状況がうかがえる。

### 克堂会の組織的拡大と財政状況

やや後年になるが、克堂会の隆盛が分かる史料として内務省警保局が作成した「政党員其ノ他有志者後援団体調（昭和二年十一月末日現在）」がある。[17] これを見ると克堂会の会員数は、一九二〇年の創立当時は三〇五名であるのに対し、一九二七年には五〇〇〇名にまで増加している。会員数にして約一六倍の伸びを示している。さらに克堂会は島根県の各郡内に支部を展開していた。「政党員其ノ他有志者後援団体調」によると克堂会の部会としては能義郡、簸川郡、大原郡の部会が確認できる。このうち能義郡部会は一九二五年四月二六日に創立されたとあるが、会員数は二二一八名から一九二七年時点では三〇〇〇名に増加している。また大原郡部会は一九二六年二月二一日創立で、創立時点では一一六九名である。一九二七年の時点と比較しても人数に変化はない。なお、主幹者氏名には木村小左衛門の名前がある。木村は大原郡を地盤としており（第2章）、克堂会の組織を拡大することで自身の地盤を強化していたものと推測される。特筆すべきは簸川郡部会である。主幹者氏名には憲政会島根支部長や貴族院多額納税者議員などを務めた高橋隆一（たかはしりゅういち）（一八七五～一九四三）の名前がある。一九二五年六月三日創立とあるが、一三一八名から一九二七年時点では七二六五名と五倍に増えており、県下の部会の中では最大の人数を誇っている。ちなみに、石見に位置する那賀郡には一九二六年四月五日に創立された「若槻後援会」がある。会員数は一九二六年時点も一九二七年時点も変わらず三〇一名である。克堂会という名称ではないが、目的が克堂会と同じ「若槻礼次郎を後援し後進の子弟を誘掖するを目的とす」とあることから、ここでは同一の組織として考えると、克堂会の会員数は一万六七三三名となる。克堂会に次いで会員数が多いのは政友会の島田の後援会の硯堂会で、一九二七年創立、会員数は三七二七名である。島根県下において克堂会は他の後援会を圧倒する人的勢力を有していたことに疑いはない。

表1－2　克堂会会計関係文書

克堂会会計　　（円）

| 年度 | 収入総額 | 繰越金 | 繰入金 | 寄付金 | 会費 | 預金利子 | 支出 | 創立費総収入費 | 創立費支出金 |
|---|---|---|---|---|---|---|---|---|---|
| 1920 | 458 | | 255 | 200 | 3 | | 74 | 620 | 364 |
| 1921 | 693 | 383 | | 300 | 2 | 6 | 376 | | |
| 1922 | 792 | 317 | | 460 | 6 | 8 | 452 | | |
| 1923 | 574 | 339 | | 200 | 4 | 30 | 423 | | |
| 1924 | 909 | 150 | | 750 | 4 | 4 | 766 | | |
| 合計 | 3426 | 1189 | 255 | 1910 | 19 | 48 | 2091 | 620 | 364 |

寄付金名簿　　（円）

| 年度 | 若槻礼次郎 | 佐藤喜八郎 | 桑原羊次郎 | 木村小左衛門 | 佐藤球三郎 | 野津孝次郎 | 高橋隆一 | 岡崎国臣 | 森脇甚右衛門 | 織原万次郎 | 原田岩三郎 | 武田啓一郎 | その他有志 | 合計 |
|---|---|---|---|---|---|---|---|---|---|---|---|---|---|---|
| 1920～21 | 100 | 100 | 100 | 100 | 70 | 100 | 100 | 100 | 50 | 100 | 100 | | 100 | 1120 |
| 1922～23 | 200 | 100 | | 100 | 50 | | 100 | | | 100 | | 10 | | 660 |
| 1924 | 200 | | 100 | | 200 | | 100 | | | 100 | 50 | | | 750 |
| 合計 | 500 | 200 | 200 | 200 | 320 | 100 | 300 | 100 | 50 | 300 | 150 | 10 | 100 | 2530 |

出所：表3－1は「克堂会会務引継書」（『渡部寛一郎文書6—13－8－1』）より、表3－2は「克堂会寄付金簿」（『渡部寛一郎文書6－13—9－2』）より作成。

※各項目の単位未満を端数切捨で算出したため、合計欄とは誤差あり。

単純な人数の比較になるが、参考に島根県以外の政治家の後援会の会員数を見ておきたい。手塚が一九二七年時点における衆議院議員を中心とした後援会の人数を算出しているが、最も多いのが茨城県の内田信也の後援会で一万七五八六名である（手塚二〇二一：四〇[18]）。その次が群馬県の武藤金吉の一万一六七二名である。ちなみに若槻と同じ憲政会・民政党に所属した政党政治家で後に総理大臣となる浜口雄幸の後援会の人数は一万八三五名である。克堂会の会員数は内田のそれには及ばないものの、全国的に見ても大規模なものだったことが分かる。克堂会は人的・組織的にも憲政会・民政党勢力の中核を担っていたのである。

ここで克堂会の財政状況が分かる史料を確認したい。表1－2は克堂会の会計と寄付金名簿である。会計を見ると総収入額のほとんどが寄付金で占められている。会計の中にある会費とは規約で定められた年三〇銭の年会費のことであるが、会費収入は微々たるものだった。寄付金名簿を見ると、憲政会関係者が寄付金を提供していることが分かる。[19]寄付金簿には一九二〇年五月二三日の日付で渡部の署名とともに、「会費のみにては経常費も尚不足を生」じることから、「有志諸君の御寄贈を仰ぎて之を支弁し残余は経常費に充用」したいと書かれている。[20]設立当初から運営には有志の寄付が不可欠な状態だった。重要なのは克堂会に寄付した人物の多くがいわゆる名望家層であった点である。このことは、岡崎のような名望家が中心となる時代から、名望家は資金面で支援し、若槻のような官僚出身で政策能力があり、理念を訴えることができる政治家が中心となる時代に移ったことを意味する。ここで注意しておきたいのは「名望家政党」と「近代政党」はあくまで連続する存在だったことである。より具体的に表現するなら、「近代政党」と「名望家政党」は対立するものではない。「名望家政党」的な、地域の名望家層に依存する体質は変わらないまま、政策や理念を中心とする「近代政党」的側面を強調することは、少なくとも政党を運営する当事者たちにとって矛盾はなかったのである。

一九二〇年から一九二四年の間こそ、島根県の憲政会が「名望家政党」から「近代政党」への質的転換を図っていく転換期であったと考えられる。次節では具体的な憲政会勢力の展開を見ていくことにする。

## 4　憲政会勢力の伸長——第一五回衆院選から第一次若槻内閣成立まで

### 若槻礼次郎書簡の検討

一九二一年（大正一〇）に原敬首相が暗殺されたことで、政友会の新総裁となった高橋是清が新首相に就任した。しかし、高橋内閣は閣内対立によって翌年に総辞職し、非政党内閣の加藤友三郎内閣が成立した。

このことを受けて若槻は渡部寛一郎に政友会の政治姿勢と非政党内閣を批判する書簡を発した。[21]「政友会内閣が辞表を捧呈するの已むなきに至りたるは、御承知之通に候処、改造を企て、之に失敗したるは、内部不統一の結果にして、政策に付て、行詰を生じたるにあらずと称し居候得共、彼等の改造を企てたるは、政策の失敗に依り、民心を失ひたる為め、閣員の更迭に依り、目先を新にせんと試みたるものにして、矢張政策を誤りたる結果に外ならない。「今回の政変は全く政友会に野垂死に」であり、「彼等をして、此最後を見るに至らしめたるは、憲政会が其主張を提げ、常に正々堂々の陣に依りて、彼等の弱点を攻撃したるに本づくもの」によるものである。よって、「政機の大勢を窮取する者ならば、之れが後を承け、政局拾収の任務に当らしむるは、憲政会を措て、他に無之は、誠に明瞭の事柄に有之候にも不拘、国民と何等交渉」もないまま「内閣を造らしめたること」は、「立憲治下の大変態にして、吾人平等立憲の有終を期する者の、遺憾禁ずる能はざる所」である。こうした結果を招いた理由は「小生共の微力なる平等の主張、能く国内上下を感孚せしむるに至らず、情実陰謀の余地を存ぜしめたるに依る」ところであり、「何共面目無之、只々慚愧罷在」次第である。「元来、小生共政党に在りて、国事に努力するは、単に政権を獲得するの為め」ではなく、「小生共の努力に依り、国政の上に善政行はるるならば、必ずしも自ら局に当るには及ばざる次第」であるが、「今日の如く政府及政友会相結託して、中央地方の行政を紊乱せしめ、之れが為め良民は遺憾の涙を飲むの状勢の下に在り而は、政権を把握して、之れが矯救の任に当ること、同志の期する所」である。「出来得るならば我党に於て、政機の枢軸を握ること、御互に切望する所」ではあるが、今回のような結果になったのは「残念」である。しかし、「此上は更に一段の勇奮を以て、一回の挫折は第二回の奮起を促し、二回の挫折は第三回の邁進を促すと云ふ如く、一段は一段より勇気を鼓舞して、憲政并に国家民人の為めに努力致度、幸に倍旧の御後援」を願いたい。「同志諸君より種々激励之言葉を頂戴」しているがこちらは多忙であるため「小生の心事自然御伝へ被下、併て多用の為め返書をも発する能はざるの事情」を説明していただきたいと。

若槻は書簡の中で、政友会が既に政策に行き詰まっているにもかかわらず、非政党内閣（政党政治家を首班としない内閣）に協力することよって、政治的影響力を保持しようとしたことを「立憲治下の大変態」と批判した。ここで、若槻が自らを「平等立憲」を期する者と自称し、憲政会の主張を「平等の主張」と位置づけている点に注意したい。奈良岡聰智が指摘する通り、当該期の憲政会は軍縮による減税や社会政策の実施を訴えていた（奈良岡 二〇〇六：二三九）。また、小路田泰直と宮田昌明が明らかにしたように憲政会の社会政策は一定の成果を上げることとなる（小路田 一九九一、宮田 二〇一四）。若槻の主張には、政党政治の確立こそが立憲政治の本質であり、さらに憲政会の政策体系である税制改革などによる平等理念の提起に基づいた支持を獲得しようと意識していたことがうかがえる。平等理念は当時の政治社会の中でたびたび論じられてきたものであり（佐藤 二〇一四）、若槻ら憲政会には有権者の支持を得るための有力な言葉であるとみなしていたことが分かる。一方で、若槻はそうした自分たちの主張は「微力」であり、「国内上下を感孚」できず、「情実陰謀の余地」を残した結果になったと率直に述べている。

ここで若槻が述べる憲政会が政権獲得を目指す理由について注目したい。若槻によれば、憲政会は「単に政権を獲得する」ことが目的なのではなく、政友会による「中央地方の行政を紊乱」する行為を是正することが目的であるという。その上で政権獲得に向けた強い意志を示し、さらなる後援を渡部に依頼した。

この書簡で重要な点は、渡部が他の憲政会の支援者に中央政界の情勢を知らせる情報源としてこの若槻書簡を「差出」している点である。竹永三男が指摘するように、渡部と若槻の書簡のやり取りによって「中央政界の具体的な情報」が「島根県・松江地域の憲政会勢力に詳細に伝達されていた」のである[22]。付言すると、この書簡には憲政会の立場や理念、政策を支持者・支援者に訴える意味があった。

図1－2　俵孫一
出所：北海道大学附属図書館所蔵（北方資料データベース）。

### 俵孫一の政権交代論

前述の通り、憲政会は積極的な理念を提起することで支持を拡大しようとしていた。憲政会の政治家が自らの主張を地域の支持者に浸透させようとしていたもう一つの事例として、俵孫一が支援者に向けて発した書簡がある[23]。俵は現在の浜田市出身の政治家で、内務官僚として北海道・朝鮮で勤務した人物である。浜口雄幸内閣下では商工大臣を務め、憲政会・民政党の有力政治家として活動した。

すなわち、「政友会内閣は名を積極政策に借りて専ら党利党略に耽り、戦時戦後に亘り対応の索を怠り、無為放漫秕政百出物価は愈々騰りて生活は弥々難く官紀乱れ綱紀弛み入超止むるに由なく不景気挽回の策なくして公債の募集不可能に陥」っている。「財政は行詰となり産業経済殆ど危機に迫りたるを以て、遂に内閣投出の已むなきに至りたることは世間周知の事実」であるが、「政友会は尚政権に恋々として陰謀怠らず不法にも自己の立場を忘れて、政党を排擠し所謂中間内閣を擁立して政局当然の推移を妨げ」ている。さらに「元老は徒らに偸安を事として民心の一新に意を致さず政友会の詭計に乗せられて大勢の観測を誤り憲政の円滑なる運行を阻」んでいる。「今回の政変は到底首肯し能はざる変態にして、為めに民心は依然倦怠を極め生活亦安定を欠き国情日に険悪」となっている。「世に政友会内閣の行動に懲り政党の弊害を悪むの余り、自然政党を否認し専制を追慕する陋見を抱くもの」があるが、これは「民本政治の真相を会得せざるもの」であり、「害虫を駆らんとして根幹を枯死せしむる」ものである。「政党の弊を矯むる唯一の方法は政党を以てする」しかなく、「甲党去り乙党之を承け丙党之に代り斯くして政策は常に新にして民心鬱屈せず、弊竇の根源自ら芟除せられ綱紀を内外に粛正」することで「憲法政治輿論政治に有終済美の真価あらしむる」のであり、「若し説者の見の如くせば寧ろ憲法中止を断ずるの外なく、況や此間縦横政権の移行に私曲を弄し当然の帰趣を妨ぐるものの如きは、之を憲政の賊と称するも過言」ではないと。

重要なのは、政友会の政権運営と積極財政を批判しつつ、政党政治の弊害を政党間の政権交代によって解決すべきだと主張している点である。俵は政党政治によってこそ民心を繋ぎ、「民本政治」が実現できると主張した。この書簡の形式は宛名のない印刷物形式であり、多くの支援者に配布されたものと思われる。俵は一九二二年当時浪人時代にあり、次の選挙に向けた準備をしていた。

また、俵は島根県における政友会の党勢拡張について、憲政会政務調査総会で報告している（俵「悪辣なる政友会の党弊」『憲政』第五巻第六号、一九二二年一一月）。俵は島根県において政友会が「警官の不法干渉と郡制廃止に伴うて起つて来る郡営事業の県営の移管問題を利用しての党勢拡張」を展開したとした。くわえて県議選では政友会が対立候補に対して「非常な干渉圧迫を試み」、警察巡査部長が政友会の候補を応援するなど、「警察は政友派の運動員たるの観」があったと主張し、結果的に非政友候補は当選したものの、「今や島根県では警察の干渉の如きは殆んど当然のことのやうになつて居る」と述べた。また、政友会側は道路工事について「一村から五十名以上政友会に入会すれば必ず県費支弁となる」と宣伝しており、知事や郡長らも政友会への入党を勧誘している状況であると訴えた。さらに入党しない者は「公共心がない」と批判されるので、「不本意ながら入党する者が多」く、「今や島根県では三千人以上政友会への入党者があったさうだ」とした。このほかに俵は「政友会島根県支部の建築費の寄付金」を「町村長又は助役の名義で町村費を以て寄付して居る」と批判しており、このような「陰険悪辣なる党勢拡張に対しては飽く迄之が防止に努めねばならない」と述べた。

このように俵は、政友会が与党もしくは与党的な地位のもと、官権を駆使して党勢を拡張していることを批判していた。憲政会の指導者であった加藤高明は、代議士中心型の政党を目指し、政友会の地方利益誘導を批判していたが、これは憲政会（後の民政党）の政策体系と論理の根幹をなすものであった（季武 二〇〇四：一八〇）。若槻や俵はこういった憲政会の論理を有権者に伝えて支持拡大を図っていたのである。

### 立憲青年党の結成と展開

一九二四年の第一五回衆院選で、憲政会は綱紀粛正、普選実施、行財政整理の三大政策を標榜するが（安達謙蔵「総選挙に臨む我党の旗幟」『憲政』第七巻第三号、一九二四年三月。奈良岡 二〇〇六：二七二～二七五）、若槻と俵の主張はそれらと合致する。憲政会がこのような政策や理念を整備した背景には、長く野党の地位にある中で政友会のような利益誘導による支持獲得が困難であったことが考えられるが、こうした政治的姿勢こそ男子普選に対応する政党への質的転換の萌芽となったと考えられる。

次の総選挙が迫るなか、男子普通選挙実現を目指す立憲青年党の動きが全国的に広がっていく。青年党については、すでに多くの先行研究がある（伊藤 一九八七、小林 二〇〇六～二〇一〇、谷口 一九九五、松尾 二〇〇一など）。島根県の青年党も他地域のものと同じく憲政会に近い政治勢力として成立した。島根県立憲青年党は一九二三年に松江で発会式を挙げた（『大朝山陰版』一九二三年二月二一日）。発起人は那賀郡（現在の浜田市）出身の山崎定道（一八七六～一九五五）であった。山崎は憲政会（後に民政党）の県議であり、庄屋出身で地方政界の名士として知られていた。発会式では石川県の立憲青年党運動に関わっていた永井柳太郎（一八八一～一九四四）が祝電を発している。永井は早稲田大学の教員を経て憲政会・民政党に所属した政治家であり、党随一の論客として知られていたほか、青年党運動を指導していた（朴 一九九二・一九九三）。永井は島根県の青年党の発会にも関わっていたようであり、次のような報道がなされている（『大朝山陰版』一九二三年一月一四日）。

島根県会議員山崎定通氏は昨年憲政会所属永井代議士が来県して青年に立憲思想を吹込んだ効果の少からざるを認め立憲青年党の組織を企画し松江連合青年会に対してこれが勧奨中であつたが同青年会では昨年十二月幹部会を開いて協議した結果流産の已むなきに至つたが中にはこれが組織を希望して居るものも少からぬので更に一月中旬頃同志を糾合して協議の上具体的に活動の方法を定めて来る四月頃松江市に於て発会式を挙げる計画であると、尚山崎氏の語る所に依ると立憲青年党組織の上は五万人の党員を得ること容易で此人々が義的に二圓宛の醵金をする時十万円の資金を得るので之を以て機関新聞を造る計画であると

永井が来県して青年党運動にてこ入れを行い、発会に漕ぎ着けたことが分かる。なお、山崎の語るところの「機関新聞」とは、おそらく一九二七年に全国の新聞の情勢を調査した「新聞雑誌及通信社ニ関スル調」という史料にある「立憲時報」のことであろう。これは一九二五年に創刊されたものであり、内務省の調査によれば発行部数は二〇〇〇部となっている。社長は山崎で党派は「民政党派立憲青年党系ニ属ス」とある（内務省警保局『新聞雑誌社特秘調査』六〇九頁）。

『立憲時報』は散逸しており、体系的に残されていない。現物を確認することは困難であるが、若槻と交流のあった旧家に一部が現存している。(24) 一九二五年七月一五日発行の第二号では名誉顧問に若槻の名が挙げられているほか、俵、永井、木村、岡崎国臣（一八七四～一九三六、岡崎運兵衛の養子）らが名誉顧問に、顧問としては憲政会関係者の名が並んでいる。社説では「積極政策に迷う勿れ」と題して、今日の不景気は寺内内閣以来の「無節操極ま

る放漫政策」によるものであり、政友会の主張は「彼等の眼中に＝我党＝在つて、国家なきが如く、彼等が唱ふる主義主張は、所謂雲を掴むに等しき危険極まる、冒険政策」であり「彼等に釣らるる地方民は、自ら縊るに等しき財政的自殺であ」ると批判している。『立憲時報』が憲政会の政治的主張を反映させたメディアであったことがうかがえる。注目すべきは青年党の立場に関する記事である。『立憲時報』に文章を寄せた永迫意水は、青年党は「合理的政治の実現」を期す団体であり、「従来憲政会の別働隊であるかの如く思はれて居たのは偶々普選断行に於て一致の行動を執つたからであつて必ずしも徹頭徹尾憲政会の別働隊を以て自任するものではない事は其立憲の精神に遡れば誠に明瞭」であるとしている。このように青年党は憲政会の「別働隊」であることを否定していた[25]。従来の研究でも青年党と憲政会の関係については論じられてきた（伊藤 一九八七）。島根県の場合は青年党を憲政会勢力の「別働隊」とする見方があったことと、青年党側が反論していた点に注意したい。また同年の『立憲時報』には、「地方支部は、吾人民衆と中央政界の中間に介在し、中央地方の政状を民衆に容解（ママ）せしめ」て政友会による「弊風を改革し国利民福を増進せしむべ」きであるのに、「在野時代よりも勇起衰へし？の感ありし」と評して憲政会勢力の「奮起」を促す論説が掲載された[26]。青年党は憲政会と非常に近い立場であり、『立憲時報』にも数多くの憲政会関係者が顧問として名を連ねていた一方で、憲政会相手でも時に批判的な主張をしていたことを確認しておきたい。

特筆すべきは克堂会との関係である。渡部のもとに発会式前に青年党の関係者と思われる人物が来訪し、「立憲青年党組織の件に就き内議を為し」たという（「渡部日記」一九二三年一月六日）。渡部は発会式に招かれており、当日の日記には「此夜に臨水亭にて催せる立憲青年党発企者山崎定道氏等有志懇親会に招待せられ出席」と記されている（「渡部日記」一九二三年一月二〇日）。克堂会と青年党は密接な関係にあったと考えられる。

こうして発会した立憲青年党は徐々に勢力を拡大していく。立憲青年党大原郡部会の発会式では当時憲政会島根支部長だった高橋久次郎（たかはしきゅうじろう）（一八五八〜一九二六）が演説しているほか[27]、簸川郡部会の結党式では一〇〇〇名余りの出席があり、「普通選挙の無条件即行を期す」「立憲の精神を蹂躙する特権内閣及び之と款を通じ自ら議会政治を否認する代議士候補者を排撃す」「陰陽連絡の幹線たるべき雲芸鉄道の速成を期す」「郡内の教育施設の改善及び交通的機関の完備を期す」「地方産業の興隆と実質的振作を期す」ことを決議したほか、憲政会の候補者である木村が挨拶している（『大朝山陰版』一九二四年四月一三日）。男子普通選挙実現にあわせて地域振興の政策も求めていた点も留意したい。青年党は憲政会とは別組織として一線を画す立場を明らかにしつつも、実質的には先述の克堂会と同様に憲政会の「補助」組織であったと言える。

ここで、島根県の立憲青年党が名望家層とも密接な関係にあった点を明らかにしたい。後年になるが、一九二八年に島根県立憲青年党総理に就任した江角興義(えすみおきよし)[28]は、民政党の県会議員で県有数の大地主だった。先述のように克堂会の活動を支えたのも憲政会勢力に属する地方名望家層であった。島根県の憲政会勢力には、若槻や俵ら政治家が活動の中心となり、そこに資金面での支援をする名望家と、運動面を支援する青年党という三つの軸を中心に形成されていた。このことから分かるように「名望家政党」と「近代政党」は連続した存在であった。「名望家政党」的要素がなくなったわけではないが、名望家たちばかりが表立って活動するのではなく、進取の気概をもつ人員を組織に取り入れ、新たな支持層を形成したことは、「近代政党」への質的転換のために必要な条件であり、男子普通選挙導入後の政治社会の状況に対応できる体制を構築することとなった。

## 政治的空間としての憲克倶楽部

憲政会勢力の一連の政治的活動を支えた場が憲克倶楽部であった[29]。憲克倶楽部は松江市の聞法寺（現在は廃寺）の敷地内に一九二一年に設置されたもので、憲政会と克堂会が合同で利用できる倶楽部であった。憲政会島根県支部長の高橋久次郎と克堂会会長渡部の連名で発せられた次のような通知葉書が『渡部文書』にある[30]。「今回殿町聞法寺内に両会合同の倶楽部を設置致候間御都合に任せ随時御使用被下候様致度尚管理主任は便宜上松陽新報社内秦慶之助氏に委嘱致候間御承知被下度候」、「通知洩も可有之候に付御近傍会員諸君へ可然御伝達被下度為念申添候」。ここからは、倶楽部の管理が憲政会・民政党系の地方紙であった松陽新報社の社員によって管理されていることが確認できる。倶楽部の運用は憲政会の関係者と憲政会・民政党系の地方紙である『松陽新報』が納める会費で賄われていた。所在地は県庁や市役所などが存在する松江市の主要市街地であり、ここで憲政会関係者は選挙の打合せや政治的交流を重ねていくことで、さらなる勢力拡充に努めていたのである。

### 政友会の分裂と政友本党の結党

一九二四年に清浦圭吾内閣が成立すると、その支持をめぐって政友会が分裂し、選挙は清浦内閣を支持する政友本党とこれに反対する憲政会、政友会、革新倶楽部の護憲三派という構図になった。島根県では島田俊雄を除く政友会の全代議士が政友本党に参加し、郡組織も次々に解散していった（山田 一九九七：二六七～二七一）。二月二〇日には政友会と政友本党の関係者が集まり、「現在支部の土地建物は政友会員及び政友本党共用の倶楽部とする事」「倶楽部の名義は島根県政友倶楽部と称する事」「倶楽部は両政党党務へは使用せざる事」「倶楽部は県政に関しては共用使用する事」「倶楽部の支配は当分の間、現在の支部役員之に当る事」が決定され、支部組織と施設を使用することで存続を図る方針をとった（『山陰』一九二四年二月二一日）。

政友会分裂に際して政友本党に参加した櫻内幸雄は、『山陰新聞』の一面を使って「敬愛なる選挙区民諸君！」と題する意見広告というべき記事を発した（『山陰』一九二四年二月二日）。

櫻内はまず、本来なら自ら選挙区に赴いて政友会脱党の経緯を有権者に説明すべきだが、党務に忙殺されているので紙面で説明するとして次のように続けた。政友会の立場は「穏健着実」であったが、近年は相次ぐ汚職事件によって「党の信望」は傷つき「世道人心に悪影響を与えた」。そして「近年総裁側近の二三」が好き勝手に党を操っており、清浦内閣成立にあたっては一部の幹部が多年対峙してきた「反対党」と提携し、「民衆運動を扇動し、貴族院の否認、階級打破、元老排斥を叫ぶ等、常軌を逸したる運動に出」た。政友会は衆議院で多数を占めているにもかかわらず、他党と連携して内閣不信任に動くのは不可解である。政友会は従来の非政党内閣を支持してきた経緯もあり、清浦内閣成立に対しても「帝都復興農村の振興に関する諸施設、農務省独立等の提案あるを思ひ、暫

**表1－3　第15回衆議院議員選挙結果（1924年5月10日執行）**

| 選挙区 | 候補者名 | 当落 | 党派 | 得票数 |
|---|---|---|---|---|
| 第1区<br>松江市 | 佐藤球三郎<br>佐野正雄 | 当選<br>落選 | 憲政会<br>政友本党 | 1,373<br>590 |
| 第2区<br>八束郡　能義郡 | 櫻内幸雄<br>稲垣三郎 | 当選<br>落選 | 政友本党<br>憲政会 | 5,049<br>4,144 |
| 第3区<br>仁多郡　大原郡<br>飯石郡　簸川郡 | 木村小左衛門<br>原夫次郎 | 当選<br>当選 | 憲政会<br>政友本党 | 8,303<br>5,845 |
| 第4区<br>安濃郡　迩摩郡<br>邑智郡 | 平田民之助<br>沖島鎌三 | 当選<br>落選 | 政友本党<br>政友会 | 3,617<br>3,216 |
| 第5区<br>那賀郡　美濃郡<br>鹿足郡 | 俵孫一<br>島田俊雄 | 当選<br>落選 | 憲政会<br>政友会 | 7,072<br>4,392 |
| 第6区<br>隠岐島 | 古川清<br>若林徳懋 | 当選<br>落選 | 政友会<br>政友本党 | 687<br>524 |

・有権者数：48179人
・投票者数：45247人
・投票率：93.91％

く隠忍して、是々非々に依り進退すべしと主張」したにもかかわらず、高橋是清総裁らは「代議士会にすら付議せず直ちに民衆運動に参加した」。一部の勢力は政友本党を清浦内閣の与党であると批判しているが、「我新政党は、憲政擁護の点に於ては、断じて盲動者流に譲るものでは」なく、「超然内閣たる清浦内閣の与党では」ない。「元来憲政擁護の如きは、余等同志の唱ふ可きものであり」、かつての加藤友三郎内閣や山本権兵衛内閣を「御用党」であった政党が口にすべきではないのである。

　櫻内ら政友本党の論理は、自分たちこそが正統な政友会の政策と姿勢を継承した政党であり、清浦内閣を支持しているわけではなく、党内の政治的手続きを踏まえずに他党と連携して民衆運動を引き起こした高橋ら政友会総裁派を批判するものであった。従来、政友本党は旧態依然とした政党であり、その指導者である床次竹二郎（一八六七〜一九三五）の政治的迷走もあり低い評価を与えられてきたが、近年では研究が蓄積されつつある（前山 二〇〇六・二〇〇七、渡邉 二〇一二・二〇一四）[31]。床次もたんに政局に翻弄され続けた守旧派ではなく、自らの主義主張と政治的展望を持って行動していたことが明らかとなっている（村瀬 二〇一四、吉田 二〇一三）。櫻内は自分たちが清浦内閣の与党ではないという立場を明確にすることで、守旧派のイメージを払拭しようとしていた。これまで護憲三派に圧倒されただけの存在と思われていた政友本党だが、実際には自らの理念と政治的正当性をメディアを活用して訴えるなど、有権者に広く自らの立場を伝えるような戦略を有していたのである。こうした政友本党の姿勢からは、男子普通選挙に必要な「近代政党」への質的転換の一端がうかがえる。

政友会の内紛に端を発する政界の流動化は、島根県の政界にも大きな影響を与えていくこととなる。

この総選挙で憲政会は大きく議席を伸ばした（表1-3）[32]。清水唯一朗によれば、政友本党は清浦内閣が選挙管理内閣という性格を持っていたこともあり、「警察力を積極的に動員することができず、清浦内閣の失策への責任追及により、本当は与党である利点を活用できず、むしろ弱点を衝かれる立場に立たされ」、さらに広報宣伝における脆弱さも政友本党にとっては逆風となったという（清水 二〇一三：二五七）。櫻内ら政友本党が『山陰』を使って、自らの政見を発信できたことは少なからぬ影響を与えたと言えよう。

### 第一五回衆院選における憲政会勢力の伸長

話を憲政会側の動きに戻そう。注目されるのが、この時期に若槻が島根県下の憲政会勢力を束ねる中心的存在となっていた点である。候補者選定について若槻は渡部に「松江市佐藤球三郎氏、大分意動き候様に存候。是非同氏擁立候様、百方御説得願上候。第三区にては木村氏を抱立つる筈に存候。同氏は高橋氏の意中を憚り躊躇致居候様に存候。高橋氏と御相談、是非木村氏を決意せしめ被下度候。第五区は俵氏を出馬せしめ、島田氏は第四区に廻はらしめ度と存候得共、島田氏承諾せず、依て第五区にては俵、島田両雄、相争ふことに可相成存候」と書き送っている[33]。さらに別の書簡では、「松江市の候補に付ては、人の知らざる御苦心、是亦感佩措く能はざる所有之候。佐藤球三郎氏決意致候以上は如何にしても、同氏を当選せしめざるを得ず。万事宜敷御願申上候」、「同氏の活動すべき時期方法等は、桑原氏と御協議被下、球三郎氏に御注意被下度祈上候」と書き送っている。

これらの史料からはいくつか重要な点が分かる。若槻は松江市の選挙区候補者として、佐藤球三郎（さとうきゅうざぶろう）（一八七八〜一九四四）[34]を立候補させるよう「百方御説得願上候」と渡部に強く求めていた。さらに選挙活動についても、渡部に元衆議院議員である桑原羊次郎と協議するように勧めるなど、選挙に向けた活動を細かく明記している。松江の選挙区は前回敗退している選挙区であり、若槻と渡部にとっては前回の雪辱を果たすためにも、ぜひとも確保すべき議席であった。若槻の松江における選挙への関心の高さと関与がうかがえる。第三区の木村小左衛門の立候補についても、木村が立候補を予定していた第三区には現職で憲政会島根支部長の高橋久次郎がおり、木村が高橋の立場に遠慮して出馬を躊躇していたこと、それに対して若槻が渡部に高橋と協議して木村を立候補させるように説得してほしいと伝えており、木村の立候補に若槻の強い働きかけがあったことがうかがえる。

興味深いのは、第五区の状況である。第五区には政友会で現職の島田俊雄がいたが、同じく第五区からは前回選挙で落選した俵が出馬しようとしていた。憲政会と政友会は護憲三派で協力関係にあったが、若槻によれば島田に第四区への選挙区替えを求めたが断られたため、俵と島田が選挙で争うことになったとのことである。政友会は分裂の中で党勢が衰退し、選挙区の候補者選定の主導権が憲政会側にあったにもかかわらず、島田は憲政会に屈する形で選挙区を変えることを拒否したのである。川人貞史によれば、護憲三派間で選挙協定があったものの、憲政会と政友会が一騎打ちで争う選挙区は五三あり、憲政会が三一議席を獲得していた（川人 一九九二：二二五）。憲政会勢力は若槻を中心に候補者選定と選挙準備を重ね、優位な立場を築きつつあったのである。

後に若槻は『古風庵回顧録』で、憲政会に後藤新平を呼び戻して加藤との二頭体制で党運営を図る方針に反対したとして次のように述べている。

島根県代議士中の長老高橋久次郎君を呼んで、党内には、いろいろな議論があって、加藤排斥の空気もあるようだが、加藤が辞めればおれも辞めるから、そう思っていてくれと言った。すると、高橋は、その場合には、島根県の代議士はみな脱党しますと言う。それならばおれも大へん気が強くなる。おれは万事解決するつもりだが、もし解決しきらん場合には、必ずいっしょに脱党しようと固く約束した。（若槻礼次郎『明治・大正・昭和政界秘史』講談社、一九八三年、二五〇頁）

若槻が名実ともに島根県下の憲政会の中心的存在となっていたことがうかがえる。

## 憲政会と在郷軍人会

なお、この選挙では憲政会から出馬して在郷軍人会の支援を受けた陸軍出身の稲垣三郎（一八七〇～一九五三）の存在が興味深い。『渡部文書』には、克堂会の名前で発せられたと思われる葉書があり、それには「今回の総選挙に際し第二区より能義郡広瀬町出身陸軍中将稲垣三郎君立候補発表相成候処同君の人格並に経歴等は今更詳述する迄も無御座世間周知の事に有之且其主義政見は全く克堂閣下と同一之趣に相聞候に付ては本会は同君の推薦方に関し微力を尽し度候間最寄同志諸君御申合可然御配慮被下度此段御通知旁御依頼迄得貴意候也」と稲垣が若槻と同様の政見を有しており、会として稲垣を推薦・応援することが確認されている[35]。同じ選挙区で争った政友本党の櫻内は戦後に当時の選挙を次のように回想している。

自身の選挙区では、同一町の出身で、名望ある陸軍中将稲垣三郎と云ふ人と、一騎打の争ひをすることとなつた。併し乍ら私等両人の争ひは、全く君子の争ひで、選挙運動開始の劈頭第一に、国幣中社美保ノ関神社に、双方の参謀長を帯同して参拝し、同市の名所関の五本松で紀念（ママ）撮影を為し、其の日から踵を回して選挙競争を始めることとなつたでのある。

斯様な次第であるから、此度の選挙は前回に野津孝次郎と戦つた時とは、まるで違つて、寔に気持のよい闘ひであつた。さり乍ら此戦ひにも稲垣派は、陸軍の大中将十数名が来県して、熱心な応援を試みたばかりでなく、憲政会の巨頭で本県の長老である若槻礼次郎外多数の名士が来援し、かてて（ママ）加へて在郷軍人会が、県下を挙げて応援すると云ふ有様なので、全国でも有数の激戦となつた。私は在郷軍人の結束を防ぐ為、陸軍少将渡邊騏十郎の応援を得た外は、単騎応援と云ふ建前で、獅子奮迅の活動を為し、前後七十余回の演説を試みて、選挙民の判断に訴へたのである。開票の結果は、千票の差を以て私が当選することとなつた。（櫻内幸雄『蒼天一夕談』蒼天会、一九五二年、一三〇～一三一頁）

稲垣は在郷軍人会の積極的な支援を受けていたこと、その選挙の様子は対抗馬である櫻内も高く評価するものであった。この選挙後に『大阪朝日新聞』は、島根県の憲政会勢力について次のように報じた（『大朝山陰版』一九二四年五月一五日）。

第一区の松江選挙区については、「今回は是非とも勝を制して態勢を挽回せねばと云う固い決心のもとに、幹部初め同派の党員の外青年党在郷軍人会の熱烈な応援を得た」ことで勝利できた。そしてこの結果は「松江市民が政治的に目覚めて来たのを、一つは在郷軍人、青年党員等が選挙界の廓清を図る為めに忌まわしい買収行為を阻止した等が可なり有力な原因をなして居る事を忘れてはならぬ筈だ」と結論づけた。第二区については、「憲政派では稲垣三郎中将を擁立し在郷軍人、青年党員等の後援のもとに非常に健闘した」ものの及ばなかった。しかし、少額の選挙費用で、地盤を持つ櫻内に新人である稲垣が善戦できたのは、「言論の力と青年軍人の目覚めた活動」によるもので、「戦には敗れても此貴い試練には成功したものと云わねばなら」ないとした。第三区の木村についても、前回の高橋よりも得票数を大きく伸ばしており、「青年党員の大活動」によって勝利したものと評価した。一方で第三区は当選者二名の選挙区である以上、木村の当選は確実であるにもかかわらず、仁多郡への遊説に若槻を一日間拘束したことで、結果的に稲垣の応援の時間を削ったことを「頗る愚策であつた」とも評した。後に見るように、木村は若槻の政治的側近として活動することとなるが、それ以前から渡部の書簡に見られたように、若槻は木村のことを気にかけており、木村も若槻を頼りに選挙活動を行っていたのである。第五区については、俵への同情と「政友派が多年地方に専横を極めたのに対する反感」もあったとした。

このように憲政会の勝利は、メディアからも好意的に評価されたのである。

### 第一次若槻礼次郎内閣の成立

護憲三派内閣成立後の政治過程の中で、島根県にとって重要な転機となったのが第一次若槻内閣の成立である。一九二六年に急死した加藤首相の後継として若槻が首相に就任した。松江市では克堂会や市による大々的な祝賀会が催された（『大朝山陰版』一九二六年一月三一日、二月三～四日）。同年の県議会議員選挙では憲政会が議席を八名から一九名に議席を増やす躍進を見せた（『大朝山陰版』一九二六年二月二三日）。後の浜口雄幸内閣期に内務省が各地方の政情を調査した「地方政情調」は当時の政情を次のように分析している（『昭和初期政党政治関係資料　第四巻』二五一～二五二頁）。

大正十五年一月若槻内閣の成立するや、島根県内閣又は出雲内閣の出現なりと称し、主義政策を超越して県民挙て之を栄誉なりとし、内閣並若槻総裁の率いる憲政会を謳歌するに至リ、急激に党勢の進展を見るに至れり。即県会議員の如き其の定数三十名中憲政会所属の者僅かに七名なりしに、昭和二年施行の県会議員選挙に於ては一躍十八名（マヽ）の多数を選出するに至れるが如きは其の著しき反映の一なりし。

第一次若槻内閣の成立は、憲政会の党勢が大きく伸長したきっかけとして位置づけている。この選挙結果は、県議会における憲政会優位を意味するにとどまらない。後に見るように、衆議院議員の選挙では県議が自らの集票ルートを活用して支持を集めようとしたほか、政党の地方組織には県議が深く関与していた（第2章）。ここでの憲政会の大勝は、島根県の政治構造を大きく変化させる転換点となったのである。

### 渡部寛一郎の選挙戦

ちなみに、渡部寛一郎はこの県議選で初当選している。渡部は後に民政党に移り一九三〇年の任期満了まで県議を務めている。ただし、この選挙への出馬は「急転直下」で決まったようである。一九二六年二月六日の日記に渡部は「松江県議会急転直下拙者を候補に擁立せし由此日始めて聞き驚きしも周囲事情不得已趣相聞へ忍で黙諾を与へたり」と綴っている（「渡部日記」一九二六年二月六日）。この選挙の投開票日は二月一八日であり、渡部に立候補の話が舞い込んだのはわずか一二日前である。渡部に決まった経緯は不明だが、第一次若槻内閣成立の興奮冷めやらぬ中でもあり、克堂会初代会長で若槻と深い関係にある渡部の推薦に憲政会内部では異論はなかったと考えられる。また、渡部が「周囲事情」を聞いて「黙諾」したと書いているように、当時の憲政会内部の状況を収められる候補が他にいなかったことも理由として考えられる。しかし、肝心の本人は選挙期間中に体調を崩していたらしく、投開票日の一八日まで日記を記していない。当選結果も「病蓐」にて聞いている状態であり、当選を祝いに来た

表1－4　1926年・内務省警保局による島根県の党派別支持層調査

| 改正衆議院議員選挙法による選挙区名 | 有権者見込数(人) | 党派別見込の百分歩合（%） | | | | | | | |
|---|---|---|---|---|---|---|---|---|---|
| | | 憲政会 | 政友会 | 政友本党 | 実業同志会 | 新正倶楽部 | 旧革新 | 無所属 | その他 |
| 第1区 | 96,439 | 38 | 1 | 16 | 0 | 0 | 0 | 45 | 0 |
| 第2区 | 84,349 | 23 | 11 | 3 | 0 | 0 | 0 | 63 | 0 |

出所：「改正衆議院議員選挙法有権者党派別歩合比較表」（前掲『昭和初期政党政治関係資料第1巻』）285頁より作成。歩合の空白部分は0で示した。本表は菅谷幸浩「戦前二大政党時代における立憲民政党の支持基盤とその地方的展開」（『学習院大学大学院政治学研究科政治学論集』24号、2011年）6頁を参考に作成した。

「賀客」たちの対応もほとんど「代理」に任せていたという（「渡部日記」一九二六年二月一八日）。にもかかわらず、渡部は松江選挙区で最高得票を得て当選している（『大朝山陰版』一九二六年二月二〇日）[36]。それでも渡部本人が活動できなかったことによる影響は小さくなく、選挙戦終盤では「克堂会候補が不利に陥りはせぬかと見られてをる」（『大朝山陰版』一九二六年二月一七日）と報じられているように、「克堂会候補」すなわち渡部を不利と見る報道も出ていた。選挙結果は渡部の年来の活動の賜物とも言えるが、病床にあった渡部を何としても当選させるべく憲政会勢力が大いに活動した結果であることは間違いない。若槻の師であるという「看板」も大いに役立っただろう。憲政会勢力はかつて松江で衰えつつあったものの、党勢を急速に回復させていたのである。

### 憲政会優位体制の成立

内務省による男子普通選挙施行後の党勢調査を見ると、とくに若槻の出身の松江市を含む第一区での憲政会の支持が顕著なことが分かる（表1－4）。ここで憲政会の支持層と同時に注目されるのが無所属の多さである。従来の有権者層とは異なる多くの無党派層が男子普選によって誕生することが予想されていた。この無党派層の支持獲得のために憲政会と後継の民政党は、「近代政党」への質的転換を進めていくこととなる。

政権を獲得した憲政会は、男子普通選挙制度実現などの政策を実行に移していくが、一方で政権を獲得したことで憲政会も地域からの利益要求と向き合わなければならなくなる。

利益要求の一例として松江港築港陳情を挙げておきたい。第一次若槻内閣期に渡部と遠藤清衛松江市議会議長ら一行が松江港築港の陳情のために上京した(37)。そこで渡部らは、若槻首相、木村小左衛門首相秘書官、浜口雄幸内相、俵内務政務次官、潮恵之輔内務省地方局長、川崎卓吉内務次官らと面会して松江港築港の陳情を行った。松江港築港は一九二六年六月に市議会に案が提出され、八月に知事に請願書が提出された。費用を県と市が折半負担する形で一九二八年から工事が開始されて一九三二年に完成した（『新修松江市誌』一四二五～一四二六頁）。松江港修築の要望の背景には、隠岐や朝鮮などへの大型船渡航が就航できるようにすることで、市内商工業を活性化させようとする狙いがあった（『松江市史　通史編五　近現代』二九〇～二九二頁）。若槻内閣との関係は判然としないが、政党内閣が成立したことで利益要求が強まっていったのは確かである。

### 憲政会勢力への反発――選挙干渉批判

一方で、憲政会勢力拡大に対する反発も生じ始めていた。鹿児島県選出の政友本党議員であった寺田市正（てらだいちまさ）（一八七六～一九五八）が一九二六年三月に、当時の第一次若槻内閣に提出した「島根県議会議員選挙に関する質問主意書」がある(38)。質問趣意書は主に県議選における官権の不正な取締行為を批判するものであり、内容は主に次のようなものだった。(1)克堂会関係者が有権者を饗応した、(2)警察が憲政会陣営の戸別訪問を黙認していた、(3)政友本党側の運動員を警察が不当に拘束して暴行した、(4)松江の政友本党候補者の自宅前に集合して家を放火するなどと脅迫した、(5)憲政会陣営のみ投票日当日の投票呼びかけが認められた、(6)事前に投票用紙六枚を持ち出して憲政会候補者の氏名を記入させて有権者に配布・投票させた疑いがある。

今のところ、憲政会勢力による選挙干渉を確認できる史料は他に確認できていない。しかし、主意書の内容はかなり具体的な内容になっており、選挙干渉がまったくなかったとは言い難いようにも思われる。憲政会はかねてから政友会による選挙干渉を批判してきたが、政権交代によって逆に選挙干渉を行う側になっていた。このことは政党政治の正当性にも暗い影を落とすこととなる。

## 克堂会分裂騒動

次に指摘したいのは克堂会の分裂騒動である。一九二五年八月八日の『大阪朝日新聞山陰版』は、「混濁された克堂会　純真の姿に立戻つて　橋南克堂会組織計画」という記事を報じた。記事によると「克堂会は最初松江市出身の若槻礼次郎後援の目的をもつて組織されたものであるがその後一種の政治団体と化し常に憲政会の別動隊として活動することとなり今回の市長選挙に対しても盛に克堂会員の名をもつて奔走しそれがため同会に対する非難の声が漸く高まり同会幹部中にも一部幹部の暴状を憤慨するものがあり市内天神川以南の同会幹部等はこのほど協議の結果現在の克堂会と分離し純真の克堂崇拝の会員のみをもつて橋南克堂会を組織することとし本月下旬頃を期し同地区内の会員約五百名の総会を開き役員その他を決定するはずである」と（『大朝山陰版』一九二五年八月八日）。

記事によると、克堂会が憲政会勢力として活動していることへの反発があったことが分かる。先述の通り克堂会には教育的側面があり、なかには若槻を政治的・党派的な側面ではなく、教育的側面から支援しようとする考えを持つ者もいたと考えられる。

ここで注意したいのが、川を挟んだ地域的区別である橋南地域で克堂会を分けようとしていたことである。近世以来の松江の都市構造は、武家、町人、大商人を中心とする橋北地域と、足軽、町人、大商人を中心とする橋南地域で構成されている（『松江市史　通史編五　近現代』八五五～八五六頁）。克堂会の分裂騒動の背景には、こうした松江の地域構造も関わっているようにも思われる。しかし、『渡部文書』にも克堂会の分裂に関する史料や記述は見られないため、ここでは事実の指摘にとどめておきたい。

このように、憲政会勢力の伸長には、相手党や地域からの反発が伴った。そのような状況の中で、憲政会は政友本党と合同して立憲民政党が結党され、日本は実質的な二大政党制の時代を迎えることとなる。

## 5　民政党の結党——島根県における民政党優位体制の確立

### 民政党の結党

一九二七年（昭和二）に憲政会と政友本党が合同して立憲民政党が結党された（憲本合同）。この間、第一次若槻内閣が総辞職し、政友会の田中義一内閣が発足していた。地方でも憲本合同の動きが波及し、島根県でも憲政会と政友本党が合同して民政党が結党される運びとなった。支部組織の詳細は第2章で詳述するので、ここでは、発会に至る過程とその後の支部の展開を概説するにとどめたい。

先述の「地方政情調」は島根県の憲政会勢力と政友本党勢力の合同が容易に進まなかったとしている（『昭和初期政党政治関係資料　第四巻』二五一～二五二頁）。「昭和二年六月中央に於て民政党創立後元憲政会島根支部に在りては之が対策熟議の結果民政党参加の決議を為すと共に県下に於ける元憲政会員に対し役員会に於ける決議の通知に併せ『以前憲政会入党の申込を以て其の儘民政党に対する入党申込と為す』手続を採り之に対する会員の態度は概して之を承認したる」というように、憲政会から民政党への移行は党員レベルにおいても比較的順調に進んだ。ただし、県下の党員の中には「新党総裁に本県出身若槻礼次郎の就任を予想し居たるに浜口雄幸の公選を見るに至りたる関係上甚しく失望の色ありたるが如し」とあるように、若槻が総裁にならなかったことへの失望はあったようである。

問題だったのは政友本党勢力である。政友本党勢力は県議選で大敗したとはいえ、衆議院では三議席を有するなど、決して無視しえない政治勢力を保持していた。「地方政情調」は「大正十三年中央に於ける政友会の分裂するや当時同派に属したる本県選出代議士六名中島田俊雄を除くの外何れも政友本党に趨りたる為其の系統に属せる地方党員は挙て之と行動を共にするに至り」、「豪農田部長右衛門[39]（昭和三年二月衆院選以来政友会に傾く）故山本厚太郎　絲原武太郎[40]（現貴族院多額納税者議員元政友本党島根支部長）の如き主なる有力者之に趨り従て従来の政友会地盤の大

松陽新報

夕刊

新興の意氣に燃える

民政黨島根支部發會式

若槻、床次兩顧問をむかへ

けふ城山にて盛大に擧行す

正副支部長を決し

宣言決議を可決す

縣下の黨員二千五百名集り

眞に歴史的光景を展開

床次顧問

宣言

正義に基

政治を

図1－3　民政党島根支部発会式を報じる記事（『松陽新報』1927年〔昭和２〕10月21日夕刊）

部分は其の儘政友本党の地盤に転化せられたるの観ありき、茲に於て政友会の衰微は同派の議員三名を選出し又大正十四年九月施行の貴族院多額納税者議員選挙に際しては首脳者たる絲原武太郎を擁立し恒松於菟二（政友派）に対抗して競争の結果遂に之を破りたるより気勢大に昂りたるも大正十五年一月若槻内閣の出現に伴ふ憲政熱の勃興に著しく圧倒せられたると一面野党たるが故に党勢進展の機運に至らざりき」としている（『昭和初期政党政治関係資料　第四巻』二五二〜二五四頁）。第一次若槻内閣の発足に伴って憲政会に圧倒されつつあったとはいえ、県下有数の大地主である田部や絲原が属するなど、政友本党勢力は一定以上の党勢を保っていたと見るべきであろう。

「地方政情調」は民政党島根支部の創立について「民政党島根支部の創立は容易に其の機運に到達するに至らざりし所、当時の民政党幹事長たりし櫻内幸雄帰県し専ら元政友本党系有志の勧誘に努めたる結果、漸く両派合体し」、「遂に支部の発会式を挙行するに至れり。茲に表面上其の歩調を一にし一大勢力を成すに至れり」としているように、両者の合同が容易に進まず、調停に旧政友本党の櫻内が尽力したとしている（『昭和初期政党政治関係資料　第四巻』一五五頁）。

一九二七年一〇月二〇日に民政党島根支部の発会式が挙行された（『松陽』一九二七年一〇月二一日夕刊[41]。図1－3）。支部長には同日に開催された克堂会総会で会長に就任した佐藤喜八郎（さとうきはちろう）（一八九一～一九六九）が就任した。この民政党島根支部の決議では「我等は現内閣の菲政（ママ）が益々国運を萎靡せしめ国民の日常生活を脅威しつつある現状を黙視するに忍びざるを以て現内閣の倒潰を期す」というように田中内閣の倒閣を目指す決議と、「我等は更に進んで政界の弊風を打破し中央並びに地方政界の一大刷新を計り（ママ）、以て我等国民の日常生活に立脚せる真に正しき政治の実現を期す」とする決議がなされた。以後民政党島根支部は各郡に組織を展開して来るべき普選に備えていく[42]。

しかし憲政系と本党系の対立は残った。象徴的な事件が政友本党を率いて民政党に合流した床次竹二郎の脱党問題だった。櫻内はこの脱党をまったく知らなかったらしく[43]、その去就が注目された[44]。民政党島根支部からは佐藤支部長が上京して説得にあたった（『大朝山陰版』一九二八年八月八日）。最終的には、櫻内が留党を決断したことで分裂は回避された（第2章）（『櫻内自伝』二二五～二三一頁）。

### 床次脱党問題に対する若槻の「謝罪」

このように結党後の民政党はたびたび政治的混乱に見舞われることとなる。民政党顧問という立場になっていた若槻は、床次脱党問題などの民政党の混乱について渡部に次のような書簡を書き送った[45]。

昨今民政党に起りたる出来事、赤面之至に御座候。床次氏の脱党は、一日も速かに総理大臣と為り度希望に出でたるものなるべしと存候。但し若き態度を以て、若き希望を達せんとするは、恐らく結局失望に終るなるべしと存候。旧憲政系の二三氏の除名は、党規を紊したるに依るものに有之、政党が志を得たる時合に、如何なる待遇を与へらるるやに、不安を感ずる人々は、往々にして不平を発するものに有之、不平の色を外部に現はすときは、政界の悪ブローカーは、得たり賢しと、其間隙に入り、誘惑の魔手を逞ふするものに御座候。今回の出来事も之に類したることとなるべしと存候。政友会内閣は、善政は之を行ふこと能はざるも、悪事は遠慮なく之を行ふ内閣に御座候。但し火事は間もなく落付可申と存候。

背景を補足すると、政友本党から民政党に参加した床次は、西園寺公望とその側近として活動した松本剛吉から第三党結党に係る説得を受け、低迷する田中義一内閣と政友会の状況を好機と受け止めて脱党を決意したという(村瀬 二〇一四：一九二〜一九七)。床次は民政党にとどまるよりも、第三党を組織して衆議院のキャスティングボートを握り、ゆくゆくは政友会に返り咲く方が首相の地位が近づくと判断したと思われる。床次は対中政策の刷新や、小選挙区制復帰などを第三党の政策に掲げたが、すでに二大政党制が定着しようとしていた時期の中で、床次の唐突とも言える新党結党はほとんど支持を得られず、参加者も床次が期待したほどには集まらなかった。憲政会が多くの有権者や支持団体を図ってきたように、あるいは政友本党結党時に櫻内が新聞を通して有権者に説明を試みたように、有権者との結びつきは時代を経るにつれて重要となっていた。このように「近代政党」として政治社会に根ざす試みを繰り広げていた中で、床次のように自らの政略のみに基づいて脱党を繰り返すような行為は、多数の議員の支持を得られるものでも、有権者の理解を得られるものでもなくなっていたのである。床次は政党が転換していく時代の変化を読み切れなかったといえよう。

書簡の内容についてだが、若槻はまずこうした民政党の混乱を「赤面之至」と評した。床次は前年の島根支部発会式に参加しており、演説も行っていた。そのような人物がわずか一年で脱党したことを渡部ら支援者に謝罪した上で、床次の目論見は失敗するだろうとも述べた。若槻の目から見ても床次の行動はあまりに無謀だったのである。あわせて党内に除名者が出た件を指摘しているが、この時期の民政党は政友会からの分裂工作を受けて、脱党者が相次ぐなど守勢に立たされていた(酒井 一九八九：二五一〜二五五)。若槻はこうした情勢を受けて「政界の悪ブローカー」が代議士の不平不満を利用していることを指摘し、床次脱党もその類のものだと評している。そして政友会は善政を行わないものの、悪事は遠慮なく行うと厳しく批判した上で、こうした混乱はやがて収束するだろうとした。それは民政党が政権を獲得して政治が安定するはずであるとの展望によるものであろう。若槻ら民政党の政治家はこうした動揺についての弁明に追われつつ、民政党への支持を繋ぎとめようとしていた。

## 民政党優位体制の確立

一九二九年の浜口民政党内閣成立後の状況を「地方政情調」は「県下民政党の分裂は想像し難し」（『昭和初期政党政治関係資料　第四巻』二七二頁）としているが、旧憲政系と旧本党系の対立は残り続けることになる[46]。

一九二八年から三二年までの三回の総選挙の結果は、いずれも民政党が議席上においては多数を占める結果となった（第2章）。一九二八年の選挙後に、若槻は渡部に選挙の勝利について「御声援之御蔭にて、島根県第一区、民政党の全勝と相成、特に木村氏最高点の当選、誠に難有感謝罷在候」と感謝する書簡を書き送っている[47]。若槻にとっては、側近として活動した木村の当落は気がかりだった。選挙戦では克堂会や青年党が活動の中軸を担った[48]。青年党は総選挙前の総会で宣言を発表し、「吾等の要望する初度の普選に直面して民政党の政策を支持すること」「国民の総意に反する内閣の倒壊を期すること」「地方産業の開発並に農村の根本的救済を図ること」「党弊の瀰漫を防止し政界の廓清を期すること」を決議した（『松陽』一九二八年一月二七日）。民政党への支持を明確にするとともに、産業政策や農村救済も掲げた。青年党は民政党結党後も有力な「補助」組織であり、支持勢力であった。

民政党は島根県において、政党内閣期に確固たる基盤を築いていった。それは他県と比較しても類を見ないものであった。いわゆる無産政党などの「非既成政党」が勢力を伸ばす余地はなく、安定した支持基盤によって戦前から戦後にかけて大臣クラスを経験する人物が多数選出される、全国的にも重要な選挙区となっていったのである。

## 民政党島根支部の構造的対立――今市農学校設置問題をめぐる県議会での対立

次に民政党が圧倒的多数を占めることとなった県会の様子を見ていきたい[49]。先述のように憲政会と政友本党の合流によって民政党は一大政治勢力を県下で形成した。知事は他府県と同じく政権交代のたびに交代したが、民政党が絶対多数派だったため、二大政党の対立によって議会が混乱するような事態は起らなかった。

そのような県議会を揺るがす問題となったのが、民政党島根支部内における旧憲政会系勢力と旧政友本党系勢力の対立である。民政党島根支部は役員人事などを通じて双方の対立緩和に努めていたが（第2章）、対立はたびたび表面化していた。その対立が最も先鋭化したのが一九三二年から三三年にかけて起きた今市農学校問題である。この問題は一九二九年に学校の組織変更に伴い今市農商学校が設置され、一九三一年頃から農業科の分離を求める陳情運動が展開されたことに端を発する（『出雲今市町誌』三八〇～三八八頁）。この農科昇格を県当局が推し進めようとしたのに対し、県が提案した農科分離の原案を支持する旧憲政系と、原案に反対する旧本党系が対立したのである。少数派の政友会系が旧本党系に加わったほか、旧憲政系から造反議員が出るなど県会の情勢は混乱した。反対派の主張は今回の農科昇格は従来の学校整備の漸進主義に反しており、簸川郡のみを不当に優遇しているものではないか、あるいは県レベルでの教育的根本方針の確立を待つべきであるなどという点であった（『大朝島根版』一九三二年一二月六日、一二日）。結局、原案は民政党一一名の反対を含む三〇名中一六名の反対で否決となった（『大朝島根版』一九三二年一二月一二日）。当時の『大阪朝日新聞島根版』は県会の状況を「流言飛語乱れ飛び　殺気漲ぎる中で」との見出しで報じたように、県会は騒然とした空気に包まれた。

　これに対して当該地域である今市町では「憤慨町民大会」が開催され原案執行を求めた。町民大会では宣言が採択され、「今市農学校分離昇格に対する本質的反対意見は絶無にして原案反対者も悉くその必要を認め」ているにもかかわらず、「学校建設の狭量にして比較的薄弱なる各地の学校問題を解決せんと図るがときは反対論者の提唱する県教育の根本方針樹立を攪乱する他何ものもない」というように、反対派の意見こそ、彼らが主張する県の根本方針を待つべきとの主張に逆行していると批判した（『大朝島根版』一九三二年一二月二四日）。

　県会での否決を受けて県当局と反対派双方が中央に対して働きかけを始めた。県内務部長が上京して内務省と文部省を訪れて事態の経緯を報告した上で、県選出代議士のもとを訪問している（『大朝島根版』一九三三年一月二五日）。県当局として今市農学校の設置をあくまで進めることを説明したようである。内務部長は松江に戻った時の取材で「書類の不備の点を補足すればまづ原案が執行され得る」だろうと述べた上で、「妥協案を作つて原案執行を一まづ撤回するやうなことはない」、「県としては政治的解決には全然関係なく主務省の見地から原案執行について内務省の指揮を求めてをるまで独自の立場で邁進してをるのだ」というように、臨時県会を開くなどして議会と歩み寄ることを明確に否定した。これに対して反対派の天野種三郎（一八七七〜一九五一）らも上京し、当時支部長だった俵をはじめ、県選出の民政党代議士と会談し、「地方自治権擁護」のために自分たちは行動しており、党支部の統制を乱すつもりはないと説明するだろうとの報道が出ている（『大朝島根版』一九三三年一月一二日）。旧憲政系で原案反対派の県議であった横山正造も上京の途上で新聞取材に対し「ここまで先鋭化した問題をよもや本省も許しはすまい、万一許した場合にあつては県自治行政上由々しき重大問題が引き起こされる」と述べて、若槻の助力も得て知事交代を視野に入れるべきだとした。そして、一連の騒動を旧憲政系と旧本党系の対立が原因とする見方を「的外れもここに至れば徹底している」と否定し、混乱の責任を取って民政党支部役員の県議は役員を辞職しているものの、くわえて県議を辞職すべきだと主張した（『大朝島根版』一九三三年一月一五日）。

この問題を整理すると、県知事や県当局と連携して学校問題を解決しようとする旧憲政系ら党支部執行部に対し、旧本党系が県会の立場や地方自治を軽視していると批判するという対立構造があったものと考えられる。

最終的には県当局の働きかけで原案執行が決定して（『大朝島根版』一九三三年三月一八日）、一九三三年四月一日に今市農学校が開校した（『出雲今市町誌』三八五頁）。

このほかに支部内では県参事会員交代もめぐって意見が対立していたが、これら支部内の一連の問題を受けて俵支部長が帰県して支部員を中心に一大懇親会を開催して党支部の結束を図った（『大朝島根版』一九三三年六月六日）。その後支部組織は役員組織の刷新を図ることが協議されていく（同一九三三年六月二四日）。

### 今市農学校問題とは何だったのか

この問題からはいくつか重要なことが分かる。第一に、旧憲政系と旧本党系の対立が合流後も存在し続けていたことである。感情的とも言える対立がたびたび表面化し、こうした内紛が政党不信を高めたものと考えられる。その不信を裏付けるのが『島根評論』の次のような論説である。やや長くなるが、問題の所在を的確にまとめてあるので引用したい。

今市農学校新設反対者は、該校の設置それ自体については敢て反対ではないが、同時に安来、益田の両女学校を県立に移管し、尚ほ江津国民学校の改革をも実行せしめるにあつて、即ち一農学校新設というふが如き姑息手段を執るは県教育方針として面白ろからぬといふにあるが、県当局としては他の問題は徐々に考究するとして、先づ主要なる今市農学校の新設を急ぐにあるので、第三者より之を見れば、双方共その言ひ分に若干の理由はある。

だが、吾人の疑問とするところは、反対者が案自体に反対ではないものを、他校に対する解決をも同時になすに非ざれば否決するといふ幾分感情的な態度にあると共に、又県が今市農校の否決を仮令理由如何にもせよ、多数を以て原案執行の途に出でなければならぬほどの緊急問題であるか何うかにある。即ち疑問は両者の態度にそれぞれ存するのである。

県教育に就ての根本的調査は多年の懸案であつて、吾人は今この問題に直面して大綱の批判を敢てしないが、その教育根本方針は他日に譲るとしても今市農校の如きは何人も異存のないところであらう。さりながら県は同時に農業委員養成所を該新設校に併置する策の如きは、設備既に完成したる松江農林を無視し、且つ同校の重要なる地位を理解しない遣り方であつて、聊か偏頗軽率の誹りをまぬかれないだらう。これ今市農校新設に対し、反対の気勢を加重したゆえんとも見得らぬことはない。

而して吾人の憂ふるところは、今回の今市農校賛否に非ずして、実に之が論争の結果の悪影響について深甚に考慮しなければならぬものがあるからである。従来もしばしば繰り返した如く、島根県会に於ける重大なる血管は彼の政党色彩の極度に濃厚にして動もすれば、その趣を更に深刻にし、民政党議員間にも予て肺腑に浸み込んでいる憲政系と本党系との感情的確執やら、某々議員の勢力争ひやらが、その間に多分に介在していることは見逃されない事実である。吾人が地方自治体にありては、冷静なる一人一党に立てと力説する平素の主張は、実にこの悪弊を匡正せんとするに外ならぬのである。

某議員の如きは、騎虎の勢を以て既に知事更迭をさへ叫んでいるが、もしかばかりの問題で知事を更迭するとすれば、将来知事は何事も議員のいふがままに盲従するの外はあるまい。問題は必ずしも大ではないが、今日となつては原案否決の感情的なるに対して、原案執行の感情的なることである。即ち感情に対する感情を以てしては如き結果に了つたのは、誠に県政上の一恨事といはざるを得ない。（『島根評論』第一〇巻第二号、一九三三年二月）

政党政派の対立が地方自治を乱しているという批判は常に存在し、地方議会からの政党排撃の主張は選挙粛正運動で広く主張された（第4章）。こういった対立が政党排撃の主張をより強めていったことは容易に想像できる。当時は政党内閣が中断していた時期であり、政党は信頼回復に努めなければならないはずだった。そのような中で、いかに県会の立場を尊重すべきとの理由があったにせよ、党派的・感情的対立によって学校問題を混乱させたことは、政党不信を高める結果にしかならなかったと見るべきである。ここに島根県下の民政党勢力の構造的問題を見出せる。

第二に、この問題をどう見るかについてであるが、対立関係が複雑に入り組んでおり、当時の報道を見ても明確な理由は不明である。ただ、旧来の党派的対立から来る感情的なものであり、対立関係は民政党結党後も伏流として存在しており、たびたび地方問題をめぐって顕在化したことは確かである。県会を重視するか県当局を重視するかという立場の相違も当然あったであろうが、メディアの論評も踏まえれば、感情的な対立がなかったとは考えにくい。他に史料が存在しないため、これ以上の検討は難しいが、従来の党派対立および議員間の感情的対立、県会と県当局の対立というような複雑な対立関係が入り乱れた結果であると結論づけたい。一方で、問題がクリアした後は懇親会が開催されるなど結束も図られていた。党支部は対立による亀裂と修復を繰り返しながら展開していたのである。

第三に、このことは逆説的に、政党内閣中断後も県会における政党勢力の存在は健在であり、かつ、地方政治を円滑に展開するには無視できない存在であったことを示している。政党内閣崩壊後の政党について従来の研究では、有泉貞夫が「官吏文言令改正によって立場を強めた知事から時局匡救費配分への関与を拒否されたとき、政党はいまや国費による救済を期待する受益者の部分的代弁者にすぎず、かつてのように国家・地方財政を支える納税者代表としての税金の使途について行政当局者に要求を突きつけた迫力を失って」いたと指摘したように（有泉 一九八四：二五三）、政党が地方で無力化したとの見方が定着してきた。近年の研究でもたとえば小関素明は、京都市における災害復興に係る国庫補助金獲得運動における政党の無力さを指摘し、それが地域住民にも認識されていたことを強調している（小関 二〇一四：二七四～二七七）。しかし、これらの見解は時局匡救事業や災害復興などの限定された事例を取り上げたものであり、こうした事例だけを強調して地方における政党の影響力喪失を強調する見方は一面的すぎると言わざるをえない。今市農学校問題は最終的には内務省と県当局の主導権のもとで成立したとはいえ、地方議会における政党の動向を無視しての円滑な地方行政の展開が不可能であることを示していた。皮肉にも民政党支部の内乱が政党の影響力の健在ぶりを示したのである。

## 6 島根県青年連盟大会の開催——「近代政党」としての試み

### 島根県青年連盟大会の概要

本節では島根県下の民政党の「近代政党」への転換を示す取り組みとして、一九二七年（昭和二）に開催された島根県青年連盟大会を取り上げたい[50]。これは松陽新報社の主催した民政党中心の政談演説会であり、民政党の支持者や県議、代議士らが出席した。

ここで戦前日本の地方紙の特徴について触れておくと、当時の地方紙は政党の機関紙的役割を果たしており、地方紙の多くは政党関係者による出資で運営されていた（粟野 二〇〇七、福間 二〇一八など）。島根県では『山陰新聞』と『松陽新報』の二大新聞が存在し、それぞれが政友会系と憲政会・民政党系に分れていた。『山陰』は島田や政友会時代の櫻内らが経営を支えた。『松陽』の方は岡崎運兵衛が創刊した。『山陰』が経営難に陥るなか、『松陽』は発行部数、設備、人材面で優位に立っていく。『松陽』は先述の通り、憲克倶楽部の運営も援助するなど、

松陽新報　夕刊

昭和二年十一月十八日

# 島根縣青年聯盟大會

## 政治季節の序曲として　純眞にも潑剌たる雄たけび

### 新たに研磨を積んだ青年鬪士の意氣揚る

### 本社主催島根縣青年聯盟大會【第一日】

わが社が、不断の使命であり、抱負である熾烈なる眞理の探究と公正なる現實批判の大理想のもとに、客歳九月、時の總理代理をはじめ中央地方政界の諸名士を迎へ初めて島根縣青年聯盟大會をわが松江市に開き、普通の擬國會などの範疇を撰せず島根縣における教育、産業、交通、治水、衛生、その他各般にわたる諸問題ならびに當面の緊切問題につき研究討議し、縣政の根本問題を闡明してその將來に一道の光明を投映し、更に一大演説會を催して幾千縣民を前に血と熱とは燃ゆる言々句々火の如き青年獨自の理想と抱負を呼號し、もつて纏綿因循なる島根縣政上に痛烈なる爆彈を投じ、一面多望なるわが國青年運動史上に一大センセーションをまきおこし沒すべからざる效績を劃刻したが、爾來その業績あがり、本年その第二回大會をいよ／＼十七日午前十時より二日にわたり松江市城山興雲閣に開會された。時あだかも、初冬の氣凛然として澄みわたり千鳥城頭の萬木紅に燃え、古松の翠いよ／＼濃かならんとし、政治季節の序曲を奏するにあたり、青年鬪士が新たに攻究研磨になる、縣政ならびに社會各般の問題に對する純眞潑剌たる理想と抱負の雄たけびは更にさらに深甚なる意義を齎するものでなくして何であらう。

## 地方問題の研究討議が　各方面より讃辭を浴ぶ

### 再び縣民の輿論として貰ひたい　と……勝部本社副社長の挨拶

神田、木村兩代議士外來賓多數列席して

### 勝部本社副社長挨拶

### 會務報告　その實績をあげて　井原編輯長

### 聯盟大會雜觀【第一日】

図１－４　島根県青年連盟大会を報じる記事（『松陽新報』1927年〔昭和２〕11月18日夕刊）

憲政会・民政党の党勢を支える有力メディアだった。

大会は二日間にわたって開催され、来賓として民政党衆議院議員の木村、神田正雄（一八七九～一九六一）、県会議員の山崎、渡部、加藤惣太郎、松陽新報社からは勝部本右衛門副社長、井原大之助編集局長らが出席した。開会の挨拶をした勝部は昨年の青年連盟大会は「多大の賛辞をいただきました」として、読者からも「賛辞と激励」が寄せられたと述べ、この大会の意義について、前年の大会が高く評価されたと述べた上で、全国的に展開されているこのような擬国会的イベントの中でも島根県の取り組みは地方問題を中心に取り上げた点で一線を画しているとした。さらに弁士である代議員を選挙で選出したことも、「天下の民衆的時代精神」に即していると意義づけ、「県の公正な輿論」を形成したことを内外から評価されたと述べた。このように、島根県青年連盟大会とは、来るべき男子普通選挙による議会政治・政党政治のさらなる発展を、擬国会という取り組みを通して展望しようとする試みにほかならなかった。

次に井原は昨年の連盟大会の成果について、島根県の予算案と昨年の大会の決議内容が類似していることを挙げ、大会での議論や決議が県会にも大きな影響を与えると述べた。さらに県議の加藤は地方問題を中心的に論じることを前提にした上で教育、勧業、交通の政策を重視し、この大会での決議を県会で積極的に反映させていく姿勢を見せた。渡部も「よき県政の参考資料」が出来ることを期待する旨を述べた。

大会で議長を務めた木村は、「吾々多年望んでいた普選の時代来り来年の総選挙にはいやが応でも国法としてこれに直面せねばならぬこれは立憲の本義を確立し公正なる政治の根本条件であるこの実施は当然に天から降つて来たものでもなけねば（ママ）地から湧いたものでもなく我々の先輩が十数年間苦心を重ね家を失ひ家を亡してまで貢献して得たもので」あると、民政党の前身である憲政会が男子普通選挙成立に尽力したことを強調した。さらに男子普選が実績を上げるには「先づ国民の政治的覚醒を必要とする」とし、大会が普選の中で重要な意義を持つと述べた。このように、男子普選を控えた中で活発な議論による国民の政治的自覚を促すことが大会の重要な目的とされた。

### 青年連盟大会における議題

青年連盟大会の形式は複数名の弁士が登壇してテーマごとに演説を行うというものだった。ここでは二日間にわたって行われた議論を取り上げたい。

能義郡の黒田幸治は商工業の振興について論じた。島根県は農村が中心であり、「小都市割拠の状態では交通機関の完備をはかるのが最も必要で」、重要な役割を果たすのが「乗合自動車」であるが、すでに休業状態の業者がある一方で、県が新規参入を認めていないことを問題視した。商工業の発展のためにも、現状の乗合自動車の営業許可の状況を見直すべきであるとした。県道についても、県内の作業員が不足している状態である。そこで、道路補修の仕事を関係町村に委託して青年団、在郷軍人分会、消防組等に補助金を支出して道路整備を行わせることを提案した。その効用として「県道といふ観念よりかへつて自分の道路であるといふ観念に支配されて働くからより一層その実があが」るだろうと期待した。

松江市出身で克堂会の理事などを務めた瀧川辰郎（たきがわたつろう）[51]は衆議院に先立って実施された地方選挙における投票率の不振について論じた。瀧川は「棄権の事実は選挙取締法が厳重になつたため不正行為者流の行動を阻止したにかかる事実多く此の事実を汚すものではなく寧ろある意味ではこれを以て普選の趣旨を徹底したものと言い得る」とした上で、内務省の調査結果から「一、有権者の激増　二、普通選挙法の趣旨不徹底　三、普通選挙法の難解　四、有権者狩出しの禁止　五、議会政治の否定　六、偶発的事実の各項をあげ」た。その上で、法の改正や警察官吏の自覚、選挙運動の自由などを論じて、棄権の防止方策について対策を進めるように結論した。

八束郡の福島米治は、銀行や郵便貯金信用組合など現状の金融機関の場合は、労働者や小作人といった弱い立場の利用者が不利な状況にあるとして、「公益質屋市町村営は庶民の幸福を保証すると共に社会の金融経済を円満ならしむる適切な社会施設と信ずる」と述べた。この主張の理由として質屋が「三四割乃至六割の暴利を貪」っている現状があると述べ、くわえて自らが居住する模範村であっても、頼母子講の返済さえ覚束ない状況であり「疲弊困憊せる無産階級を救ふため最も簡易徹底的金融機関としての市町村営公益質屋の設置を切望する次第である」と結んだ。

簸川郡の青年党部会長を務めた安食義憲（『山陰』一九二八年二月四日）は、普選によって青年が有権者となったことを指摘して公民教育の必要性を訴えた。公民教育の内容とは「立憲的主義に依る自治的訓練」であるとし、具体的な内容として小学校教育における公民科の設置や、青年団に政談演説を聞く機会を与えること、戸主会や自治会の自治的な進歩を促すことなどを挙げた。次に立憲政治の特質については「人民が協同利益のため人民の総意に依り立憲政治を行い、民心に依って議会政治を行う点」と「国民自ら政府（ママ）を行うことで国民が無自覚では正しい政治は出来ない」点にあるとして、国民が輿論を起して政治家を率いるべきだと述べた。

八束郡の平塚繁重は農村の貧困問題について論じ、「従来の因襲的で複雑な生活法を改めて生産品の改良増収をはかり、時間観念を鼓吹してもつと緊張した生活とせねばならぬ、しかして自治体を拡大して更に農家経済の安定をはかりたい」と述べて、蚕糸業の不振こそ農村疲弊の最大の原因であるとした。その上で蚕糸業が蚕種業、養蚕業、製糸業によって構成されていることを指摘してこれらの協調が必要だと主張し、品質改良の重要性を訴えた。

邇摩郡の勝部信義は政友会の農村政策を批判したほか、簸川郡の福間常信は政友会を批判して「立憲民政党は天皇の統治下に於て人民の総意に基く議会中心の政治を目的としているものである」として民政党への支持を訴えた。

### 島根県青年連盟大会の特徴

島根県青年連盟大会の特徴をまとめると、第一に地域の政党勢力と系列下の地方紙とが一体となって開催した国会を擬した政談演説会であり、参加者が旧憲政系を中心とする民政党関係者で占められており、議論された民政党の政策と合致していたという点である。議題に上った社会政策の実施、立憲政治・議会中心主義の実現、投票率向上による男子普選の充実化などは、いずれも民政党が主張していた政策と一致する。政友会批判と民政党に近い政策を議論し、それを新聞というメディアを通じて広く発信することで、来るべき普選に向けて民政党への支持を集める狙いがあったものと思われる。

第二は、地域社会が抱えていた問題を具体的に指摘していた点である。議題に上った道路の問題は利益要求とも考えられるが、補助金を受けて地域社会で道路を維持するという、地域内でインフラを整備・維持する視点があったことは注目される。くわえて公益質屋の設置や蚕糸業など生活に直結する議題が議論された。

第三に、政党が自らの系列紙を通じた政談演説会によって公論を喚起し、政治的議論を引き起こすことで、男子普選に向けたさらなる質的転換を実現しつつあった点である。男子普選が実現したことで多くの新有権者が誕生した。先述のようにその多くはいわゆる無党派層であったが、彼らの支持を集めるためには、公論を喚起して広く議論を共有して、政党への支持を広げる必要があった。大会で議論された内容は政治的主張から生活に関わる問題まで多岐にわたった。これは生活の問題についても議論を重ね、課題を共有して議会政治によってその課題を解決することで、政党政治の実績を積み重ねていき、その定着を目指す意図があったと言える。

第四に、『松陽』が視覚的メディアである新聞という特徴を活かして情報発信を行っていた点である。青年連盟大会の様子を伝える紙面は、演説する弁士の写真にくわえて「島根県青年連盟大会」の大見出しを設け、二面にわたって弁士の演説の内容を詳報する構成となっている。このような大見出しを設ける構成によって、一般の記事よりも読みやすく強調して伝えようとする『松陽』の意図が見受けられる。先述の通り、青年連盟大会の模様は島根県下に広く発信されていったが、その模様は写真や構成などの工夫によってより広く県下の有権者に伝わるようになっていたのである。

これらの特徴は、島根県下の民政党勢力が、有権者に広く基盤を置く「近代政党」への転換を図りつつあったことを裏付けている。当時の政党は地方紙などを活用しながら、「近代政党」への転換を模索し続けていたのである。

## 7　「近代政党」への転換の意義と課題

本章では、島根県下の憲政会・立憲民政党勢力の形成過程を検討してきた。以下、明らかにした点を整理したい。

第一に、憲政会・民政党が地方において男子普選に対応できるような「近代政党」への質的転換を普選法施行以前から進めていたことである。その質的転換の原動力となったのは若槻のような、官僚出身で政策に精通し、党指導部を担った政治家であった。一九二〇年の総選挙に敗北した憲政会は、「名望家政党」としての行き詰まりと政友会の利益誘導によって、党勢が衰退しつつあった。若槻は政官界でキャリアを積んだ「中央的人種」であり（季武 一九九三、升味 二〇一一：二三〇～二三二）、地方での支持基盤を一から構築する必要があった。克堂会は若槻が地域との政治的関係を構築して地盤を築く足掛かりとなった。克堂会の活動を通して若槻は岡崎に代わる憲政会勢力の中心的存在となっていった。付言すべきは、憲政会・民政党から「名望家政党」的要素が無くなったわけではないことである。名望家たちは資金面等で政党をバックアップしていた。また、村長等の地域の役職に就いていた人物が県会議員に就任して後援会・支部等の地方組織を運営していた（第2章）。地域に根差すにはこうした地域社会を支えていた名望家たちの協力が必要であった。「近代政党」は「名望家政党」の延長線上にあったのである。若槻は憲政会勢力拡大のために渡部などの支援者に書簡を送って政策や理念を浸透させていった。「中央的人種」は政策に精通した層であり、政策や理念の主張は支持獲得の有効な手段だった。長らく政権から遠ざかり、政友会の利益誘導によって地盤を切り崩されていた憲政会は、この手法でしか党勢拡大を見込めなかったのであろう。しかし、この手法は憲政会に政策と理念による支持獲得を目指す政党への質的転換を促し、克堂会に加えて青年党のような「補助」組織を形成した。総選挙で買収を取り締まる選挙戦を展開した憲政会の姿勢はメディアにも支持された。ここからは男子普選の実現が政党の質的転換の契機となったとする従来の見解は正確ではなく、地方での政党の質的転換は男子普選実現以前から進んでおり、男子普選実現以後は質的転換を加速させたという方が正確であると言える。

第二に、質的転換の中心的存在となった若槻と克堂会についてである。克堂会結成における渡部の演説草稿に表れているように、若槻が政策に精通していることは、当時の政治社会状況において必要な人物であることを強調する背景となった。克堂会の設立規約や設立要旨では、若槻が藩閥の後援もなく、自らの学力と努力によって現在の地位に上り詰めたことが強調された。それを裏日本化が進展しつつある島根県における立身出世のモデルケースとして扱われたのである。これは政治家と地域の関係性が一般的に想定されるように利益誘導による地域振興などにとどまらない多様な形が存在したことを意味する。若槻のこのようなイメージは、先述した「近代政党」への質的転換とも密接に関係しており、利益誘導を駆使して党勢を拡張する政友会に対する有力な対抗手段ともなっていったと考えられる。この若槻のイメージ形成は地方紙や伝記などを通じて地域内に形成されていくこととなる（第5章）。

第三は、憲政会の質的転換を継承した民政党が、地方の中で男子普選実施を見据えて新たな有権者を掌握するための活動を具体的かつ積極的に推進していた事実である。島根県青年連盟大会は、系列紙の『松陽』が主催したものである。そこでは政治的主張だけでなく国民の生活の問題などについても幅広い議論が重ねられた。その議論は

『松陽』の紙面を通じて島根県全域に発信され、多くの有権者に議論が共有されることになった。このことは政治的・地域的課題を有権者と政党と議員が共有して、議会政治によってその課題を解決するという、男子普選の時代にふさわしい政策と公論に立脚した「近代政党」への質的転換がさらに進んでいたことを意味する。こうした質的転換は地方組織の整備と相まって（第2章）、民政党が島根県下に強固な政治勢力を確立するに至ったのである。

第四に、憲政会・民政党勢力への反発が存在したことである。克堂会の分裂騒動や、帝国議会に提出された選挙干渉に関する第一次若槻内閣への質問書はその典型である。前者は過度に強まる克堂会の政党化への反発だったが、こういった地方における政党化への反発は根強く存在し、選挙粛正運動において唱えられた地方議員が政党から離脱すべきであるという理論の前提となる（第4章）。なお、憲政会勢力が選挙干渉をしたという史料は存在しないが、こういった選挙干渉に関する批判は、有権者が民意を示す選挙の正当性を揺るがす可能性さえあり、政党への不信感を醸成する背景となったと考えられる。

第五に、民政党結党が地方政治に与えた影響である。結論から言えば、民政党結党は島根県の政治を安定化させなかった。県下の政治勢力をほとんど統合した民政党だったが、旧憲政系と旧本党系の間の対立が議会でしばしば表面化した。中央の政界再編が地方にそのまま波及したことで、地方政界には歪みが生じていた。それが地方議会と政党の機能不全を招いたのである。今市農学校設置問題の背景には、知事と旧憲政系勢力に対する旧本党勢力ら議会の反発があった。問題自体は県議会における政党の影響力がいまだに健在だと示すことにもなったが、政党内閣が中断する中での出来事であり、政党への地域における不信感を高めるものとなった。こうした不信感は選挙粛正運動を地域の側から支持する動きを生み出す主導する伏線となった（第4章）。

このように憲政会・民政党勢力は、いくつかの問題を有しつつも、島根県下では強固な基盤を築くに至った。第2章では、「近代政党」の前提である組織的基盤の整備をどう民政党勢力が展開していたかを明らかにしたい。

注

（1）伊藤之雄は当時の青年党関係者から聞き取りを行い、出石郡と養父郡の青年党は「選挙戦では憲政会と連携を密にし斎藤当選のために尽力したが、青年党結成はあくまでも青年達の自発性にもとづくものであり、憲政会から指導を受けたものではない」としている（伊藤 一九八七：三〇一）。雨宮昭一が検討した惜春会も反既成政党的傾向を有していたと指摘する（雨宮 一九九七：五三～五四）。

（2）本書で扱う人物の経歴は断りのない限り、島根県歴史人物事典刊行委員会編『島根県歴史人物事典』（山陰中央新報社、一九九七年）による。

（3）白名徹夫『島根県新聞史』（山陰新聞社、一九五五年）四四頁。著者の白名徹夫（一八八六～一九七七）は、現在の奥出雲町出身で、松陽新報社などを経て大阪毎日新聞に入社し、戦後は山陰日日新聞の創立に参画した。

（4）渡部寛一郎に関する記述は『島根県歴史人物事典』、松江市史編集委員会編『松江市史　通史編五　近現代』（松江市、二〇二〇年）一一六～一二五頁による。

（5）『大朝山陰版』一九二〇年三月二六日。「渡部寛一郎日記」（以下、「渡部日記」）一九二〇年三月二五日。「渡部日記」を含めた史料群『渡部寛一郎文書』（以下『渡部文書』）は、渡部寛一郎の日記や渡部宛に送られた書簡・葉書類、教育関係の文書、克堂会に関係する史料からなる。所蔵者は松江市在住で渡部寛一郎の曾孫にあたる原洋二氏である。『渡部文書』は原氏が当時の初代松江市長福岡世徳文書研究会及び松江市史編纂室に提供されたもので、筆者が本書のもととなった論文に使用することを許可されたもの。なお、『渡部文書』は『松江市史』の近現代通史編及び史料編にも活用されている。『渡部文書』は「山陰研究共同プロジェクト」で調査・研究が進められてきたものである。『渡部文書』の撮影には筆者も参加しているほか、日記や書簡類の翻刻については研究プロジェクトのメンバーであり、『渡部文書』の調査・研究を継続されてきた竹永三男氏をはじめ、多くの方々にご協力いただいた。史料の利用を快諾してくださった原氏をはじめ、関係者各位に記して謝したい。

（6）大正二年五月二十日付渡部寛一郎宛若槻礼次郎書簡『渡部文書二-一-五三』（「翻刻　渡部寛一郎宛若槻礼次郎書簡」『山陰研究』第八号、二〇一五年）八九頁。

（7）克堂会の性格については『松江市史　通史編五　近現代』二一一～二一三頁も参照。

（8）「克堂会設立要旨並規約」『渡部文書六―一三―九―三』。

（9）「克堂会設立趣旨書」『渡部文書六―一三―九―四』。

（10）「克堂会における渡部寛一郎挨拶」『渡部文書六―一三―九―五』。

（11）政友会は二七八議席を獲得したのに対し、憲政会は一一〇議席にとどまった。なお、松江の候補者の桑原羊次郎については、桑原羊次郎・相見香雨研究会（二〇一八）を参照。

(12)「渡部日記」一九二〇年四月二八日、二九日、三〇日、五月一日、二日、三日、四日、六日、八日、九日の条を見ると松江市内の各地を渡部が細かく戸別訪問している様子がうかがえる。克堂会の発会後初の選挙であり、渡部にとっては何としても勝ちたい選挙だった。それだけに悔しさも大きかったと思われる。

(13)『大朝山陰版』一九二〇年五月七日によれば憲政会は苦戦しており、当選者は二、三名になると報じているが松江の桑原については「殆んど当選疑ひなき模様」とされていた。

(14)「渡部日記」一九二〇年四月一日には、「草光氏憲政会松江支部幹部の決議を代表して来訪、松江の候補者選定を克堂会幹部に委嘱せり」とある。

(15)克堂会の部会については、能義郡（『松陽』一九二八年二月一六日夕刊）、八東郡（『松陽』一九二七年九月三〇日夕刊）、簸川郡（同上）、仁多郡（『山陰』一九二八年二月八日夕刊）、安濃郡（『松陽』一九二七年一〇月二五日）、鹿足郡（『松陽』一九二七年一一月二五日夕刊）で確認できる。これらの組織は鹿足郡部会を除いて一九三四年時点の内務省の調査でも確認できる（第2章）。大原郡については部会の記事は確認できなかったが、選挙応援のために島根県内を「東奔西走」する若槻が、大東町役場前の広場にて「大原克堂会員」六〇〇名に挨拶したとの記述が見られる（『松陽』一九二八年二月一七日夕刊）。克堂会は政党組織とも重なり合いながら組織を拡大したと推察される。

(16)一九二三年七月二〇日付渡部寛一郎宛若槻礼次郎書簡『渡部文書二―一―九』（「翻刻　渡部寛一郎宛若槻礼次郎書簡」）八九頁。

(17)「政党員其ノ他有志者後援団体調（昭和一年十一月現在）」学習院大学図書館蔵〈国立国会図書館憲政資料室蔵〉『山岡万之助文書』R二四。

(18)なお、手塚雄太は後援会を検討する上で「党首級政治家の名で党勢拡張のため設けられた党首後援会、貴族院議員の後援会、候補者の選挙区外にある後援会、地方議員の後援会」については、「戦後の後援会と同様に政治家の集票組織として機能した、国政レベルの候補者の団体を捉えるために」除外したとしている（三四頁）。この把握方法自体に異論はないが、克堂会の場合は教育的側面と政治的側面を持ち合わせており、総選挙でも重要な集票組織として機能していたと考えられることから、衆議院議員の後援会と比較することは克堂会の規模と役割を鑑みても妥当だと本書では判断する。

(19)寄付金名簿にある名前のうち、佐藤喜八郎は松江出身の人物で、克堂会会長、民政党島根支部長、衆議院議員を務めた。桑原羊次郎は松江電燈会社社長などを務めた人物で美術品や浮世絵の収集で知られ、克堂会会長や衆議院議員も務めた（桑原羊次郎・相見香雨研究会 二〇一八）。野津孝次郎は貿易商人で憲政会候補者。高橋隆一は大地主で、貴族院多額納税者議員や憲政会島根支部長を務めた。岡崎国臣は運兵衛の養子で松陽新報社主を務めた。

(20)「克堂会寄付金簿」『渡部文書六―一三―九―二』。

(21) 一九二三年六月一三日付渡部寛一郎宛若槻礼次郎書簡『渡部文書二‐二‐一』(「翻刻　渡部寛一郎宛若槻礼次郎書簡」)八九〜九〇頁。

(22)「翻刻　渡部寛一郎宛若槻礼次郎書簡」八七頁。

(23) 一九二二年七月付俵孫一書簡(『渡部文書四―一〇―三二』)。

(24)「積極政策に迷ふ勿れ」(『立憲時報』第二号、一九二五年七月、板倉家所蔵文書)。

(25) 永迫意水「入社の辞」(『立憲時報』第六号、一九二五年一一月、板倉家所蔵文書)。

(26) 中島波三「目覚めよ島根憲派」(『立憲時報』第六号、一九二五年一一月、板倉家所蔵文書)。

(27)『大朝山陰版』一九二四年三月二五日。報道によると会員は「千九百余名」とのことである。

(28) 江角の青年党総理就任を報じたのは『松陽』一九二八年一月二七日。島洋之助編『人材島根』(島根文化社、一九三八年)によれば、江角は一八八八年に滋賀県大津の名家に生まれ、その後大地主江角千代次郎の養子となり一九二六年に家督を継承した。早稲田大卒。県会議員も務めた。

(29) 以下、憲克倶楽部の記述については松江市史編集委員会編『松江市史通史編五　近現代』(松江市、二〇二〇年)二一二〜二一四頁による。

(30) 憲克倶楽部通知書(『渡部文書六―一三―九―一―三』)。

(31) 前山は、政友本党の組織整備と政務調査に「近代化」の兆しを見出している。本書に通じる視点を持っているといえよう。

(32) 総議席数は憲政会が一五二議席、政友本党は一一一議席、政友会は一〇二議席、革新倶楽部は三〇議席だった。小栗(一九九七)も参照。

(33) 一九二四年三月一日付渡部寛一郎宛若槻礼次郎書簡『渡部文書二―一―二九』(「翻刻　渡部寛一郎宛若槻礼次郎書簡」九三頁。

(34) 佐藤球三郎は松江の旧家の出身で、陸軍の二等主計を経て肥料業を営み、克堂会副会長(『大朝山陰版』一九二四年五月一二日)、在郷軍人会の松江会長を務めた(『大朝山陰版』一九二四年四月二三日)。選挙では克堂会と在郷軍人会が佐藤を応援した。後に佐藤は資金難に陥ったらしく、一九二六年の内務省の選挙予測によると「相当借財等あり経済上他より援助を受くるに非れば立候補し得ざる状態にあり」とされている(伊香俊哉・倉敷伸子編『昭和初期政党政治関係資料第一巻』二九一頁)。

(35) 克堂会発有権者向葉書(『渡部文書六―一三―二』)。

(36) 渡部は九四九票を得票した。このほかには反物業を市内で営む松江市議会議員の土谷連之助が憲政会から立候補し九〇八票で当選している。政友本党から出馬した田中助次郎は八〇八票にとどまり落選している。
(37) 「渡部日記」一九二六年八月三十日～九月十四日。以下松築築港の陳情についてはこの間の日記の記述に基づく。
(38) 「寺田市正提出島根県会議員選挙干渉ニ関スル質問ニ関スル件」国立公文書館蔵　請求番号纂〇一七五二一〇〇　件名〇六三。なお、閲覧には国立公文書館デジタルアーカイブを活用した。
(39) 田部長右衛門長秋（一八五〇～一九四二）は、現在の安来市生まれ。たたら製鉄で知られる飯石郡の大地主田部家の養子となり、地域の農林畜産、木炭生産、養蚕製紙、学校開設など地域振興に尽力し、貴族院多額納税者議員も務めた。
(40) 絲原武太郎（一八七九～一九六六）は現在の出雲市生まれ。現在の奥出雲の絲原家の養子となり、鉄道の敷設や木炭販売などを手掛けた。貴族院多額納税者議員を一九二五年から一九三九年まで務めた。
(41) 以下、民政党島根支部発会式に関する記事は断りのない限りこの記事からの引用である。
(42) 渡部寛一郎文書研究会「翻刻渡部寛一郎宛若槻礼次郎書簡（続）」（『山陰研究』九号、二〇一六年）八四頁は、『山陰』の記事から「県出身の前内閣総理大臣の帰県が、県内各地域における立憲民政党の地域組織と若槻礼次郎の個人後援会である克堂会が形影重なり合いながら組織され、活性化されてい」ったとしている。
(43) 櫻内は床次の脱党について「全く寝耳に水で、元の政友本党の首脳部も誰一人として、其の真相を知る者なく、私の如きも事前に全然これを知らなかったのである」と回想している（『櫻内自伝』二二六頁）。
(44) 「地方政情調」は櫻内が脱党した場合、支部は分裂していただろうとしている（『昭和初期政党政治関係資料第四巻』二六九～二七〇頁）。
(45) 一九二八年九月一一日付渡部寛一郎宛若槻礼次郎書簡『渡部文書二―一―一〇』「翻刻　渡部寛一郎宛若槻礼次郎書簡（続）」八八頁。
(46) 井上敬介（二〇一三：四九）は、床次の脱党後憲政系と本党系が同化し結束力が強まったとしているが、地方レベルでは依然として対立構造は残っていた。
(47) 一九二八年二月二三日付渡部寛一郎宛若槻礼次郎書簡『渡部文書二―一―六』「翻刻　渡部寛一郎宛若槻礼次郎書簡（続）」八七頁。
(48) 『松陽』一九二八年二月六日。この記事では克堂会と青年党の二組織の八束部会の総会が同時に開催されている。二つの組織の協調体制がうかがえる。なお前回の総選挙で積極的な活動を見せた在郷軍人会は、一九二八年以降の選挙では記事に名前を見なくなっていく。因果関係は不明だが、第一回普選前に在郷軍人会浜田支部は会員が選挙に関与しないよう通達していた（『松陽』一九二八年二月五日）。在郷軍人会と選挙運動の関係や、当時の在郷軍人会へのメディアのイメージ、軍人勅諭との関係など、興味深い論点は多いが、不明な点も多く今後の課題としたい。

(49) 一九三〇年の県議選の結果は民政党が二六名、政友会が三名、中立が一名だった(『松陽』一九三〇年三月三〜五日)。

(50) 島根県青年連盟大会については断りのない限り、『松陽』一九二七年一一月一七日夕刊、一八日夕刊によっている。

(51) 妹尾正義編『島根県人物誌』(島根県人物社、一九二九年)によれば、瀧川は一八九二年松江市生まれ。東京高等商業学校を卒業、銀行勤務を経て大本教に入信。一九二六年に松江に戻り、克堂会幹事や国際連盟、愛国連盟の役員などを務めた。一九三〇年の総選挙で民政系中立候補として出馬したが落選している。その際民政党から除名された(第2章)。

# 第2章　戦前期地方政党組織論
## ――立憲民政党島根支部の構造と特徴――

### 1　戦前の政党地方組織の特徴と研究状況

#### 政党地方組織の研究状況――支部か個人か

本章では立憲民政党の地方組織の特徴について、島根県の事例から明らかにする。

岡沢憲芙によれば、選挙権拡大などの民主化の進展によって、政党の組織化も進展していった（岡沢 一九八八：一二六～一二八）。以前には政党は国民的組織を有さないとの見解もあったが（由井 一九八二：三～四、赤木 一九八四：九三～九四）、これらは実態に即したものとはいえない。男子普通選挙に対応する「近代政党」にとって、組織整備は不可欠な条件であった。戦前期の地方における政党を考察する上では、政党の地方組織、すなわち政党支部の問題を考察する必要がある。

さて、戦前の政党の地方組織・政党支部については、一次史料が戦前から戦後にかけての政党再編の中でほとんど失われたこともあり、史料的制約が伴う中で研究が進められてきた。

政党支部の基礎的研究としては升味準之輔と粟屋憲太郎と季武嘉也のものが挙げられる。升味は、政党支部を「地元代議士と府県会議員を中心とする倶楽部であ」り、「個人的確執や利害対立でいつも隠然顕然の内紛を含んだ脆弱な集団であ」ったと評価する（升味 二〇一一：三〇一）。粟屋は、「支部の日常活動はだいたい不活発で、支部は地方代議士や府県会議員の倶楽部のようなもので」あり、選挙活動の展開や「各地域からの陳情をうけ、利害の調整をはかる」とともに、地方支部は活動資金の多くを寄付金に依存していたとした上で、「普選実施という新状況に直面して、組織基盤の拡大と活動の活性化がはかられ」ており、一般党員に党費の負担を求める動きを取り上げている（粟屋 二〇〇七：二二五～二二八）。季武は、「既成政党反対という大合唱の中で行われた後期の選挙では」、「選挙区内での政党の票配分機能が徐々に減少していく中で、候補者は個人の力で地盤を固めなければならなかった」としている（季武 一九九三：一八）。これらの研究を踏まえれば、政党支部の基盤は基本的に脆弱で、議員個人の活動内容が地盤の維持拡大において重要であった。

次に、政党支部の末端組織となる郡レベルの組織について言及している研究を確認しておきたい。山室建徳は、選挙における郡単位で徹底された地盤割りや、民政党の候補者の選定が投開票の一一日前に決まった経緯から、「郡単位の政党支部が強固な集票機構として機能し、選挙戦は候補者本人よりも郡支部という組織の力を基盤に戦われた」としている（山室 一九八四：一六六）。ゴードン・M・バーガーは、「県レベル以下の地方共同体には既成政党の支部がな」く、「地方で党の利害を恒常的に代表していたのは、候補者だけだった」と指摘している（バーガー著、坂野訳 二〇〇〇：一三）。また奥健太郎は、栃木県の候補者（藤沼庄平）の事例から、「政党の地方組織は、各郡市を単位に郡支部というべき一つの組織を形成して」おり、「各郡支部は原則的に特定の一人の代議士と結びつ」いていた点と、「長時間かけて形成された強固な組織であ」り、「この組織が代議士の集票機構として機能するのであり、代議士が組織をつくったのではな」く、代議士に対して一定の自律性を有しつつ、代議士を介した利益誘導によって支持基盤を拡大していったと指摘している（奥 二〇〇四：二七二～二七三）。山室と奥は政党単位、すなわち郡レベルの政党組織の集票力を重視するのに対し、バーガーは個人単位の活動と集票力を重視している点で対照的と言えよう。ただし、バーガーの県レベル以下の地方共同体における支部は存在しなかったとの指摘は正確ではなく、山室と奥が指摘する通り郡支部（もしくは部会）が末端組織として活動していた。

なお、近年の注目すべき成果として井上敬介と車田忠継と塚原浩太郎による研究がある。井上は北海道の事例から、政友会支部が中央の決定に反発して独自の動きを見せたことや、最終的には支部が自主的に近衛新党運動に向けて解党したことと、民政党解党に際して北海道で第一党の地位にあった民政党北海道支部が抵抗せずに解党した事実を指摘し、この差異は「政友会が地方から中央に、憲政会（民政党）が中央から地方に影響力を浸透させていたことに基因」しているのではないかと指摘している（井上 二〇一九：二四〇）。また、選挙と支部の動きを対象とした研究では、広大な北海道の地域の中で、政党内閣制の中断から崩壊期にかけて支部組織が道議主体の組織として集票能力を確保していたことを指摘し、自民党組織へと継承されていったと評価している（井上 二〇二二）。車田は千葉県選出の政党政治家であった川島正次郎の事例から、代議士が地方議員と関係を構築し、選挙区で活動により選挙での当選を重ねる「選挙システム」の概念を提起し、「戦前期普選の有権者、後援会や利益団体などの構成員は、代議士個人を通して、政党という橋の向こうに見える国家や政治を捉えて」おり、多くの研究が「代議士個人の選挙システムを政党の地盤として読み替えてしまったのではないだろうか」と指摘している（車田 二〇一九：二一三）。塚原は、静岡県志太郡の民政党と政友会の郡支部の展開過程を人的・空間的な状況を切り口に検討し、政友会が郡全体に組織を網羅する方針を取ったのに対し、民政党は代議士を中心とする支部運営を行ったと指摘する（塚原 二〇二二）。郡支部の役割を本格的に検討した貴重な成果である。

井上の見解は、政党支部に一程度の自律性と行動性を認めている点で、升味による政党支部が党中央の決定に従うとの評価や、粟屋の政党支部が不活発であったとの評価とは異なる政党支部の評価を打ち立てており、政党支部の組織性・自主性を評価するという点で奥の評価にも通じている。塚原の研究もこの文脈で位置づけられる。車田の見解は政党支部よりも候補者個人を重視するという点で、バーガーの見方に通じるものがある。

## 政党組織論の再検討——支部と個人をめぐる論点の再整理

このように、戦前の政党の地方組織の評価をめぐっては、党組織中心か政治家個人（後援会）中心かという点で正反対の見解が並立しているのが現状である。地域ごとに実証された事例がそのまま戦前の政党地方組織の一般的な形態であるかのような見解が各研究で発表され、整理されないまま今日に至っている。いうまでもないことだが、政党の地方組織をめぐる状況は各地域の経済的・地理的事情や、政治家のキャリア、個人的資質によって左右される。まずは、政党組織の類型化を試みる作業から始める必要がある。また従来の研究では、政党の支部組織の選挙での活動に関心が集中してきた。当然、政党の活動にとって選挙は死活的に重要な出来事ではあるが、選挙外でも中央での政変や政党支部組織の選挙での展開と選挙以外における活動や、地域の実情を反映した組織的な特徴を明らかにする必要がある。

そこで、本章では支部組織の実態を以下の四つの点から明らかにしていきたい。

第一に、支部組織と後援会の関係についてである。本書では支部組織と後援会の展開過程を通して、両者の区別が必ずしも自明ではなく、相互補完的な関係にあったことを明らかにしたい。

第二に、中央政界での政変に対して支部がどういった動きを示したかについてである。そこから、従来注目されてこなかった支部活動の一端を明らかにしたい。

第三に、本書では支部の役員人事に注目したい。支部長の選考はそれぞれの党派や地域間の利害関係などを調整する中で進められており、地域の政治構造と支部がどのような関係にあったのかを明らかにする上で重要な検討材料となる。

第四に、一九二八年の第一六回衆院選から一九三二年の第一八回衆院選に注目し、候補者の政策や候補者の選定過程、各選挙区の特徴を検討する。選挙区によって候補者と政党組織と選挙民の関係は異なっていた。選挙区ごとの違いが生じた背景と理由について明らかにしたい。

これらの目的を達するために、島根県における民政党勢力を題材とし、その結成に至る政治過程および活動を分析することで戦前の政党支部の実態と特徴を指摘したい。

## 2　立憲民政党島根支部の結成過程

### 民政党結党以前の島根県の政治状況

一九四〇年（昭和一五）に立憲民政党は解党し、結党から一三年の歴史に終止符を打った。その解党に際して各地方の支部も解党することとなった。島根県も例外ではなく県支部が党本部の解党と軌を一にして解散することとなった。それにあわせて『大阪朝日新聞島根版』は「民政党県支部　創立から解党まで」（以下「創立から解党まで」と略記）という連載記事を三日間にわたって掲載した（『大朝島根版』一九四〇年八月二一～二三日）。以下、その内容を逐次引用しながら、民政党島根支部の結成過程について明らかにしたい。

明治期の島根県の政治構造は、地方名望家を中心とする政友会系勢力と憲政会系勢力が存在していた（第1章）。憲政会系勢力は、大浦兼武（おおうらかねたけ）（一八五〇～一九一八）と交流があった松江の名望家である岡崎運兵衛（おかざきうんべえ）（一八五〇～一九一九）が同志会・憲政会系の中心人物であった（同上）。「創立から解党まで」も当時の記録として、一八九九年の「帝国党党員佐々友房氏の来県、遊説に際し松江市故岡崎運兵衛氏は簸川郡稗原村故高橋久次郎氏を説き大いに党勢の拡張を図りたる結果、逐次隆盛に向ひ同年七月帝国党島根支部を創立し岡崎支部長とな」ったとしている。高橋は後に岡崎の後を継いで憲政会島根支部長となる。

政友会の利益誘導によって一時党勢が大きく減退した憲政会勢力だったが、一九二四年（大正一三）の第一五回衆院選では、若槻の後援会として結成された克堂会や立憲青年党の活動によって党勢を拡張した憲政会が七議席中三議席を獲得し、第一次若槻内閣成立後に行われた県議選では三〇名中一九名を憲政会が占めるという大躍進を見せた（同上）。「創立から解党まで」も護憲三派内閣成立が党勢拡張に影響を与えたことを指摘し、一九二五年九月の「貴族院多額納税者議員選挙には支部で当時政友派恒松於菟二氏をいわゆる護憲の趣旨から後援、政友本党を背景に確固たる地歩を占める絲原武太郎氏に挑戦、激烈な競争を演じた結果、僅か七票差で敗れるなど伝統の政友派に一矢報いんとする勢であった」と述べている。[1] 貴族院多額納税者議員選挙をめぐっては政党支部が主体的に活動していたことが指摘されているが（西尾 二〇一六、伊藤 二〇一六・二〇一七a・b）、島根県の場合は山林大地主として知られる絲原武太郎（一八七九～一九六六）が政友本党支部長、篤志家として知られる大地主の高橋隆一（一八七五～一九四三）が憲政会島根支部長を務めたように、その政治的重要性は他地域よりも高かったと考えられる。貴族院多額納税者議員の多くはいわゆる名望家層であった。こうした制度は政党内部に名望家層の影響力を残置させることになったと言えよう。

このように当時の島根県は主に憲政会勢力と政友本党勢力と政友会勢力の三つの勢力に分かれていたが、一九二七年の七月の民政党結党に伴い、島根県下でも憲本合同が行われる運びとなった。こうした背景のもと、七月に行われる予定であった八束郡県議補選で妥協を模索していた憲政会系と政友本党系だったが、本党系の政治勢力である公友会が自派候補者の推薦状を一方的に発したことで交渉が決裂し選挙戦に突入した（『松陽』一九二七年七月八日）。ちなみに、憲政会系候補だったのは角米一という人物で、憲政会陣営の選挙参謀として知られており、「県政に対して一種の識見と抱負とを有し又農民組合側の立場にも多大の理解と同情とを有する」人物であると紹介されている（『松陽』一九二七年七月一一日）。憲政会勢力が現状改善を望む層の支持を取り込もうとしていたことが分かる。選挙の結果は、政友本党系の候補で恵曇村村長を務め漁業振興などに尽力した青山善一郎（一八九〇～一九四三）であった（『松陽』一九二七年七月一五日）。このように、政友本党勢力も未だに影響力を有していた。

選挙後の八月には政友本党島根支部長で、県下の山林大地主として知られていた絲原ら本党系のメンバーが民政党への合流について協議している（『松陽』一九二七年八月二二日）。この憲本合同を主導したのが櫻内幸雄であった（第1章）。「創立から解党まで」も民政党結党に呼応して「憲政会支部では逸早く役員会を開き民政党加入を決議したのに対し一方政友本党島根支部ではこの合流に対し多年の政敵に屈従を潔しとせぬものをはじめ地方事情にとらはれ中立を唱へ、あるいは本部の櫻内、原各代議士らと行動を一に合流を主張するなど賛否相分れ」ており、「当時民政党に参加した櫻内幸雄氏が急遽帰県、本党派を説得し合流に導いた」としている。[2]

## 民政党島根支部の構造――党派と出身地域に見る支部構造

一九二七年一〇月に民政党島根支部が発会することとなり、発会に際して民政党顧問の若槻と床次竹二郎をはじめ現職の民政党代議士である櫻内、原、木村や民政党所属県議が松江城の城山大広場で一堂に会して開催された[3]。規約では松江市に事務所を置くこと、党員を以て構成されること、支部長一名、副支部長二名、幹事長一名、幹事、常任幹事、評議員を若干名置くこと、支部長と副支部長は支部総会で推薦すること、総会は支部長が招集すること、各郡市に部会を置くこと、経費は寄付金と党員の負担で支弁することなどが定められた。支部長には憲政会副支部長であった佐藤喜八郎（さとうきはちろう）（一八九一～一九六九）が推薦され、副支部長には同じく憲政会島根副支部長であった岡本俊人（おかもととしひと）（一八七五～一九六〇）と政友本党のメンバーで合流協議を支部内で進めてきた香川善九郎（かがわぜんくろう）[4]が就任した。佐藤は同会場で支部発会式の前に開かれた克堂会総会においての新会長に推薦されている[5]。佐藤は松江の資産家である佐藤家の出身であり、東京美術学校を卒業している経歴の持ち主であった。若槻の後援会である克堂会の会長を務める佐藤が支部長に就任したことは、出雲の憲政系勢力が民政党島根支部を主導することを意味するとともに、副支部長に本党系の香川を据えることで、本党系議員への配慮も示した構成となっていると言える。

ここで検討したいのが支部長の選出過程である。この時の佐藤支部長の選任については、事前の役員会で選考されたとのことであるが、重要な先例として憲政会島根支部において発生した支部長後任問題について述べておきたい。

一九二六年に憲政会島根支部長を岡崎の死後務めてきた高橋久次郎が死去し、支部長の後任人事が図られ、貴族院多額納税者議員を務めた高橋隆一に白羽の矢が立った[6]。しかし、高橋隆一は支部長就任に消極的であると報じられていた（『大朝山陰版』一九二六年六月二〇日）。当時の報道では「高橋氏は雲芸鉄道の幹部として雲陽銀行の頭取である等実業界に深い関係を有し又同氏の性格として政治的方面には深入りするを好まないので従来も高橋翁の甥として同氏を援助し憲政派には厚意を有していたけれどそれ以上の深い関係を持たないのでたとひ支部長に推薦されても絶対に受けないものと見られて居る」とされており、高橋隆一は支部長を受諾しないとの見方が有力であった。

そこで重要な役割を果たしたのが当時の憲政会総裁で首相の地位にあった若槻であった。若槻は高橋隆一を東京まで招いて直接説得にあたって受諾を取り付けている（『大朝山陰版』一九二六年八月二八日）。

ここで興味深いのが、支部長と副支部長人事をめぐって出雲・石見の地域間での調整が必要だったという報道である。当時の報道は「高橋氏でないと全県下の党員が満足しない」とした上で、「一説には現内務次官俵孫一氏との説あるも俵氏では出雲方面がまとまりがつかずさりとて首相秘書官木村小左衛門氏では石州方面が面白くないというのでどうしても高橋氏でないと治まらぬ事情がある」としている（『大朝山陰版』一九二六年八月一三日）。その後に行われた憲政会島根支部総会では、高橋が支部の選考会を経て正式に支部長に就任するとともに、副支部長には出雲の佐藤喜八郎と石見那賀郡の豪農である岡本俊信（一八九四～一九二三）の息子で、石見村長などを務め戦後に初の民選浜田市長に就任する岡本俊人が選出された（『大朝山陰版』一九二六年九月一一日）。支部の役員人事は地域間の利害調整を図る場として機能していたのである。

しかし、この強引な決定について高橋には相当な不満があったようである。一九二七年の民政党島根支部の発会にあたっては、支部長を「強いて推薦せんか脱党を賭して固辞する固い決心を示し」ている（『大朝山陰版』一九二七年一〇月一九日）。改めて決定された支部長・副支部長人事を見ると、前述の通り松江出身の佐藤が支部長に就任し、出雲部の憲政系勢力が主導的役割を担うとともに、副支部長には政友本党系の香川と石見出身で憲政会に属した岡本が就任しており、各政治勢力と地域間の対立に配慮した人事構成であることが分かる。支部内は様々な利害対立を有しており、支部組織はその調整をする場としての役割が期待されていたのである。

## 3　支部組織の活動と構造的特徴

### 民政党島根支部部会と政治家後援会の結成

一九二七年（昭和二）の民政党島根支部の発会式では、各郡市に部会を結成することが規約で明記されていた。

それに合わせて各郡で部会組織が発会する。まず一九二七年の若槻の帰県に伴い克堂会や政党支部組織の発会式が相次いだ[7]。その中で注目したいのが、政治家の後援会と政党の部会が軌を一にして結成されている事例が見られる点である。たとえば那賀郡部会発会式とあわせて俵後援会の発会式が行われており、部会長には民政党島根副支部長の岡本が、副部会長には民政党県議の中西淳亮と三浦啓四郎がそれぞれ就任しており、俵の後援会長には中西が就任している（『大朝山陰版』一九二七年一〇月二五日、『松陽』一九二七年一〇月二五日、同夕刊、『山陰』一九二七年一〇月二五日）。部会の宣言では「今や普通選挙の実施と共に帝国の情勢は正に一大刷新の時運に際会」したとした上で、「政界革新の実を挙げん」として民政党の政綱が挙げられた。

続く決議では、「我等は中央並に地方政界の刷新を計り以て真に国民生活に立脚せる正しき政治の実現を期す」、「我等は速に広浜鉄道の敷設を計り交通機関の完備と地方産業の開発を期す」、「我等は現内閣の財界救済策が機宜の措置を誤り益々財界を不安ならしめつつあるの失政を糾弾す」、「我等は地方産業促進の目的を以て浜田漁港修築の促成を期す」、「我等は現内閣の菲政が国運を萎靡せしめ国民生活を脅威しつつあるの現状を黙視する能はざるを以て極力現内閣の倒潰を期す」ことが述べられた。宣言の中で鉄道や漁港の整備が盛り込まれていることに注目したい。民政党が緊縮財政下においても、鉄道をはじめとする地方問題を利用した地盤培養を図っていたことはすでに指摘されている（酒井 一九八九：二六六〜二七〇）。島根県は近代的な発展から立ち遅れていたこともあり、緊縮財政を基本とする民政党内においても、一定の利益誘導策を盛り込むことは不可避であった事情が確認できる。

このほかには民政党鹿足郡部会と俵の後援会と鹿足郡克堂会の三組織合同の発会式が確認できる（『松陽』一九二七年一一月二五日夕刊[8]）。また、民政党島根支部の八束郡部会の発会にあたっては民政党県議の錦織彦太郎が部会長に選出されているほか（『松陽』一九二七年一二月一一日）、松江部会の発会式では前衆議院議員である佐藤球三郎（一八七八〜一九四四）が会長に、県議会議員の土谷連之助（一八七九〜一九七〇）と、松江市議で後に商工会議所会頭を務めた加納伝右衛門がそれぞれ選出されている（『大朝山陰版』一九二八年一月二八日）。この発会式には川崎卓吉（一八七一〜一九三六）が出席し、宣言で「山陰大学設置の速成を期す」「松江鉄道局設置の速成を期す」「松江築港

図2－1　櫻内幸雄
出所：国立国会図書館「近代日本人の肖像」。

の第二期拡張を期す」「商工業の発展を期す」ことが決議された。那賀郡部会発会と同様、具体的な地域振興策、すなわち利益誘導を要望する声が上がっていたことに注意したい。

次に後援会組織として挙げられるのが、櫻内の後援会である蒼天会の存在である。[9]結成を報じる『山陰』によれば、元衆議院議員の小川蔵次郎[10]（一八五〇～一九三六）が中心となり発起人を募ったところ、「県下は勿論鳥取県、東京市その他同氏［杉谷註：櫻内］の事業関係ある各地から殺到して七百余名に達し締切までには千名を突破する形勢であ」ったという。また、『山陰』に掲載された趣意書には櫻内が「島根県広瀬藩の名門に生れ其天資雄大、人に接して温容」であり、一九二〇年の総選挙で初当選した後は、政界に重きをなしたこと、自らが興した事業についても電気事業のような「産業の発達と国富の増進」を目的としたものであり、政治姿勢についても「正義の徹底と公明なる政治の実現を期し、至誠一貫を信条とし終始毫も一身の利害を顧みず毅然として国民指導を理想とせり」と述べている。会の目的については、「君をして毫も後顧の憂なからしめ更に絶倫なる精力をして大に国家社会のため努力せしめんが為め其信条に賛同するもの相謀り君の号に因みて蒼天会を組織し君をして其偉大なる人格を発揮せしむると共に挽て以て有為の人材を郷土より輩出し一は以て国家のため大に貢献せしめん事を期せんとす」とした。

櫻内の実業家と政治家としてのキャリアを強調している点が特徴的であろう。櫻内が自力で現在の地位を築いたことが述べられている点は、若槻の後援会であった克堂会と共通している要素であると言える。また、人材育成が目的に据えられている点も克堂会と共通している。

規約では、「本会は櫻内幸雄君の国家奉仕を後援し兼ねて地方人士の向上と人材の輩出を期図するを以て目的とす」、「本会は本部を松江市に置く」、会長、副会長、理事、評議員、書記を置くこと、必要に応じて地方に委員を置くこと、「本会の経費は会費及寄付金を以て之に充つるものとす」ることなどが定められた。克堂会と同じく会費と寄付金で運営されることが述べられている。

蒼天会は、克堂会と同じように櫻内の人格やキャリアの優秀さを強調し、櫻内と同様な優位な人材を輩出することが目的とされた。来るべき男子普通選挙に備えて、現役の衆議院議員であってもより広く有権者に支持を訴えるための手段として後援会が組織されていったことがうかがえる。蒼天会に関する一次史料は残されていないので詳細は不明だが、設立趣旨や規約を見ると、克堂会の影響を受けていたと思われる。実際の運営も克堂会と同様に寄付金によるところが大きかったと推察できる。蒼天会は櫻内の重要な支持基盤として機能していったと思われる。

### 政友会の支部組織と後援会

一方で、組織的に劣勢を強いられていた政友会は、後援会の組織化が進行していた。島田俊雄の後援会である硯堂会は一九二七年に発会しており（『山陰』一九二七年一〇月二八日）、発会式には当時の田中義一（一八六四〜一九二九）首相、山林大地主の田部長右衛門（茂秋　一八七八〜一九六七。松江銀行取締役、貴族院議員などを務める）ら政友会に所属する有力者が出席している。会長には現在の浜田市出身の野島忠孝（一八六三〜一九四四）が就任した[11]。これに対して島田の出身地である那賀郡に政友会郡部会が発会したのは二年後の一九二九年一一月である（『山陰』一九二九年一一月二四日）。部会長には硯堂会の副会長に就任した政友会県議の佐々木稔三郎が就任した。

図2-2　島田俊雄
出所：国立国会図書館「近代日本人の肖像」。

### 民政党島根支部の組織規模

ここで、政党支部の会員数がうかがえる史料として、一九二七年に内務省警保局が作成した「政事又ハ公事結社一覧表」の中に収録されている「各政党支部及会員一覧表」を見ておきたい[12]。ここには一九二六年一一月末日と一九二七年一一月末日時点の各政党支部の党員数（史料上は「会員数」と表記）が表記されている。これを見ると政友会の党員は一九二六年には六三二三名だったのが、一九二七年には三三八八名と三〇〇〇名近く減少している。調査の対象時期は民政党結党と前後しており、政友会が政変の中で党員数を減らしていたことが分かる。その内訳を見ると隠岐部会が一八四名、那賀郡部会が一六六八名、美濃郡部会が一五三六名となっている。政友会の党組織は出雲部では事実上消滅している状況にあったのである。これに対し民政党（一九二六年時点は憲政会）を見ると二万五六〇〇名だったのが、一九二七年には三万八一六八名と一万名以上増加している。内訳を見ると、島根支部三万五〇〇〇名、那賀郡部会二七三八名、八束郡熊野村部会四三〇名となっている。

ここで注目したいのが唯一村レベルでの組織として確認できる熊野村部会である。これはもともと政友本党の部会として存在していたのが、民政党結党に合わせて民政党に参加することが決まったとの報道が確認できる（『松陽』一九二七年七月一二日夕刊）。熊野村の有権者数は一九三〇年と三二年の総選挙の実績によると四三九名である[13]。男子普通選挙時の有権者数と部会の人数がほぼ同数であることから、ほぼ有権者全員が党員となっていたことになる。全員が自発的に入党していたとはとうてい考えられないことから、村レベルによる集団的な入党があったと理解すべきである。政友本党から民政党への「移籍」に対する「異論」がなかったことを考えても、事大主義的に村の指導者の意向に村人が従っていることは明らかであろう。地方の有力者が中心となり、有権者がそれに従う「名望家政党」としての戦前の政党のあり方が色濃く残っていた事例である。ちなみに、一九三〇年と三二年の選挙では村の有権者の多くが櫻内に投票している。おそらく熊野村の有権者は村の指導者の意向を受けて「集団投票」したのだろう。

このように党員についても、自発的なものから事大主義的な村レベルによる集団入党まで内実は様々であった。いずれにせよ党員数においても、憲政会期での隆盛を経て民政党は確固たる基盤を構築していたことは確かである。

### 一九三四年の調査に見る島根県の政治結社の状況

次に検討したいのが、一九三四年一月三一日付で内務省警保局が作成した「政事結社調」である[14]。ここには島根県に存在していた全二五組織の政治結社が一覧で記載されている。注目すべきは政友会島根支部に関する記述である。立憲政友会島根支部の欄には「大正十三年十一月政友会分裂後地方的に部会又は倶楽部として存在するに止まれり支部長並に事務所なきも政友会の実務は政友会那賀部会顧問野島忠孝掌握し居れり」とある。那賀郡部会が実質的に政友会支部として機能しており、その中心的人物は硯堂会会長の野島だったのである。

政友会とは対照的に組織的な充実が見られたのが民政党である。政友会系と思われる組織は政友会島根支部（政友会那賀郡部会）と硯堂会の二つである。対して民政党系と思われる組織は二〇にのぼる。注目すべきは克堂会である。克堂会は松江の本部だけでなく、能義郡、大原郡、簸川郡、仁多郡、安濃郡に部会があると報告されている。また、克堂会という名称ではないものの、若槻後援会という組織が那賀郡浜田町にあることも確認できる。以上を踏まえると若槻系の組織は八組織あったことになる。若槻の島根県の政界に対する強い影響力は、こうした県内各地に張り巡らした組織的ネットワークにも裏打ちされていたのである。

次に注目したいのが、木村の後援会組織である。木村の後援会は松江のほか、大原郡南部（事務所所在地は現在の雲南市木次町）、東部（事務所所在地は現在の雲南市加茂町）、西部（事務所所在地は現在の雲南市大東町）にそれぞれ存在していた。木村は大原郡出身であり、選挙でも主に大原郡から集票していた。大原郡に細かな組織網を形成することで、木村は安定的な支持基盤を形成していたと言えよう。

このほかに後援会組織が確認できるのは櫻内である。先述の蒼天会の存在は「湖北蒼天会」として確認できる。事務所所在地は八束郡秋鹿町（現在の松江市秋鹿町）とされている。前述の新聞報道では本部を松江に置くとあったことから、これは支部だと思われる。松江に事務所所在地があるのは「松江櫻内会」となっており、主幹者は先述の松江市議や松江商工会議所会頭を務めた加納伝右衛門とある。櫻内の出身地である能義郡広瀬町にも「櫻内後援会」という組織があるとされている。松江に本部を置くとされていた蒼天会本部の存在は確認できない。蒼天会が実際にどのような展開をしたのかは一次史料がないため不明だが、櫻内は松江と自らが地盤とする八束郡と出身地の能義郡に後援組織を形成していたことは確かなようである。

最後に紹介したいのが俵の後援会である。俵の後援会は那賀郡浜田町（現在の浜田市）にあるとされる「浜田町俵後援会」、「那賀郡俵後援会」、そして美濃郡益田町（現在の益田市）の「俵後援会」が確認できる。俵は出身地の那賀郡と石見部の中心地である浜田町に組織を整備していた。

なお、この史料では民政党島根支部長や克堂会会長を務めた佐藤喜八郎が主幹者となっている「若桜会」という組織が報告されている。結成は一九三二年一二月三日で、事務所は松江市とされている。新聞報道も確認できず実態は不明だが、名称からすると若槻と櫻内の関係組織だったと推察されるが、今のところ詳細は不明である。

この史料で重要なのは事務所所在地が報告されている点である。これまで列挙してきた後援会組織について見ると、民政党島根支部と克堂会と松江櫻内会の組織が同じ松江市殿町の所在となっている。党支部組織と後援会組織が同一的な組織だったことを示す有力な証左であろう。

このように部会組織と後援会組織は重なり合いながら展開していった。部会や後援会の会長・副会長には地方議員が多く就任していた。地方議員が代議士の集票ルートとして機能していたことは先行研究で指摘されているが（車田 二〇一九、源川 二〇〇一：四二～四三）、政党の部会は役職に県議や地域の有力者を据えることで集票ルートを組織化させる機能を果たしていたと言える。とくに注目すべきは民政党であり、組織数、会員数そのすべてにおいて政友会を圧倒する体制を築き上げていた。多くの後援会が政治家の選出選挙区に即して郡・市・町レベルで展開したのに対して、異なった動きを見せたのが克堂会である。克堂会は若槻の後援会であったが、若槻の出身地の松江にとどまらず、石見の一部地域にまで展開していた。そもそも若槻は貴族院議員であり、選挙を必要としなかった立場であったことから、組織を選挙区の制限なく展開できたことも理由であろうが、克堂会が教育的組織という側面を持っていたことも大きな理由であろう（第1章）。

これらのことを踏まえれば、民政党は「近代政党」の条件である組織網構築を充実させていったのに対し、政友会は組織網の構築が難航していたことが確認できる。

## 床次竹二郎脱党問題

民政党支部にとって重要な転機となったのが一九二八年の八月一日に起きた床次竹二郎脱党問題である。「創立から解党まで」も当時のことを「中央床次竹次郎（ママ）氏の民政党脱党は支部にも大きな波紋を描いて旧本党系の去就が注目され再分裂の危機を思はせた」としている。

床次の突如の脱党表明を受けて、床次に近いことで知られていた櫻内幸雄の去就が注目された。床次脱党の動きはただちに地方紙を通じて大々的に報じられた。政友本党系勢力は櫻内の意を受けた県議の天野種三郎（一八七七〜一九五一）[15]が帰松したことを機に会合が開かれ、天野は席上で「櫻内氏が進んで脱党しようなどと考えて居らぬのは事実だ」として、自身の去就についても「私としては櫻内氏がたとえ脱党しても直に民政党から脱党して新党支部をつくるようなことは万々ないと考えている」というように、櫻内が去就に迷っていることを受けて天野は脱党を否定する立場を示した（『松陽』一九二八年八月四日夕刊）。支部側の動きとしては佐藤支部長と、櫻内の支援者で政友会の元衆議院議員であった小川蔵次郎（一八五〇〜一九三六）が上京して櫻内の説得にあたり、佐藤から「櫻内氏民政党に留まられた」との電報が松陽新報社に向けて発せられた[16]。松江に戻った佐藤は『松陽新報』の取材に対し、櫻内に「涙をふるって」強く留党を求めたことを述べている（『松陽』一九二八年八月一五日夕刊）。ただし櫻内は小川が「此の際潔く決意して、床次と行動を共にするやう私に慫慂した」と戦後に回想しているように（『櫻内自伝』一二八頁）、小川は脱党に賛成だったようであるが、当時の新聞報道からは小川が離党を働きかけた発言や行動を裏付けるものは確認できない。結局櫻内は、弟で同じく民政党の衆議院議員の櫻内辰郎（一八八六〜一九五四）の説得を受けて留党を決意したという（『櫻内自伝』一二九〜一三一頁）。この事例からは、中央の政変に際して支部所属の県議が上京して情報収集を行い、支部の構成員は櫻内に留党するよう説得しただけでなく、地方紙は政変に関する情報発信を逐一行っていたことが分かる。また、当時の地方紙は政党政派によって系列化されていたが、地方紙には中央政界の動向を報じ、地方と中央の政治動向を結び付けて情報発信する役割があったことも確認できる。支部は「離合集散の中央震源性」（升味 二〇一一：三〇二）に左右されつつも一定の自主性を有していたのである。

「創立から解党まで」は、憲政系と本党系の対立が生じた問題として、支部長後任問題を取り上げている。以下では、当時の新聞報道から支部長後任問題を詳細に見ていきたい。事の発端は一九三一年の第二次若槻内閣の成立によって、支部長だった佐藤が櫻内商相の秘書官に就任したことであった。『大阪朝日新聞島根版』は支部長後任問題について「副支部長二名のうちさきに香川善九郎氏が辞任したままとなつている関係上同党有力者間ではこの際一挙両問題を解決すべく意気込みつつあり」、「若槻首相、櫻内商相を出した栄誉に鑑み、他府県支部との均衡上少くとも大臣級の人物を支部長たらしめんとする説が多」く、俵の就任を希望する意見があるが、「現副支部長岡本俊人氏が石見出身でかくては正副支部長とも石見に奪はれるので出雲部の党員に不平を洩らすものもあり、前貴族院議員高橋隆一氏か元代議士桑原羊次郎氏の返咲きを要望する」意見などがあることを報じている（『大朝島根版』一九三一年四月一八日）。先に見た憲政会島根支部の時と同様に出雲部と石見部の双方に配慮した人事配置が必要とされていたことが分かる。

その後支部の役員協議が開催され、支部長・副支部長の人選を若槻に一任することが決定し（『大朝島根版』一九三一年六月七日、『松陽』一九三一年六月七日）、支部側は副支部長の岡本が上京して若槻と協議することになった（『松陽』一九三一年七月一日夕刊）。岡本の上京を報じた『松陽新報』は若槻一任を決めた支部の背景について、「何人も後任人物指名については発表を避けお互いに腹の探り合いの有様で何人も一度指名し発表を見んか頗る紛糾すべき情勢にあった」としている。支部の対立関係が伏在していることから、若槻に一任することにより対立の表面化を避けようとした思惑がうかがえる。上京した岡本が若槻と協議した結果俵を推薦することが決定し（『松陽』一九三一年七月九日夕刊）、俵が首相官邸を訪問して正式に支部長就任の意向を伝えたことで支部長後任問題は解決を見たのである（『大朝島根版』一九三一年七月一二日）。なお、若槻は木村を介して『松陽新報』にコメントを寄せており、「後任支部長の人選については支部自体が自治的に決定すべきである」とした上で、「自分は選挙区を持たず、郷土というものの党情に甚だくらい、然るに一方島根県支部として五人の顧問代議士を出しており内四名は何れも党にありて然も幹部級の人物である、斯く有力代議士を選出して置きながら何故支部は五人に相談せぬ、此五氏は選挙区も持ち党情にも明るい、従つて支部自体が決しかねたなら此五氏に相談して適当な候補者を指名する事を依頼せぬのは遺憾極る事だ、しかし今日の場合形式論にはしる事は徒らに時日を遅延せしめる事と思ふ」ため、島根県選出の現職議員を参集させて彼らの協議の上で決定する運びになったと説明した（『松陽』一九三一年七月九日夕刊）。

ここからは、若槻が地方問題であるとして支部長問題に介入することを躊躇した姿勢がうかがえる。事実、若槻は一度支部長後任問題の解決を支部から持ちかけられた時に、「地方問題は地元で解決されたし」と支部側に伝えて自らが解決に乗り出すことを拒否している（『大朝島根版』一九三一年六月一九日）。若槻が自らの手で支部長後任問題の解決を行おうとしなかった理由としては、前回の憲政会島根支部長の選定過程で高橋を半ば強引に指名したことで、高橋の不評を買ったことが脳裏にあったためと思われる。若槻の地方組織への政治的姿勢が垣間見られる事例として興味深い。

この問題を経て民政党支部は、後に支部長の俵を迎えて臨時総会を開催しており、支部長副支部長制から総務五名と政務調査会長を置く体制に変更されている。総務メンバーは岡本（旧憲政会、石見）、恒松於菟二（つねまつおとじ）（一八九〇～一九七〇）（中立、石見）[17]、天野（旧政友本党、出雲）、昌子亮一（しょうじりょういち）（旧憲政会、出雲）、森山茂太郎（もりやましげたろう）（旧憲政会、出雲）となっている[18]。地域的には石見の俵を含めると三対三の同数となっている。一方で、党派は俵を含めると旧憲政会が四名と多数を占めている。当時の支部運営は旧憲政会系が優位な状況を形成しており、こうした状態への不満が後年の今市農学校をめぐる旧憲政会系と旧政友本党系の対立につながったとも考えられるが、支部運営に関する一次史料が存在しないため推察にとどめおきたい。

このように、支部長後任問題は支部が独力で後任支部長を選出できず、若槻ら中央で活動する政治家の威光によって解決しなければならない状況にあったことを示しており、支部内にはデリケートな対立関係が存在していたことが分かる。一方で、支部はこうした対立に対して無為無策ではなかった。若槻を意思決定過程に組み込むことで、対立の表面化を回避したのである。このことは、従来の動揺し続ける支部というイメージとは異なる、自らの組織を維持するために積極的に行動した支部の実像を見出すことができる。

### 政党内閣期以後の支部組織

「創立から解党まで」が「内訌遂に修羅場」として取り上げているのが今市農学校問題である。詳細はすでに第1章で論じているので省略するが、この問題は旧憲政会系と旧政友本党系の対立に起因するもので、それに地方の政治的問題が巻き込まれたものであった。

その後の支部の展開は一九三六年の総選挙における候補者擁立に関する両派の対立や、一九三七年に天野が支部長に就任したことによる旧政友本党系の伸長と県議会議長就任をめぐる対立、天野辞任と石橋正彦(いしばしまさひこ)県議の支部長就任に至ったことが書かれている。ちなみに天野の支部長就任については、選出議員による推挙を受けて、天野が東京の衆議院の民政党控室を訪問して支部長就任を受諾する旨を伝えている（『大朝島根版』一九三七年二月一九日）。県議が支部長になることは地方に軸足を置いた支部のあり方を模索する措置であったと言えよう。一方で、支部はこの時も代議士による推薦によって支部長を決定している。支部は対立を回避するために中央の政治家に意思決定を委ねる状況が常態化していたのである。

## 4　男子普通選挙下における政党組織と後援会
## ——第一六回衆院選（一九二八年）から第一八回衆院選（一九三二年）を中心に

### 第一六回衆院選における民政党の陣容（第一区）

第一六回衆院選は一九二八年（昭和三）に執行された初の男子普通選挙である。選挙結果は表2－1の通りであり、第一区の出雲部では民政党が全勝する結果となった。なお、この総選挙では郷土人雑誌『島根評論』が各候補の立候補挨拶を掲載しているほか[19]、若槻を支援してきた旧家に選挙史料の一部が現存しているだけでなく、一九二

表2－1　第16回衆議院議員選挙結果（1928年2月20日執行）

| 第一区 | 党派 | 当落 | 松江市 | 八束郡 | 能義郡 | 仁多郡 | 大原郡 | 簸川郡 | 隠岐島 | 合計 |
|---|---|---|---|---|---|---|---|---|---|---|
| 木村小左衛門 | 民政党 | 当選 | 3,296 | 4,418 | 2,054 | 1,130 | 5,218 | 9,701 | 355 | 26,172 |
| 櫻内幸雄 | 民政党 | 当選 | 1,712 | 8,097 | 4,852 | 1,565 | 376 | 2,363 | 1,572 | 20,537 |
| 原夫次郎 | 民政党 | 当選 | 1,273 | 1,104 | 268 | 914 | 509 | 10,791 | 262 | 15,121 |
| 古川清 | 政友会 | 落選 | 555 | 2027 | 688 | 1148 | 570 | 2891 | 3815 | 11,694 |
| 福田狂二 | 労農党 | 落選 | 213 | 874 | 908 | 115 | 139 | 1,840 | 54 | 4,143 |

| 第二区 | 党派 | 当落 | 飯石郡 | 安濃郡 | 迩摩郡 | 邑智郡 | 那賀郡 | 美濃郡 | 鹿足郡 | 合計 |
|---|---|---|---|---|---|---|---|---|---|---|
| 俵孫一 | 民政党 | 当選 | 1,898 | 1,423 | 1,991 | 3,796 | 7,736 | 3,299 | 2,546 | 22,689 |
| 島田俊雄 | 政友会 | 当選 | 1,236 | 843 | 1,335 | 2,546 | 6,790 | 3,684 | 3,155 | 19,589 |
| 沖島鎌三 | 政友会 | 当選 | 1,156 | 2,232 | 2,168 | 3,381 | 1,172 | 745 | 172 | 11,026 |
| 山崎定道 | 民政党 | 落選 | 701 | 190 | 797 | 1,499 | 3,029 | 132 | 80 | 6,428 |
| 横山正造 | 民政系中立 | 落選 | 24 | 75 | 97 | 47 | 151 | 2,640 | 485 | 3,519 |
| 升田憲元 | 中立 | 落選 | 1,943 | 273 | 166 | 876 | 55 | 30 | 50 | 3,393 |

有権者数：17万2688人／投票者数14万5333人／投票率84.16％
出所：衆議院事務局編『第十六回衆議院議員総選挙一覧』より作成。

九年に浜口雄幸内閣が作成した「地方政情調」が選挙分析を行っているので、適宜引用していきたい。

民政党候補は若槻の後援会である克堂会や立憲青年党が支援した[20]。克堂会は一九二〇年に組織された若槻の後援会である（第1章）。青年党は一九二三年に結成された組織で、憲政会の「補助」的組織であった（同上）。この克堂会や青年党の全面的な支援を受けたのが、旧憲政会所属で島根県第一区から立候補した木村小左衛門である[21]。木村は大原郡（現在の雲南市）の名望家の生まれで、絲原と提携して鉄道敷設や自動車会社の設立と運営に携わり、郡会議員を経て一九二四年に憲政会から出馬して初当選を果たしていた。木村は立候補挨拶の中で自らの経歴を「故岡崎運兵衛翁の知遇を受けてその驥尾に付し、政治運動に従事」したと説明して、一九二四年の選挙で「皆様の絶大なる御同情お力に依り、初めて中央政界に出づる機会を与へられたことは、実に光栄と感謝に堪えぬ次第であります。爾来若槻克堂先生の御教導によりまして、内務大臣秘書官及び総理大臣秘書官を歴任して、国家枢要の政務に参与し、大正天皇御崩御の際は大喪使事務官に任ぜらるるの

図2-3　木村小左衛門
出所：『衆議院要覧昭和三年乙』1928年、より。

光栄を担ひ、絶えず先生の側近に侍して、直接の御薫陶と御指導とを蒙りました」と、若槻と自らの関係を強調した。そして今回の選挙を「幾多の犠牲と努力を払って実現せしめたものは、当時内務大臣若槻閣下であります」と若槻の事績を称賛して自らへの支持を訴えた。若槻にとっても、木村の当選はぜひとも果たされるべき政治的目標であった。若槻は木村の推薦状を島根県下の有権者に発するなど、木村の選挙に深く関与している[22]。

また、出雲地域の有権者宛に発したと思われる「宣言」には若槻と木村のツーショットが印刷されている。「宣言」では田中内閣の対中外交を「軽挙妄動」であると批判し、経済政策についても「一時を糊塗」するものにすぎないと論難した。そして年来の主張である地租移譲の「公約を破棄」しており「公党の面目果して何れの処に在りや」と指摘し、また知事の更迭による府県会議員選挙における選挙干渉を「立憲の大義を蹂躙するの甚しき」ものと断じた。これらの批判を連ねた上で田中内閣を「私情ありて大義なく、党利ありて国家なし、政党政治の本領を没却せる真に極まれりと謂ふべし」と評して田中内閣打倒を訴えていた。一方で、この史料では政策についてほとんど書かれておらず、民政党が掲げた七大政策を列挙するにとどまっていた[23]。

選挙事務所の事務局長は元憲政会所属で現民政党県議の森山茂太郎が務めたほか（『松陽』一九二八年二月八日夕刊）、民政党県議（元憲政会）で大原郡の大地主であった藤原竹次郎（ふじわらたけじろう）や、克堂会幹事の瀧川辰郎（たきがわたつろう）（後述）が応援演説を行っているように、旧憲政会の県議が木村を応援した（『松陽』一九二八年二月九日）。

櫻内幸雄は、能義郡（現在の安来市）の生まれで、行商で事業に失敗した家計を幼少より支え、記者などで生計を立てた後、島根県の実業界でも活躍した人物であった。後援会である蒼天会でもその苦労人としての経歴が強調されていたのは先述の通りである。一九二〇年の総選挙で政友会から立候補して初当選し、政友本党を経て民政党に入党した。櫻内の陣営では元政友会衆議院議員の小川や、元政友本党所属の青山や天野らが選挙を取り仕切った

（『山陰』一九二八年二月二日、『松陽』一九二八年二月一〇日）。このほか櫻内の遊説部隊には立憲青年党のメンバーも加わっている（『山陰』一九二八年二月一日夕刊）。櫻内は立候補挨拶の中で、「只終始一貫国家本位に専念し、地方開発、農村振興に微力に致し、一面政界革正に奔走し得ました」と述べた上で、箇条書きで次のような主義主張を掲げた。「党略本位を排し、国民本位に終始し、至誠国事に当り、専ら国利民福の増進を図る」、「産業の開発に努め、就中農村問題の根本的改善を為し、農村生活の安定と向上に全力を致す」、「教育施設に適切なる改善の途を講じ、画一主義を改め教育の実際化を期す」、「外交は東洋平和を確保するは勿論、世界的に正義に立脚して共存共栄を期す」、「労働及社会問題は社会政策の施設と労使関係の合理化に拠て其解決に努力す」、「中央及財政を整理し、負担の軽減を計り、民力の涵養を為し、党略的財政の膨張を防ぐと共に国運発展上真に必要なるものに全力を尽す」、「義務教育中教員俸給全額を国庫負担とし、市町村の負担軽減を図る」、「治水、港湾、鉄道等の規定計画速成を図り、同時に産業道路の普及を期す」。

当該期の民政党は地方政策として義務教育費国庫負担を掲げ（粟屋 二〇〇七：二一六）、七大政策と呼ばれる社会政策を中心とする労働者や農民を意識した政策を整備していた（井上 二〇一二：四七～四八）。櫻内の挨拶はこうした民政党の政策体系を広く訴える狙いがあったと言えよう。一方で、櫻内の主張の中には利益誘導というべき地域のインフラ整備が明記されているが、党略的財政の膨張を防ぐというような民政党の緊縮財政に則った主張もあり、一見すると矛盾するようにも思われる。しかし、櫻内自身は政友会の積極政策を主張してきた経験があり、他地域に比べて後進性が課題であった島根県の有権者に対してインフラ整備は外せない項目だったと思われる。櫻内としてはどちらも重要政策であり、これらの両立は民政党にとっても難題となっていくのである。

原夫次郎は簸川郡（現在の出雲市）の生まれで、和仏法律学校（現在の法政大学）で梅謙次郎やボアソナードから法学を学び、裁判所判事や検事を歴任した後、司法省の派遣でパリ大学に入学して法学博士号を取得し、一九二〇年の総選挙で政友会から立候補して衆議院議員に初当選し、その後政友本党を経て民政党に入党していた。原の選挙は保科彰という人物が取り仕切っていた（『松陽』一九二八年二月一四日）。原の応援演説には立憲青年党のメン

図2－4　原夫次郎
出所：『衆議院要覧昭和三年乙』1928年、より。

バーや弁護士などが加わり、簸川郡今市町（現在の出雲市）の有力者が推薦状を発している（『山陰』一九二八年二月一六日）。原の特徴は積極的な地域振興策（利益誘導）を打ち出していた点である。立候補宣言の中では「幸に我郷土の発展上其目的を達したる者あるも、僅々松江高等学校の新設、大社駅の改築、宇美、園、矢尾、鵜鷺三神社の昇格、隠岐、境港間定期航路汽船国庫補助増額等に過ぎず」、今後も「我郷土の発展に資すべき幾多新事業の企画に就きては、宿昔の考案を抱懐して」、「其経綸の完成に力む」とした。原は具体的な地域振興策を列挙することで、選挙民の歓心を買おうとしていた。事実、原は帝国議会でもたびたび山陰帝国大学の設置や、浜田漁港の修築などの建議案を提出している（『大朝山陰版』一九二七年二月一七日、『官報』一九二七年三月一日号外）[24]。櫻内と同じく立候補以来積極政策を掲げてきた政友会に所属していた原にとっては、今回の選挙でも今までの経験を活かした積極政策こそ、自らの選ぶべき政策だったのである。議会での活動と成果を有権者に訴えることは、他の候補との差別化を図る有効な手段だったのであろう。

### 第一六回衆院選における政友会の陣容（第一区）

第一区で政友会から立候補したのは前職の古川清であった。古川の挨拶は田中内閣が「若槻内閣の末路に起つた財界破綻の整理と、多年に亘る消極政策の結果、逼迫し切つた経済界の復興に力を尽し」たことで「財界は整理され、海外信用は高まり、貿易状態は著しく改善されて輸出入も遠からず権衡を保たんとし、金利引下げ休銀救済等と相俟つて、不景気も徐々に修復し、経済界は漸次好況に向つて来たのであります」と述べ、現政権の成果を強調した。くわえて「政府が、我党多年の主張たる産業立国案に基き、積極的視察の計画を樹てて今年度の予算面に其経費を計上したのは、吾人の本懐とする処であります。政府が、国民精神の作興、教育の革新、社会政策の遂行に意を注ぐは言ふ迄もなく、産業の発達に重きを置き、人口食糧問題解決の為めには、各種調査機関の外に拓務省を新設せんとし、農漁村の振興、商工業の奨励、交通運輸通信機関の整備等を始め、其の施設せんとするところは諸般に亘り、地租委譲に依つて地方に独立の財源を与へ、地方の疲弊を救済しその開発を図り、地方自治体の円満なる発達を促進せんとし、中央集権の弊を矯めて地方分権の確立に努め、自作農の創定維持に就ても目下慎重に審議している」というように、積極政策の意義と地方政策の意義を強調したほか、「政府の対支政策は、日支両国の国交に一転向示す可く、着々奏功しつつあるのであります」と外交政策における成果を訴えるものであった。ちなみに、政策項目の中では拓務省の新設が田中内閣下で実現している（十河 二〇二四）。

しかし、古川の地盤は小選挙区時代に培った隠岐島を中心とするもので、第一区全域には及んでいなかった。「地方政情調」は「古川は従来独立選挙区たりし隠岐島より選出せられ居たるに衆議院議員選挙法改正の結果選挙区域拡大せられたる為新に出雲国全般に亘り地盤を創造せざるべからざるの苦境に陥」ったとした上で、「以て隠岐島を唯一の根拠地とし加ふるに多年金鵄勲章年金増額運動に尽瘁せし故を以て専ら在郷軍人系を頼」ったものの、「結果は全区内の有効投票中民政派の得票（候補者三人）約八割なりしに対し僅々一割五分の票を獲得せしのみにして惨敗するに至れり」（伊香俊哉・倉敷伸子編『昭和初期政党政治関係資料　第四巻』二六一～二六二頁）としている。

### 第一区の選挙結果

選挙結果を示している表2－1を確認すると、「地方政情調」の通り、古川は隠岐島以外での得票が伸び悩んでいる。これに対し木村は松江市と大原郡から、櫻内は能義郡と八束郡から、原は簸川郡から主に集票している。候補者間における地盤割りが機能していたのである。このように第一区では、支部を構成する県議や地域の有力者によって選挙運動が担われていた。その中で木村は若槻との関係を、櫻内は農村振興や社会政策を、原は地方利益誘導をそれぞれアピールする戦略を取り、幅広い有権者の支持を獲得していたと考えられる。

古川が落選した背景には、小選挙区から中選挙区に移行したことにより、隠岐島の選挙区が消滅したことと、島根県選出の議員が七名から六名に減ったことが考えられる。先ほど憲政会・民政党の支部役員人事で、出雲と石見の地域間での調整があったことを指摘したが、隠岐はこうした意思決定過程から除外されていた。県会議員の枠も一名であり、島根県の中で隠岐という地理的にも離れ、有権者数も少ない地域の利害は必然的に反映されにくくなる状況となっていた。少数派の主張や利害が反映されにくくなる状況は政党政治、民主主義の現代にまで至る課題であるが、古川と隠岐の事例からは、どのように地域という全体の中の少数の中のさらなる少数の意見を取りこぼさずに反映すべきかという問題を考える好材料とも言える。

なお、第一区では日本労農党候補として福田狂二（ふくだきょうじ）（一八八七〜一九七一）がいた。しかし、得票数では他候補に遠く及ばず落選している。「地方政情調」は「県下に於ける無産政党の活躍としては全くの初陣にして且未だ極めて幼稚の域を脱せざる実情より見て是亦一般に当然の帰結なりと認め居れり」としている（『昭和初期政党政治関係資料第四巻』二六三頁）。戦前の島根県では、無産政党系の勢力が衆議院の議席を獲得することはなかった。一九二九年に行われた「地方議会議員党派別一覧表」を見ると、無産政党の町村会議員は「党派と行動を共にするもの」を含めて三〇名である。ちなみに、民政党は二〇四〇名、政友会は八〇一名とある（『昭和初期政党政治関係資料　第二巻』）。島根県での無産政党勢力は伸び悩んでいたのが実情だった。なぜ無産政党が脆弱な勢力にとどまったのかについては、今後さらなる考察が必要だろう。

このように第一区では、民政党候補者が中選挙区制という選挙区の性格上、支部の後援だけでなく、独自の政策や人脈を頼った活動が展開していた。

### 第一六回衆院選における民政党の陣容（第二区）

第二区では第一区とやや様相が異なっていた。民政党からは俵が、政友会からは島田がそれぞれ出馬しており、いずれも当選確実と目される有力候補であった[25]。よって、全三議席のうち残る一議席が重要なポイントとなった。

俵は那賀郡（現在の浜田市）出身で、東京帝国大学卒業後、内務省に勤務して東京府や朝鮮総督府、北海道庁長官などを務めた後、一九二四年の総選挙に憲政会から立候補して初当選し、浜口内閣で商工大臣を務めた。政党内

図2-5　民政党系無所属として出馬した横山正造の選挙ビラ
安来節による応援文が書かれていることから、多くの有権者に親しみやすく自らを浸透させようとする工夫が見られる。男子普通選挙時にはこうしたビラや推薦文等が大量に配布された。
出所：津和野町教育委員会所蔵『堀家文書24256』。

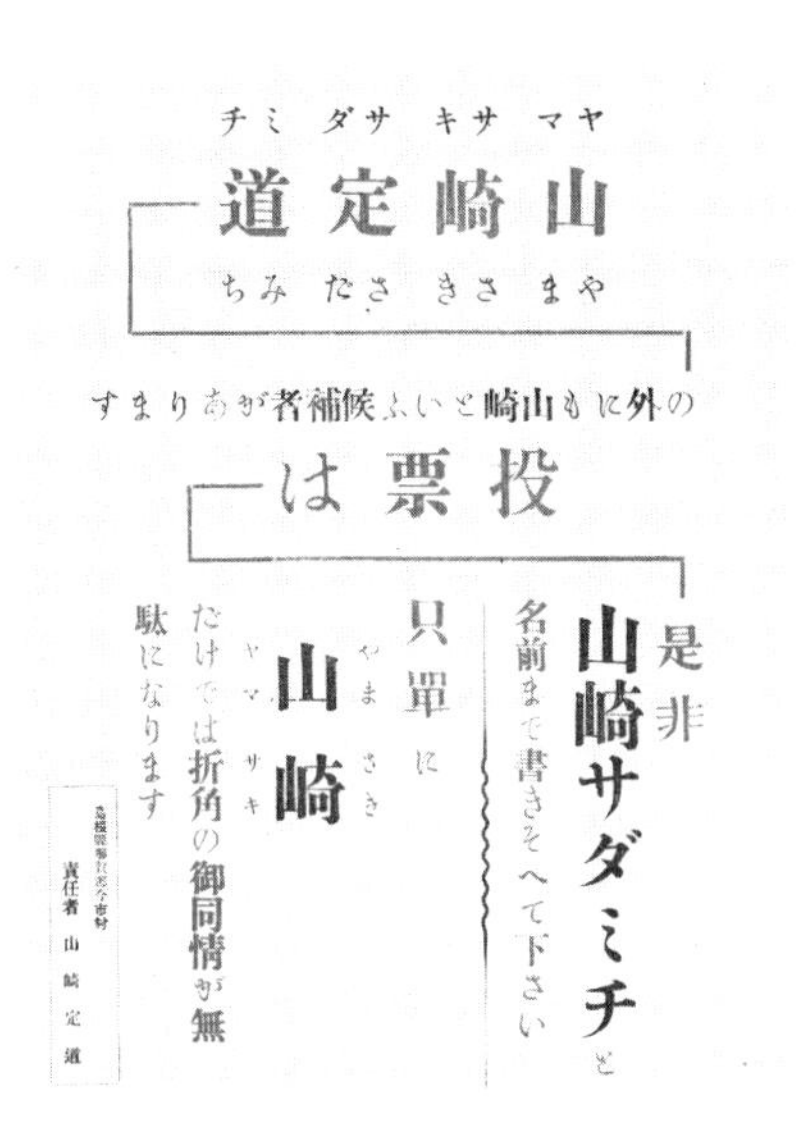


図2-6　民政党候補として出馬した山崎定道の選挙ビラ
投票用紙への名前の書き方を指南している。初めて投票する有権者への配慮がうかがえる。
出所：津和野町教育委員会所蔵『堀家文書24264』。
注：個人情報に関わる個所を一部加工しています。

閣制崩壊後には民政党内の反主流派として新党運動や反英運動に身を投じていった（井上二〇一三）。政党内閣期の俵は政党の更生は政党によってなされるべきとの立場であり（第1章）、立候補宣言でも田中内閣に対して、「地方官の大更迭、植民地官吏選任等、言語道断の暴状を恣にし」ており、「私情党略を営み党利私欲を貪り、而も国家民衆の休戚を顧みざる実に政党政治の極端なる反逆者」であると痛烈に批判している。俵の選挙事務長は朝鮮総督府の第一部長であった渋谷元良が務めるなど、人脈を生かしていた（『松陽』一九二八年二月三日夕刊）。選挙の応援は民政党の県議が行っており（『松陽』一九二八年二月九日）、後援会も積極的に活動していたものと考えられる。結果的に俵は第二区で一位当選を果たすこととなる。

同じく二区から民政党で出馬したのは山崎定道（やまざきさだみち）（一八七六～一九五五）であった。山崎は那賀郡（現在の浜田市）の庄屋の出身で、後に県会議長を務めた人物であった。山崎について注目すべきは、島根県における立憲青年党の発起人だったことである。克堂会の初代会長だった渡部寛一郎と面識があるなど、出雲の憲政会勢力ともつながりがあった（第1章）。立候補宣言の中でも「私は島根立憲青年党に於て年来主張し来ました政治、経済、教育、産業等の民衆化は飽まで之を高唱」すると述べており、青年党の活動を自らの政治的基盤としていた。

### 第二区の選挙結果

選挙結果は、政友会系中立（後に政友会に所属）の沖島鎌三（おきしまけんぞう）（一八八五～一九七五）が当選した。沖島は那賀郡（現在の江津市）生まれで、樺太で会社経営を営んでいた人物であった。立候補挨拶の中では対中外交における「旗幟不明」の中国が動乱状態にあることやアメリカ海軍の軍拡を指摘し、人口食糧問題の解決を主張した。続けて農村振興問題や、地租委譲の効果とその代替となる財源の必要性を論じた上で、あわせて「北海道、樺太の開拓を促進」することを訴えるなど、自身の経歴から培われた経験を政策に盛り込んでいた。

山崎の敗因としては、民政党県議であった横山正造が「民政派」として立候補したことや、中立派の升田憲元（ますだのりもと）（一八七七～一九四九）が立候補したことで、非政友会の票が分散されたことなどが考えられる。重要なのは山崎の地盤とする地域が俵のそれと重複していたことにある。前述の「地方政情調」は「俵孫一と山崎定道は共に其の根拠地域を同じくせるに山崎の人格及勢力が余りに俵と権衡を失し居たると且初陣にして安定せる地盤なかりしのみならず運動資金乏しき等の事情より遂に敗戦したる」と分析している（『昭和初期政党政治関係資料　第四巻』二六五頁）。

このように第二区の場合は、石見東部の三郡（那賀郡、美濃郡、鹿足郡）を地盤とする俵と両立できる候補者であることが、二名を当選させるために必要な条件であった。次の選挙では、第二区が支部の立候補調整の焦点となってくる。

なお、当時の立候補挨拶は各候補がそれぞれの関心に基づいた政策を網羅的に列挙するにとどまっていた。木村の「宣言」にしてもほとんどが田中内閣への批判を列挙しているものであり、七大政策は列挙するにとどまっている。木村がこれらの政策をどのように理解し、どう有権者に訴えるかについては「宣言」からは見えてこない。党中央が決定した政策が立候補挨拶（宣言）に盛り込まれるようになるのは一九三六年の総選挙からである（第3章）。当該期の政党は政策の整備や浸透は不十分であり、有権者に体系的な政策を訴えられる状況になく、その点では「近代政党」への転換の初期段階にあったと言えるであろう。

### 戦前における選挙運動――男子普通選挙の中で

一九二八年の総選挙は初の男子普通選挙であり、小選挙区制から中選挙区制へと移行し、戸別訪問が禁止されるなど従来の選挙とは大きく異なる環境の中で迎えていた。もちろん、買収や選挙違反もあったが、表に出る選挙運動の中心は遊説による言論戦であった。選挙期間中は各地方紙に各陣営の遊説日程が載っており、有権者はこれらの記事から各陣営の演説を聞きに行けた。『松陽新報』は「普選戦陣屋めぐり」という連載記事を掲載している。ここからは限られた範囲であるが戦前の選挙運動の状況が垣間見られる。記事によると、木村陣営は本部を松江に置き、仁多郡、大東郡、簸川郡に事務所を設置して事務員を派遣しており、能義郡、八束郡、隠岐島についても補欠選挙に出馬していた角米一ら関係者による選挙運動を展開していた。主には遊説が中心だったが、文書戦も激しく各事務所に「ビラ、ポスターが数万枚」箱入りで送り込まれていた（『松陽』一九二八年二月九日）。

ポスターが山積みとなっているのは櫻内陣営も同様であった。櫻内の事務所に入っていた青山善一郎は厳しい官憲の取り締まりに不満を漏らすなど、新しい選挙規制に戸惑う陣営の様子が分かる（『松陽』一九二八年二月一〇日）。

俵は自らの実家である俵製紙の女性従業員を文書発送業務に就かせていたほか、事務所内に電話を設置しており、情報収集に余念がなかった様子がうかがえる（『松陽』一九二八年二月一二日）。電話については山崎陣営の事務所にも設置されており、この時期からすでに電話を用いた選挙運動が普及していたことがうかがえる（『松陽』一九二八年二月一七日）。

このように、男子普通選挙を迎えて各候補は幅広い有権者に自らの支持を訴える方策を展開していた。一九三〇年の総選挙では木村夫人の浪江の「出演」を熱望する声が相次ぎ、夫人自らが「壇上」に上るだろうと報じられているほか、原の応援弁士には婦人参政同盟の浅見久真子らが加わったことも報じられている（『松陽』一九三〇年二月一二日）。先行研究では一九二八年の総選挙以降、候補者夫人の「選挙運動は演説会・文書戦と、選挙運動とは見なされない内向きの作業に限定されてい」ったと指摘されているが（手塚 二〇二三：一四）、島根県の場合はむしろ女性の存在感は高まっていったと思われる。言論・文書を中心とし、より多くの有権者の支持を集めるための方策を講ずる姿からは、「近代政党」としての質的転換の一端を見出せる。

### 第一七回衆院選における民政党の陣容（第一区）

一九二九年に民政党を与党とする浜口雄幸内閣が成立し、翌年に衆議院を解散して総選挙に踏み切った。民政党は絶対多数を確保するために第一区では木村、櫻内、原の三名を擁立して全員当選を目指すこととなる。そのような情勢のなか、前回選挙では木村を支援していた瀧川辰郎が、突如第一区から立候補すると表明した（『大朝山陰版』一九三〇年一月二八日）。瀧川は一八九二年松江市生まれで、克堂会幹事や国際連盟常任理事などを務めていた（妹尾正義編『島根県人物誌』）。立候補理由を新聞で聞かれた時に「解散とともにただ『立って見よう！』と決心した」と述べた上で、支部長の佐藤や俵からの立候補辞退勧告があったものの、「意義ある引き込み方」を両者とも示さなかったとし、自分は「第二の岡崎運兵衛」になりたいと語っている（『大朝山陰版』一九三〇年二月五日）。瀧川の家族も報道で立候補を知ったような状況であり（『大朝山陰版』一九三〇年一月二八日）、ほとんど思い付きの行動であった。このように全く選挙準備のないまま立候補した瀧川は泡沫候補の域を出ないことは明らかであり、瀧川は大差で落選している（表2－2）[26]。

民政党は選挙期間中に瀧川を除名処分した（『山陰』一九三〇年二月一七日）。こうした民政党の強硬的な手段の背景には、前回選挙における候補者乱立の反省から、党支部の統制を乱す行動へのより強い処分が求める意見が党支部内で強まっていたものと思われる。

なお、この選挙では主に民政党側の候補者乱立が予想される中で、内務大臣の安達謙蔵（あだちけんぞう）（一八六四〜一九四八）が候補者乱立を抑えたと言われてきた（川人 一九九二：二七〇〜二七一）。しかし、島根県内の選挙報道を確認する限り、安達が島根県内の候補者調整に動いたとされる史料は、後述する『島根評論』の選挙記事のみであった。当然ながら、安達がすべての選挙区において影響力を発揮していたわけではないであろうし、少なくとも、安達やその周辺が自分たちの影響力を過大に評価したと思われるような回想や、当時の過熱する選挙報道などを参照し、それらを史料批判せずに引用したことで、実態以上の評価がなされてきたのではないだろうか[27]。もっとも、安達の評価は本章の目的とするところではない。いずれにせよ、「選挙の神様」と呼ばれてきた安達だが、その実像は地域的事例を積み重ねて再検討すべきであることをここでは提起するにとどめたい。

民政党はこの選挙に際して候補者乱立対策として、「非公認候補者に対し立候補辞退勧告」、「右勧告に服せざる候補者の除名処分」、「非公認候補者は党と何等の関係なきものである旨を選挙人に宣伝する」という手段を取ることを支部に伝えている（『松陽』一九三〇年二月三日）。このように多くの選挙区では、党本部の支持を受けた党支部が統制や候補者調整を行うのが前提だったのである。前回選挙では民政党系中立として立候補した横山が除名処分されていないことを鑑みても、支部の統制力が強まる転機となる選挙だったと言えよう。

### 第一七回衆院選における民政党の陣容（第二区）

次に第二区における民政党の候補者選定過程を明らかにしたい。第二区では、前述の通り俵との地盤割りが可能な候補者であることが必要であった。俵を中心に支部長である佐藤喜八郎を擁立させようとの動きが出るが、佐藤が家族の同意が得られないと難色を示しており、候補者選定は難航していた（『大朝山陰版』一九三〇年一月二九日）。候補者は前回選挙で中立の立場で立候補していた升田憲元を推す声もあったが、最終的には那賀郡、安濃郡、迩摩郡、邑智郡の関係者が集まり、佐藤の意思に関係なく第二区で立候補させることが決まった（『山陰』一九三〇年二月二日）。この時の民政党側の事情で注目すべきはこの会合は邑智郡川本町で開催され、出席者も第二区の関係者のみであり、第一区の関係者は関与していない点である。松江に党支部の事務所があったが、候補者選定は選挙区ごとでなされる了解があったものと考えられる。

なお、『島根評論』に掲載された「総選挙挿話」という選挙記事に、佐藤擁立をめぐる次のような話が登場している。

> 佐藤家は代々「喜八郎」と名乗ってきたが、先々代は愛山と号し、前田正名氏を崇拝して農業界に尽した人、先代も半農半仙翁と号してひたすら家道の隆盛を図ったが、大の若槻崇拝党で克堂会の牛耳をとり、一面旧憲政会のためにもずいぶんつくしたものである。しかし、家憲として、子々孫々にいたるまで政界の表面に立つことを厳禁した。
>
> 二月の上旬のことであった。佐藤氏は、内相官邸で、安達、俵二閣僚と鼎座して対選挙策を謀議していた。そのとき安達氏は「第二区で候補者が出来んやうでは困る。それなら君が一つ乗り出したらいいぢやないか」と押し強く詰め寄った。
>
> 海千山千の老練な選挙の神様の前では、若い佐藤氏は島根探題の責任上グーの音も出ず、ハトのやうに従順に立候補を受諾してしまった。しかし厳然たる家憲をいかにせんやである。案の条老母の猛烈な反対で、またまた一頓挫をきたした。俵商相が帰郷して佐藤氏邸へ押しかけ、母堂に因果も含めて承諾させやうとしたら卒倒したといふやうな悲喜劇まで演じた。進退谷（きわま）つた氏は、とうとう京都へ避難して身を戦陣から遠ざけてしまつた。だが党支部の熱烈な推薦運動の情誼にほだされて、さすがの母堂も初志を翻へした。我が党内閣の下で、第二区の民政党候補の化粧立ちに手間どったのは、こんな事情が伏在したからであった（平田枯川「総選挙挿話（上）」『島根評論』第七巻第四号、一九三〇年四月）。

選挙後に書かれたものであり、どこまで事実を反映しているかは不明であるが、佐藤は安達に立候補を薦められ、いったんは受諾したものの、母親の反対で辞退した。しかし、その後に支部の強い後押しを受けて立候補したとい

表2－2　第17回衆議院議員選挙結果（1930年2月20日執行）

| 第一区 | 党派 | 当落 | 松江市 | 八束郡 | 能義郡 | 仁多郡 | 大原郡 | 簸川郡 | 隠岐島 | 合計 |
|---|---|---|---|---|---|---|---|---|---|---|
| 木村小左衛門 | 民政党 | 当選 | 2,610 | 3,513 | 2,052 | 1,551 | 5,813 | 8,953 | 319 | 24,811 |
| 原夫次郎 | 民政党 | 当選 | 1,798 | 2,631 | 607 | 1,076 | 668 | 14,422 | 541 | 21,743 |
| 櫻内幸雄 | 民政党 | 当選 | 1,596 | 7,595 | 5,052 | 1,778 | 159 | 2,033 | 997 | 19,210 |
| 古川清 | 政友会 | 落選 | 711 | 2,102 | 504 | 591 | 322 | 1,776 | 4,300 | 10,307 |
| 福田狂二 | 日本労農党 | 落選 | 151 | 536 | 653 | 69 | 151 | 1,112 | 38 | 2,710 |
| 瀧川辰郎 | 民政系中立 | 落選 | 572 | 443 | 33 | 19 | 57 | 196 | 6 | 1,326 |

| 第二区 | 党派 | 当落 | 飯石郡 | 安濃郡 | 迩摩郡 | 邑智郡 | 美濃郡 | 那賀郡 | 鹿足郡 | 合計 |
|---|---|---|---|---|---|---|---|---|---|---|
| 佐藤喜八郎 | 民政党 | 当選 | 4,993 | 3,010 | 4,465 | 7,355 | 216 | 216 | 111 | 20,901 |
| 俵孫一 | 民政党 | 当選 | 45 | 39 | 75 | 138 | 5,109 | 10,608 | 3,353 | 19,368 |
| 島田俊雄 | 政友会 | 当選 | 111 | 278 | 678 | 1,765 | 5,106 | 7,022 | 3,136 | 18,096 |
| 沖島鎌三 | 政友会 | 落選 | 2,247 | 1,900 | 1,391 | 3,115 | 357 | 777 | 90 | 9,877 |

有権者数：17万2912人／投票者数：14万9257人／投票率：86.68％
出所：衆議院事務局編『第十七回衆議院議員総選挙一覧』より作成。

う。事の経緯は当時の新聞報道とも合致している。島根県の場合は、決定的な影響力を持ったのは安達ではなく支部組織であった事実を確認したい。

佐藤は松江市出身で、石見を中心とする第二区ではいわゆる落下傘候補だった。選挙戦では邑智郡に事務所を構え、邑智郡では元衆議院議員である平田民之助（一八六八～一九三八）を中心に[28]、安濃郡では恒松が選挙を取り仕切っていた（『松陽』一九三〇年二月一九日）。選挙の結果、佐藤は最高得票で当選を果たしている（表2－2）。石見東部を中心に高い得票数を得ており、石見西部を中心とする俵と地盤協定が成立していたことがうかがえる。また、佐藤に対して民政党組織の強力なてこ入れがあったことが報じられている（『大朝山陰版』一九三〇年二月二五日）。政党組織の存在感と統制力が強く発揮され、候補者の意思に関係なく立候補させるなど、強引な手法をとりつつも、民政党は六議席中五議席を占めるに至ったのである。

### 第一八回衆院選における政友会の分裂（第一区）

一九三二年に政友会を与党とする犬養毅内閣が衆議院を解散し、第一八回衆院選が執行された。この第一区で注目すべき点としては、政友会が分裂選挙となったことである。政友会では新人の高橋円三郎（一八九四～一九五六）が公認され、これに反発した元衆議院議員の古川が政友会系中立として非公認のまま立候補することになった。[29]古川は東京第一区での出馬も検討していたが、地元有志の説得を受けて島根第一区からの出馬を決意したと報じられ（『大朝島根版』一九三二年一月二六日）、両者の妥協に向けた交渉が支部レベルで行われたが（同一九三二年一月三〇日）、候補者統制に失敗したのである。古川が記者団に発表した声明が『松陽』に掲載されている。

私が前二回の政戦に於て敗北をなしたことに同情した中央の先輩や友人殊に政友最高幹部たる某々氏並に院外団等が共に挙って東京第一区から推そうと推薦したことがあるが、しかしわたしとしては島根県第一区の有志が上京して是非郷里より立候補せよと勧めて呉れたので去月二十二日遂に郷里から立候補することを声明し決意もした（中略）十二日松江宿舎に水津前県会議長も来合せ政友候補として今度の場合御考慮を願いひたいと陰に私に立候補断念を進める口吻であったがこれは断じてできない相談で現在では古川は古川個人の身体ではない後援会諸君の身体だ、今度こそは充分御同情に依り勝利を期すると信じて居る高橋公認候補に合流せねばならぬと云ふ理由はどこにもない（『松陽』一九三〇年二月一五日）

古川の声明によれば、東京への選挙区替えを党執行部や院外団から求められたものの、支援者の意向を受けて第一区での出馬を決意したとのことである。次に選挙結果を見てみよう。

この選挙は民政党が野党であり、犬養内閣の経済政策が政友会への強力な追い風となる中で、政友会が三〇一議席を獲得する圧勝となった。そのような中で第一区では、民政党候補が全勝する稀有な選挙区となった（表2-3）。選挙結果を見ると、古川と高橋の票とあわせれば当選圏内であった。候補者調整の失敗が政友会の議席獲得を妨げたのである。

なお、高橋推薦を決めた政友会であったが、選挙期間中に高橋の後援会が発会するなど（『山陰』一九三二年二月二日）、政友会が高橋擁立の準備を前もって進めてきた形跡は見られない。あえて古川に東京への選挙区移動を求めた理由は不明というほかない。ただ、政友会の中心人物と目されていたのは島田の後援会である硯堂会の会長の

表2－3　第18回衆議院議員総選挙結果（1932年2月20日執行）

| 第一区 | 党派 | 当落 | 松江市 | 八束郡 | 能義郡 | 仁多郡 | 大原郡 | 簸川郡 | 隠岐島 | 合計 |
|---|---|---|---|---|---|---|---|---|---|---|
| 櫻内幸雄 | 民政党 | 当選 | 2,164 | 8,443 | 5,200 | 2,106 | 201 | 4,165 | 995 | 23,274 |
| 木村小左衛門 | 民政党 | 当選 | 1,761 | 2,561 | 1,505 | 1,666 | 4,745 | 7,066 | 294 | 19,098 |
| 原夫次郎 | 民政党 | 当選 | 1,730 | 1,990 | 370 | 536 | 671 | 9,588 | 276 | 15,161 |
| 高橋円三郎 | 政友会 | 落選 | 1,235 | 1,798 | 1,294 | 569 | 788 | 5,291 | 358 | 11,333 |
| 古川清 | 政友系中立 | 落選 | 606 | 1,977 | 259 | 606 | 306 | 1,561 | 3,693 | 9,008 |

| 第二区 | 党派 | 当落 | 飯石郡 | 安濃郡 | 迩摩郡 | 邑智郡 | 美濃郡 | 那賀郡 | 鹿足郡 | 合計 |
|---|---|---|---|---|---|---|---|---|---|---|
| 島田俊雄 | 政友会 | 当選 | 41 | 110 | 132 | 319 | 6,276 | 9,096 | 3,754 | 19,726 |
| 沖島鎌三 | 政友会 | 当選 | 4,246 | 2,880 | 3,272 | 6,163 | 389 | 1,074 | 206 | 18,230 |
| 俵孫一 | 民政党 | 当選 | 6 | 304 | 660 | 160 | 3,741 | 8,689 | 2,422 | 15,982 |
| 鏑木忠正 | 民政党 | 落選 | 2,943 | 1,819 | 2,570 | 5,447 | 60 | 152 | 90 | 13,081 |

有権者数：17万585人／投票者数：14万5703人／投票率：85.41％
出所：衆議院事務局編『第十八回衆議院議員総選挙一覧』より作成。

野島忠孝と、古川の声明にも挙げられている鹿足郡の元県議水津直太郎（一八七三～一九六八）[30]であり、いずれも第二区（石見部）の人物だった（『大朝島根版』一九三二年一月二七日）。先述の通り野島が実質的に政友会の実務を掌握していたこともあり、彼らは第一区（出雲部）の政情を十分に把握できていなかった可能性が高い。古川とその支援者と十分な意思疎通が図れていなかったのではないだろうか。党勢の衰退と長年にわたる議員不在の状況が、今回の政友会の分裂選挙の原因だったと推測される。

### 第一八回衆院選における民政党候補の選定（第二区）

次に第二区における民政党の候補者選定を見ていきたい。前回当選者である佐藤はこの選挙では立候補しなかった。ここで、当時民政党総裁の若槻が自らの支援者の一人で漢学の師であった渡部寛一郎に送った書簡を紹介したい[31]。当該史料は一九三二年一月三一日付の書簡で、まさに選挙が行われようとしている時期に書かれたものであり、若槻が島根の政情をどう見ていたのかを知る上で貴重なものである。

若槻は「今回佐藤喜八郎氏が立候補せられざりしは、小生は佐藤家の為め、寧ろ之を可とするものに有之候」と佐藤の不出馬に賛成した上で、自分は前回の選挙の時は「倫敦会議出席中にて、何等相談に与かりたるもの」ではなかったが「若し小生に相談せられ候はば、必ず之を差止むる様、忠告致したるなるべく」と佐藤の出馬に反対の意向だったことを明かしている。そして「今回佐藤喜八郎氏立候補せられたりとして、当選の見込あるやに付、関係地方人の意向、伝承する所に依れば、佐藤氏は当選後、選挙区に対し、代議士として普通何人も注意する報告、挨拶等、殆んど之を為し居らざる為め、選挙民の佐藤氏に対す感情面白からず、当選する丈けの投票を得ること、殆んど六ケ敷かるべし」と、佐藤に再選の見込みがないと結論づけている。若槻は「関係地方人」から島根県の政情を詳細に聞き取って把握していたことがうかがえる。続けて若槻は「特に第二区に於ける佐藤氏の立場は輸入候補の姿に有之候に付、自然費用も多額を要すべく、今日の佐藤家として此上に負債を増加せらるることは、決して其幸福には無之」と佐藤が第二区（石見部）と地縁がないことから、選挙費用が多額になることも佐藤の不出馬賛成の理由として挙げている。「世間には小生共が資金を作りて、候補者を推立つるものと想像し、佐藤氏の為めに之を為さざるは、不人情の如く思惟する者」もあるだろうが、「各候補者に対し民政党より若干の補助を為すが為めに、党に浄財を集むることには、小生共も努力」するが、「各候補者の選挙に要する費用全部を調達することは、小生共の出来得る所に無之故に、佐藤氏にして出馬せんとせらるるならば、其出馬に要せらるる費用の大部分は、自ら調達」しなければならず、「是れは自ら佐藤家の負債を増すものとならざるを得」ないとした上で、今後の佐藤家の支援については「物質的のことは小生共には出来得ることに無之も、精神的には同情」する「以外には何とも致方無之次第」であり、「佐藤家とは浅からざる関係を有せられ候上に、小生の心中も能く御理解」してほしいと綴っている。

ここからは当時の選挙費用のほとんどを候補者が自前で用意しなければならなかった状況と、佐藤が前回の総選挙では党の集票力を総動員して当選を果たしたものの、その後の支持基盤形成は十全ではなく、佐藤の第二区での政治的立場は不安定なものにすぎなかったことが分かる。こうした背景もあって佐藤は出馬を見送ることになる。そして、若槻が書簡で指摘するように佐藤への対応は「不人情」であるとの批判を生んでいたのである。政友会系の地方紙である『山陰新聞』は佐藤が家族の反対を押し切って出馬した結果、多額の借金を背負ったことや、今回の選挙で党の支援を受けられず不出馬となったことなどを挙げて、若槻ら民政党勢力の不人情への反発につながっていると報じている（『山陰』一九三二年二月四日）。

結局、第二区では民政党候補者として鏑木忠正が立候補した。鏑木は邑智郡出羽村（現在の邑智郡邑南町出羽）出身で（『松陽』一九三二年二月八日、『大朝島根版』一九三二年二月三日）、商工官僚や学校顧問などを務めており、島根県との地縁はほぼない「輸入候補」といっていい存在であった。これに反発した前々回の候補者の山崎が党の方針に反して立候補の意思を示すなど混乱が続いた（『大朝島根版』一九三二年一月三〇日）。最終的に山崎は自らの意思で立候補を辞退したが（『大朝島根版』一九三二年二月五日、『松陽』一九三二年二月五日夕刊）、支部関係者からなんらかの働きかけがあったと考えるのが自然であろう。俵と地盤が重なる山崎の立候補は、野党として選挙を迎えることになった俵にとっても民政党支部にとっても避けたかったはずである。こうして政友会と違い、民政党は候補が分立する状況を回避できたのである。

選挙の結果、第二区では民政党から俵が、政友会からは島田と沖島が当選した（表2－3）。第二区では鹿足郡の民政党部会長らが民政党主導の緊縮財政に基づく学校整理方針に反対し、脱党して政友会に入党するなど緊縮財政への反発が強まっていた（『山陰』一九三二年二月五日）。また、選挙期間中には鏑木陣営への大規模な検挙が行われるなど、政友会内閣による選挙干渉と思われる事案も発生している（『山陰』一九三二年二月一八日）。こうした背景もあり、民政党は前回よりも得票数を減らしている。党の集票力を以てしても挽回は難しい状況だったと言えよう。

## 5　代議士中心型と政党組織中心型選挙区の形成

### 政党組織と後援会

以下、本章で明らかになった点をまとめたい。第一に、支部の部会は郡レベルで組織されたが、多くは代議士の集票ルートを担う県議が中心となっていた。戦前期では政党支部と後援会の区別は今ほど判然としていたわけではなく、組織的にも人員的にも重なり合いながら展開していた。

従来の先行研究は党組織と後援会を対立的・並列的に論じてきたが、少なくとも戦前期の島根県では両者に大きな違いが見られないことが判明した。

では、なぜ政党支部と後援会はそうした同一性を持ちながら、あえて別の組織として形成されたのだろうか。おそらく、男子普通選挙実施に伴い、政党ラベルと候補者ラベルの二枚看板を用意することでより多くの有権者の支持を集める狙いがあったものと思われる。また、本書で検討したのが新党として結党された民政党であった事情も加味する必要がある。総選挙に間に合わせるべく組織形成を図っていた民政党は、党組織と後援会を同時的に整備することで選挙に備えたのである。

第二に、政党支部が受動的な組織で活動も不活発であったとの見方は正確ではなく、中央での政変に際して、支部は組織を守るために脱党を思いとどまるよう櫻内に働きかけるなど、自主的な行動を示していたことである。

第三に、支部長や副支部長などの役員人事では憲政系や本党系などの党派的対立だけでなく、出雲と石見という地域間の利害をも調整する場だった点である。支部長後任については、総裁で首相であった若槻に意思決定を委任した。これは党支部が様々な利害関係を抱えていたことから、決定を若槻に委任することで対立の表面化を回避する狙いがあったものと思われる。支部は対立をはらんでいたものの離合集散を繰り返すことはなく、自らの組織を保つ一定の安定性を備えており、組織を存続させるための手段や方策を講じていたのである。現に、地域間対立や党派的対立を抱えていた民政党島根県支部は、一九四〇年の民政党解党まで分裂も解散もしていない。対立は事あるごとに表面化したが、分裂を避ける力も強く働いていたのである。政党支部が脆弱なものだったとする従来の評価は、過剰に報道されてきた支部の内部対立を無批判的に受け取ってしまったと言える。

第四に、選挙における候補者と支部、選挙区の特徴である。第一区は木村、櫻内、原という候補がそれぞれの主な集票地域を設定する地盤割りをしていた。これらの候補はいずれも郡レベルで独自の集票ルートを確保しつつ、政策を訴えながら支持を集めていった。第二区では、那賀郡などの石見東部を根拠とする俵との地盤割りが出来る候補者が必要であった。山崎は俵と同じ那賀郡出身であり、主要な集票が見込める地区が同じであったことから両立が困難であった。そのためか山崎は一九二八年の選挙以後候補者から外れることとなる。そこで、第二区では佐藤や鏑木のような独自に資金を獲得できる「輸入候補」を確保した。しかし、若槻の書簡に見られたように、それは候補者に重い負担を強いるものであり、政党の都合による候補者交代は「不人情」との批判を生むこととなった。候補者に莫大な費用を強いたことはすでに他の事例でも指摘されているが（上山 一九八九、奥 二〇〇四）、そうした政党のあり方は社会からの反発を招いていた。政党総裁の地位をもってしても、候補者への十分な支援は不可能だったのである。たとえ政党支部が集票ルートを提供できたとしても、選挙資金の多くは候補者に依存していた当時の政党の体質がうかがえる。

なお、こうした選挙をめぐる情勢と支部の影響力がメディアから批判的に論じられていた点を指摘したい。一九三〇年の島根県第二区における佐藤当選を受けて郷土人雑誌『島根評論』は、「石東人の意気如何」と題した社説を掲載した（『島根評論』第七巻第三号、一九三〇年三月）。社説では「輸入候補」の佐藤擁立に反対した者もいたが結局は立候補が実現したことを踏まえて、「之を見ると今の代議士なるものは、最はや地盤も要らず、識見も要らず、閲歴も要らずといふ印象を深く県民に与へたはずであ」り、「何としても石東人が、かくも輸入候補に共鳴し過ぎたのは、あまりに腑甲斐ないやうに思へてならない、われらは之を一箇の謎として他日に残したいと思ふのである」と論じた。このように地縁を有さない人物を当選させる政党の選挙戦略は批判を受けていたのである。

### 選挙区の二つの類型

以上のことから、戦前期の選挙区には次の二つの類型があったと結論づけられる。すなわち、第一区のように候補者が一定の知名度がある場合は、個人の人脈や地盤や後援会が表立って機能した。第一区では、櫻内と木村がそれぞれ後援会を展開していたことが確認できる。とくに出身地である大原郡に三つの後援会を組織していた木村の事例は特筆すべきであり、後援会中心型の第一区を代表する政治家であろう。原については簸川郡の有力者を中心に支持基盤を形成しており、実質的な後援会組織があったものと推察される。一方で第二区でも俵と島田の後援会が確認できるが、第二区の特徴は民政党の候補者が選挙の度に変わる点にあった。それは俵と地盤が重複しない候補者を選ぶ必要があったためだと思われる。

なお、政党組織と後援会の間に質的な違いは認められない。それは民政党島根支部と克堂会と櫻内の後援会の所在地がすべて同じ場所であることからも明らかである。選挙区の状況によって後援会か支部のいずれの側面が強くなるかが決まっていったと思われる。従来の研究はこうした前提を踏まえないまま候補者個人と党組織のいずれが主要な集票力を持つ組織であったかを議論してきたものと思われる。島根県は全国的な選挙区の環境を概観する上で欠かせない異なる構造の選挙区を持つ象徴的な地域と言えよう。

一方で、本章が残した課題を指摘したい。横関至は、民政党香川県支部の役員の中に農民運動の関係者が参加していたのに対し、政友会支部の方は農民運動に対して敵対的な姿勢を取る人物が役員の中におり、両者の組織的・政策的な性格には明確な差異が存在していたことを指摘している（横関 一九九九：二三六～二四二）。島根県の場合は、両者の組織の性格、政策的な違いなどについては検討が十分できなかった。もっとも、島根県の場合は憲政会と政友本党が合流したこともあり、両者の違いは香川県の事例ほど明確ではないとも考えられる。両者の特徴については、地方議会での活動を検討することなどが必要であろう。今後の事例研究が蓄積されれば、民政党と政友会の地方組織の特徴や傾向が明らかになっていくと思われる。

### 自民党との相違点

ここで党組織と個人後援会の関係について、戦後の自民党との相違点を指摘しておきたい。

先行研究では戦後の自民党は党組織よりも個人後援会が先行して成長していったと指摘されてきた。こうした自民党のあり方は組織政党とは対照的なあり方として捉えられており、「党組織近代化に逆行する個人後援会によって〈大衆社会化〉に対応した派閥―後援会大衆政党である」と評された（升味 一九八五：三八五～三八九）。この後援会を中心とする組織形態を是正し、党中央のもとで系列化された「党近代化」を進めるべきだとの議論が内外から起こった。この議論では派閥政治を克服するために小選挙区制の導入が訴えられた（草薙 二〇一四）。なぜ選挙区制度改革が必要かというと、中選挙区制の場合、⑴同一政党の候補が選挙区内に擁立される、⑵その場合政党ラベルよりも個人ラベルが優先される、⑶個人活動のための後援会が普及する、⑷支援を受けるために派閥と結びつく、という見方に基づいていた。しかし、現代政治学ではこうした見方はほとんど根拠のない「神話」であると否定されている（安野 二〇二四：一八五～一八七）。

本章の知見を加えるなら、戦前も中選挙区制であったが、戦前の政党では自民党のような派閥化はそれほど進まなかっただけでなく、島根県第二区のように政党ラベルが有効な事例も見られた。選挙区制度と派閥・後援会を結びつける議論はこの点からも誤りであると結論できる。

にもかかわらず、先に見たように戦前の政党と選挙を扱った先行研究の中には、戦後の自民党をめぐる議論に影響を受けてか、両者の質的差異を十分に検討せずに、どちらが中心的存在であったかを論じるものが見られた。実際には戦前の政党の場合、自民党ほど両者の区別は明確ではなかったのである。ましてや、後援会と党組織を対立的に捉える見方は、戦後の議論に影響を受けた根拠薄弱なものにすぎない。今後はより実態に即した議論が進められるべきである。

### 「近代政党」と政党組織

最後に、「近代政党」への転換点としての地方組織の意義について付言したい。先述の通り、民政党は「近代政党」への質的転換の準備を進めていた。第1章で見た展開が主に構成員や理念や活動などのソフト面での近代化であったとするなら、本章が明らかにしたのはハード面の整備であった。組織を郡レベルでめぐらし、そこに後援会を組み合わせることで集票ルートと活動網を組織化し、それぞれの組織で地方議員が活動することで、民意を糾合して地域に利益を還元する政治システムが県・郡レベルで構築されていった。明治憲法体制下における多元的な政治勢力の中で、こうした組織網やシステムを持つ政治勢力は他に類を見ず、特筆すべき政党の特長であった。こうした強固な組織網は、政党内閣制が崩壊した後も地域で政党勢力が安定的に地歩を保つ前提となったのである。メディアや他の政治勢力からは地方からの政党排除の声が高まることとなった背景には、強大な組織力を誇った政党への反発があった（第4章）。一見すると、ソフト面とハード面において政党は一定以上の成果を上げつつあり、買収や汚職や内紛といった諸課題を抱えつつも、政党内閣制の危機にもある程度対応できる状態が整いつつあったようにも思われる。しかし、「近代政党」の発展はさらなる変容をもたらすこととなる。その様相を次章で確認していきたい。

注

（1）当時の選挙の模様について、克堂会が恒松陣営の選挙運動に関わっていたことが報じられている（『大朝山陰版』一九二五年七月二四日）。
（2）当時の新聞報道でも櫻内が本党系勢力の説得に当たったことが報じられている（『大朝山陰版』一九二七年一〇月八日）。ただし、同記事では民政党には入党しない民政系中立県議が七名登場するだろうと報じている。
（3）『松陽』一九二七年一〇月二一日夕刊。支部発会式については断りが無い限りこの記事による。
（4）香川は八束郡出身で村会議員や郡会議員を歴任した「名士」であった（深田豊市編『島根・鳥取名士列伝　下』博進館、一九〇六年）。
（5）なお、一九二四年の憲政会島根支部総会でも総会後に克堂会総会が引き続き開催されている（『大朝山陰版』一九二四年一〇月二四日）。
（6）『大朝山陰版』一九二六年六月一二日。高橋隆一（一八七五〜一九四三）は現在の出雲市出身。会社役員や銀行取締役を務めたほか、日本赤十字への寄付などもする篤志家であった。
（7）渡部寛一郎文書研究会「翻刻　渡部寛一郎宛若槻礼次郎書簡（続）」（『山陰研究』第九号、二〇一六年）八四頁。
（8）発会式には民政党の富田幸次郎が出席している。また、俵の後援会の副部会長が党支部の鹿足郡部会の副部会長に就任するなど人員の重複が確認できる。

(9)『山陰』一九二七年一二月一九日。以下、蒼天会の記述は上記出典による。

(10) 小川蔵次郎（一八五〇〜一九三六）は、現在の松江市出身。県会議員を経て政友会所属の衆議院議員を務めた。櫻内の後見人として知られていた。

(11) 野島忠孝は、現在の浜田市出身。陸軍士官学校を経て陸軍大学校を卒業。陸軍中将。浜田町長や浜田信用組合長などを務めた。

(12)「政事又ハ公事結社一覧表（昭和二年十一月現在）」学習院大学図書館蔵〈国立国会図書館憲政資料室蔵〉山岡万之助文書」R二一四。

(13)『第十七回衆議院総選挙一覧』（衆議院事務局、一九三〇年）、『第十八回衆議院議員総選挙一覧』（衆議院事務局、一九三二年）。

(14)「政事結社調（昭和九年一月現在）」岡山県立記録資料館蔵〈国立国会図書館憲政資料室蔵〉『松本学関係文書』R一三。

(15) 天野種三郎は現在の安来市出身。会社社長や民政党島根支部長などを務めた。県議は一九一八年から一九四二年まで務めた。

(16)『松陽』一九二八年八月一〇日夕刊。この翌日に詳報を伝える電報が佐藤から発せられている（『松陽』一九二八年八月一一日夕刊）。

(17) 恒松於菟二は現在の大田市の生まれ。名望家恒松家の出身で、明治大卒業後、郡会議員、松江銀行取締役、県議会議員などを歴任。島根県和敬会などの会長としても活動した。このほか、農会や畜産関係の県の要職を多数務めている。一九四二年の翼賛選挙で初当選するが、一九四五年一〇月に敗戦の責任を取り辞任した。

(18) 総務の選出地域と党派は『大朝山陰版』一九二六年二月二〇日、二一日を参照した。

(19)『島根評論』第五巻第三号、一九二八年三月。以下、立候補宣言については断りのない限りこの『島根評論』による。

(20)『松陽』一九二八年一月二七日では、島根県立憲青年党が民政党候補を応援することが報じられている。

(21) 青年党八束郡部会及び八束郡克堂会は松江の興雲閣で連合幹部会を開催して木村を推薦することを決定している（『松陽』一九二八年二月六日）。

(22)『松陽』一九二八年二月三日。なお、国立国会図書館所蔵の「木村小左衛門文書」の中に、報道で見られた推薦状と同じ文面の書状が残されている（国立国会図書館所蔵「木村小左衛門文書」二五―二五）。

(23)「木村小左衛門立候補宣言」（板倉家所蔵文書）。

(24) 以後も原は、山陰鉄道本線電化速成（『官報』一九三〇年五月一四日）など地域発展のための建議を積極的に発している。

(25) 第一次若槻内閣期に各候補の当選予想を記録した資料によると、俵と島田は「当選確実」とされている(『昭和初期政党政治関係資料 第一巻』二八八頁)。

(26) その後の瀧川は一九三二年の総選挙で政友系中立を標榜して立候補をする動きを見せるなど、政友会に近づいていったようである(『大朝島根版』一九三二年二月三日)。

(27) こうした「安達神話」とでも言うべき安達の選挙手腕を高く評価する歴史観に立脚した研究として原田(二〇〇二)がある。原田は当時の政治報道やルポルタージュを根拠に安達があたかも全国の地盤を把握し、選挙戦を的確に指揮していたかのように叙述している(一六五頁)。しかし、当の安達はこれらの報道を「バカバカしい流説に過ぎぬ」と否定している(安達謙蔵『安達謙蔵自叙伝』新樹社、一九六〇年、二三八頁)。この安達の回想に対し原田は「多くの論者、記者が記述で残したように、ノートやメモを安達が頻繁に取っていたことは疑いないのである」(一六五頁)というように、根拠薄弱な理由で当時の報道やルポルタージュを鵜呑みにする叙述をしている。安達が複数の選挙区で絶大な影響力を発揮したことは間違いないが、こうした根拠の薄い風説が定説化することは、各地域の政治的特徴を軽視した叙述につながりかねない。今後は「安達神話」を相対化した上で各地域の選挙情勢を当時の報道や関係史料から個別具体的に明らかにすべきである。

ちなみに安達の自叙伝も鵜呑みに出来ない史料であることは付記しておく。たとえば安達は自身が内務大臣時代にあたかも社会政策に熱心だったかのように記述しているが(『安達謙蔵自叙伝』二五二〜二五五頁)、実際には安達は労働組合法案などの社会政策に消極的な立場を示し続けたのである(加藤 二〇一二:七四)。「社会政策に熱心だった安達」という「神話」は崩壊したのである。

(28) 『松陽』一九三〇年二月一八日。平田民之助は邑智郡川本町出身。家業のたたら製鉄を営み、銀行取締役、邑智郡農会長、三原村長などを務めた。一九二〇年に政友会所属で、一九二四年に政友本党所属で衆議院議員に当選している。

(29) 高橋は現在の出雲市出身。早稲田大卒業後、汽船会社や新聞記者を経て、一九三七年の総選挙で政友会から立候補して初当選している。戦後も自由党所属の議員として活動するが、落選中の一九五六年に死去した。

(30) 水津直太郎(一八七三〜一九六八)は現在の津和野町出身。日原村長、銀行取締役、県会議員などを務めた。

(31) 渡部寛一郎文書研究会渡部寛一郎文書研究会「翻刻 渡部寛一郎宛若槻礼次郎書簡(続)」(『山陰研究』第九号)九四頁。

# 第3章　一九三〇年代の二つの総選挙をめぐる二つの逆説
## ――第一九回衆院選（一九三六年）と第二〇回衆院選に見る政党の変容と低迷――

## 1　立候補宣言（挨拶）の意義――選挙公報の誕生

### 政党内閣制の中断と政党の模索

本章では、「近代政党」への転換が政党の変質を招き、政党内閣制への復帰を遠ざけた逆説を明らかにする。戦前の政党は男子普通選挙に対応できる「近代政党」への転換を目指していた。また、複数の政治勢力を有する明治憲法体制の中で、他の政治勢力に対する優位性を確立することが政党内閣の条件であったことはよく知られている（三谷 一九七七、宮崎 一九八四）。すなわち、戦前日本の政党政治の確立と安定的な展開には、民意に立脚した「近代政党」への転換と他の政治勢力に対する優位性の確立が必要だった。

一九三〇年代をめぐる研究において重要なものの一つに酒井哲哉のものが挙げられる。酒井は「一九三〇年代の日本政治」の中で昭和恐慌からの克服過程において「政党の利益調整能力は相対的にはまだ高かったと思われる」ことから、農村経済更生運動のような農村と官僚が直結する「利益媒介関係」のみを対象とすることは一面的であるものの、政党政治の正当性は回復しないまま官僚勢力が台頭したことを指摘している（酒井 一九八九：二四二）。くわえて著書『大正デモクラシー体制の崩壊』では、内に政党政治、外にワシントン体制を維持する体制が「大正デモクラシー体制」だと理解されており、一九三〇年代の満洲事変と政党内閣制の崩壊はほぼ同時的に発生したことで政党勢力も減退していったという見取図が示されている（酒井 一九九二）。

しかしながら、酒井が指摘する「利益調整能力」は政党の機能の一つにすぎない。政党には選挙で有権者に自らの政策を訴えかけ、政治社会を安定化させる役割があった。政党内閣制が中断・崩壊しても政党の役割が消失するわけでもなければ、官僚勢力が政党勢力の役割を完全に代替できるわけではない。すなわち、一九三〇年代以降も政党は「近代政党」としての役割を果たすべく、さらなる質的転換を続けていたのである。本書はこうした前提のもと、一九三六年（昭和一一）と三七年に実施された衆院選において配布された立候補挨拶（宣言）[1]に注目する。この立候補挨拶（宣言）から、「近代政党」への転換と他の政治勢力に対する政党の優位性を確立するために起こした行動が、政党内閣制復帰への道を閉ざし、政党不信を解消し得なかった逆説を明らかにする。

一九三二年（昭和七）の五・一五事件によって政党内閣制は中断した。以後、政党内閣制が復活することはないまま、一九四〇年の大政翼賛会成立によって全ての政党は解党した。しかし、政党解党に至るまでの政治過程において、立憲政友会と立憲民政党に代表される既成政党が軍部や官僚勢力の政治的進出に対してなすすべなく後退し続けたわけではなかったことは、多くの研究で明らかとなっている（古川 二〇〇一・二〇二四、井上 二〇一二、井上 二〇一三、村井 二〇一四、米山 二〇一五、官田 二〇一六、菅谷 二〇一九など）。

## 第一九回衆院選の評価

本章が扱う一九三六年と三七年に行われた総選挙は、こうした政党勢力の評価を見る上で重要な意味を持つ。これらの選挙では民政党や社会大衆党が議席を伸ばしたことが注目されてきた。坂野潤治は、一九三六年と三七年の選挙は自由主義・左派陣営が勝利したと位置づけた上で、「軍部に対する政党の反撃の時代であり、ブルジョア政党に対する社会民主主義政党の挑戦の時代であ」り、民政党が勝利したことは「対外侵略の抑制の意味を持っていた」と評価している（坂野 二〇一〇：一五九、一六六）。井上寿一は、民政党が格差是正を中心とする社会政策を訴えていたと指摘する（井上 二〇一二：一九一〜一九二）。しかし、両者の見解は候補者の立候補挨拶（宣言）にまで立ち入った検討をくわえていない。立候補宣言（挨拶）は、候補者が有権者に対してどのような政策が有効かを考えて作成したという点できわめて重要である。これらの詳細な検討なくして選挙を正確に評価することはできない。

結論から言えば、坂野と井上の選挙に対する評価は正確なものとは言えない。後述するように、民政党が示した主要政策は、両者が評価するような、社会民主主義的で対外侵略を抑制するようなものとは異なっていた。しかも、その政策の背景には民政党が一九二〇年代から展開していた「名望家政党」から男子普通選挙に対応できる「近代政党」への質的転換があったのである。村井良太は、「政党の劣化が政権からの排除を招いたのではなく、政権からの排除が政党の劣化を招」いたのであり、「対外政策外についても、政党内閣期の二大政党はあくまでもヴェルサイユ＝ワシントン体制の枠内にあり、主張が比較的硬化していったのは政権から排除された後、復帰を目指す過程においてであ」った。そのような中で政党は「近代化装置としての側面を薄め、国民感情の表出というもう一つの本分に傾斜することで、政権への復帰を阻害することになった」と主張する（村井 二〇一四：四二四）。この見方は基本的には正しいが、あえて付言すれば、国民感情の表出や外交政策の転換の背景には、一九二〇年代以降進められていた質的転換があったと見るべきである。

## 第二〇回衆院選の評価

もう一つの逆説が生じたのは一九三七年の第二〇回衆院選である。この選挙は林銑十郎内閣が唐突に衆議院を解散したことで行われたものであり、それに反発した政党が林内閣反対の立場をとり、結果的に既成政党が多数の議席を占める中で林内閣は総辞職した。この選挙についてはもっぱら議席を増やした社会大衆党へ関心が向けられており（坂野 二〇〇四：一七〇〜一七二）、そもそも既成政党の動向に対する関心自体が低かった。その中で投票率が大きく低下したことがしばしば指摘される。この点については主に政党不信や政治不信を理由とする議論が一般的である。たとえば江口圭一は、投票率の低さは「林内閣ひいては政治そのものへの不信と失望がいかに拡がっていたかを示すもの」であったとしている（江口 一九八一：四三八〜四三九）。近年でも菅谷幸浩は、既成政党が得票数を大きく減らしている事実と、投票率が政党内閣期の八〇％代から七三％に低下した事実を指摘して、「当時の国民中間層にとって、総選挙や議会政治を通じて民意が反映されることは期待できないという感覚があった」としている（菅谷 二〇一九：一九一～一九四）。正田浩由も、「棄権率の高さは林内閣というよりは、むしろそれに対抗すべき既成政党への不信感を表わしたものではないだろうか」と指摘している（正田 二〇一九：一二四～一二五）。

しかし、これらの研究は選挙結果とそれをめぐる言説のみを取り上げて政党不信があったと結論づけており、選挙の過程や争点が検討されていないという問題がある。また、この選挙については米山忠寛の指摘が注目される。米山は選挙の結果既成政党が議席の多数を占めたことを「林内閣は議会勢力・政党勢力にとって良き踏み台となり、噛ませ犬としての役割を果た」したと評価した上で（米山 二〇一五：一一二～一一五）、この解散が「政党勢力に行動を整理する機会を与えてくれたことにより」、政党勢力が「反藩閥」「反軍部」といった標語を用いた事実を指摘し、「行動を迷っていた政党は、解散によって自らの位置づけが容易にな」り、「却って政党がその勢力の強さを再確認させ」たと評価している（米山 二〇一五：一一七）。しかし、選挙の結果を「議会勢力・政党勢力の地位を相対的に押し上げ」たとする評価には疑問が残る（米山 二〇一五：一一八）。たしかに、議席数のみを見れば選挙結果は政党勢力の健在を示すものだったが、米山の評価も選挙の結果のみで政党勢力の「強さ」を評価しており、選挙の争点や過程への視点が不十分であるといわざるをえない。つまり、菅谷や正田のように選挙結果を政党不信の表れであるとする見方も、米山のように政党が地位を確立したとする見方も、選挙の過程や争点を等閑視しているがために正確な評価を下しているとは言い難いのである。これらの課題をクリアするためには当時の選挙における立候補宣言（挨拶）から、選挙の争点を検討する必要がある。結論から言えば、この選挙には政党内閣復帰のために政党が自らの政治的地位を確立しようと試みたがゆえに、選挙の争点が不在となる構造的問題から生じた逆説があった。政党が自らの立場を確立しようとしたことが選挙の争点を曖昧化させ、投票率低下を招いたのである。

このように、一九三六・三七年の総選挙をめぐる先行研究は、概して選挙結果やそれをめぐる言説、あるいは一部の政策のみを抽出して政党や選挙の意義を評価しており、いずれも当該期の正確な政党や選挙の評価としては再検討の余地がある。

### 島根県選出の政治家の政治的位置づけ

本書では前章に引き続き、島根県を事例に検討を進めていくが、この時期の島根県の特徴は、選出される議員がそれぞれ党内で一定以上の影響力を有していた点である。民政党に関して言えば、櫻内と俵は党内に独自のグループを形成しており、党内での発言力や影響力は大きかったと見るべきである[2]。政友会についても同様である。政友会の党内で鈴木喜三郎総裁の求心力が低下して鈴木が総裁を辞すると、政友会は四名の代行委員制に移行した。その代行委員の一人に選ばれたのが島田俊雄である（奥 二〇〇四：二一四）。島田は政友会内で台頭していた中島知久平（一八八四～一九四九）に近く、四名と少人数だが「島田系」と呼ばれる独自のグループを形成していた[3]。このように、島根県選出の政治家の政見は、たんに一政治家の見解にとどまらない、政党中枢の政策構想や論理を明らかにすることを意味するのである。島根県の選挙区としての重要性を確認しておきたい。

### 選挙公報の評価

本章が主に扱うのは選挙で候補者が立候補挨拶（宣言）で掲げた政策である。立候補挨拶（宣言）は、一九三六年の総選挙から配布された選挙公報に掲載されたものであり、一九三四年の選挙法改正における選挙公営の一環として作成・配布されたものであった（杣 一九八六：一六三）。立候補挨拶（宣言）については、小南浩一と車田忠継が検討しているが（小南 一九九九：二八二～二八八、車田 二〇一九：一八七～一八八、二〇七～二〇八）、総じて文体の伝わりやすさや政治家のイメージ形成に与えた影響などに分析の主眼が置かれている。

近年では菅谷が選挙公報を元に政策の検討を行っているように、史料としての選挙公報を評価する研究も登場している（菅谷 二〇二三）。従来、立候補挨拶（宣言）は文章の難解さなどから当時は概して不評だったことから（小南 一九九九：二八四）、政策として検討する意識は研究者の間でも希薄であったように思われる。また、当該期の政党の間には政策が同質化したとして政策的主張を評価しない見解があったことも大きかったように思われる（赤木 一九八四）。これらの見解に対して本章では、立候補挨拶（宣言）から、当該期の政党の政策や政治的争点を明らかにし、正確な政党と選挙に対する評価を加えていきたい。

## 2 「近代政党」をめぐる第一の逆説——政党の政策変容と政党内閣制への遠心力

### 民政党の基本国策制定の背景

一九三六年（昭和一一）に第一九回衆院選が執行された。この時の選挙の争点は、岡田啓介内閣の支持をめぐるものであり、岡田内閣を支持する民政党とそれに反対する政友会が対決する構図となった（村井 二〇一四：三五五〜三五八）。ここでは島根県下で立候補した八名の候補の立候補挨拶を検討するが[4]、まず選挙の前提となる民政党の基本国策について見ておきたい。この基本政策については井上敬介が言及している。井上によれば、一九三五年に民政党は政務調査会を八つの部門に分けて機能を強化するとともに、基本国策調査特別委員会を設置して内閣審議会に民政党の国策案を反映させようとしていた（井上 二〇一三：一六五）。政党内閣制が中断する中で、民政党は政策能力を強化することで、政党の近代化と政党内閣制復帰を図ろうとしていたのである。その基本国策特別委員会の会長に就任したのが櫻内幸雄であった。戦後の櫻内の回想によれば「我が党は嵐のやうに起る政綱非難の中に在つて、泰全自若、町田新総裁の下に、新国策の調究に専念し」、半年間の調査研究の末に発表したものだった（櫻内幸雄『蒼天一夕談』三五八〜三六三頁）。新国策基本国策の策定には粛軍演説や反軍演説で知られる斎藤隆夫らが関わっており、斎藤の日記にも基本国策特別委員会に出席したとの記述が見られる[5]。

一九三五年に機関誌『民政』で発表された「我党基本国策の大要」では、櫻内が立案の経緯と内容を詳述している（『民政』第九巻第一一号、一九三五年）。櫻内は民政党が「国民の総意を議会に反映」することや憲法に従って議会政治を行うこと、「国家の整調に由り生産旺盛にし、分配を公正にし、社会不安の禍根を芟除し、又国際正義を国交の上に貫徹し、人種平等資源公開の原則を拡充」すること、学習の機会均等を図ることなどを訴えた政綱に基づいて行動してきたと述べた。そして「我日本民族の発展の実情と刻下内外の情勢とに鑑みると、一刻も速に皇国日本永遠の隆昌と繁栄とを期せんがため、国家百世の大計を按じ適切なる具体的国策を樹立し、協力一致其実現を期する事が喫緊事であると」して、「国民生活の安定向上を期する事は、蓋し現在の重大問題であると同時に、政治家の責任であり、我党が天より課せられたる本分である」と、この国策が国民生活に直結するものであると強調した。

### 民政党基本国策の全容

第一に掲げられたのは「日本民族生存権の確保」である。「人類の生存に対する権利は絶対のものであ」り、仮に「特殊の階級の人」が我欲のために他者の生存を危機に陥れるなら「最後の場合は最後の手段に出づべきは当然の事であ」る。しかし、日本人は「生存の要素である土地」についてアメリカなどと比べても限られた土地しかない。「領土欲のため、領土の侵略を唱ふるものではない」が、人口が増える中で「我民族将来の生存上、生存権を確保する事を主張せざるを得ないのである」。通商の自由、移民の自由、資源公開が必要であり、この主張を世界に提唱して「他国の考慮反省を求むると共に、人類永遠の平和のため、正しき我主張に協力せしめて解決」すべきである。このために日本としては「日満親善を徹底強化して両国百年の大計を定め、日満支経済提携を確立して、東洋を王道楽土たらしめ、日支、日露関係を整調して東洋の不安を除去し、南洋諸国と経済関係の密接化を計」ることが重要である。

第二に掲げられたのが「政治の公明強化」である。「いかなる政策も如何なる施設も、政治の公明に拠て始めて其成果を見るのであ」る。しかし、憲政の常道は今や逆転し、国体明徴を叫ぶ必要がある状態にあるのは遺憾である。「我政界が今日の状態を見るに至つたのは、政党にも重大な責任があ」るだけでなく、「官僚軍人学者、財界人総ても亦其の責を分たねばならないと思ふ」。政党人の中に「大衆迎合主義」に走ったり、「選挙界を腐敗」させた者がいたことも「信用失墜の大原因であつたと云はねばならぬ」。そこでまず取り組むべきは「行政機能の合理化並に経済化、文官任用令改正に依る人材登用及び身分保障令修正」や綱紀粛正などである。

第三に掲げられたのが「国防産業財政の総合強化」である。まず、政友会の兵農両全主義の理念は正しいが、「放漫な政策を実行することになれば、財界は混乱し公債は消化せず」、第一次世界大戦後のドイツと同じくハイパーインフレに突入する。今日の好景気も往年の「民政党の整理更生策」によるものであることは「経済事情に通ぜる人」は同意している。現状は「赤字公債漸減の方針」を堅持すべきである。軍備についても軍部が計画を立てるとはいえ、空軍などの新型装備を充実する一方で、旧式兵器を整理すべきではないか。財政が確立することで産業界や農村に投じられる資金が好循環を与えるとともに、軍事費についても軍需工場を通じて国内経済の好循環に繋がるように、財政強化の諸政策に取り組む。

第四に掲げられたのが「総合的経済政策の確立」である。現状の経済政策は商工業や農林業など各省で独立しており、この割拠性の弊害を打破して経済政策を総合的に確立する必要がある。個人の自由を維持しつつ、一定の統制によって過剰な設備投資や生産を抑制させ、消費者と生産者双方に安定的な利益をもたらす必要がある。

第五に掲げられたのが「農漁山村中小工業更生対策」である。「農村の収入安定、並に負債整理、負担均衡、其他に依る経済更生根本策樹立」、「農村自作農化を目標とする方策樹立」、「農漁山村の電化及工業化」、「米穀産繭肥料に対する根本策確立」、「水産及鉱業に関する政策樹立」、「中小商工業者の組合化、金融流通経営改善其他に依る維持発展策の確立」を立案した。農村の負債整理のために、収入の安定化や増加ができる方策などが必要である。また将来的には、「全小作人は全自作農に」するための「適切なる方策を」検討中である。

第六に掲げられたのが「社会政策の基本確定」である。「各種特権を是正し分配を公正に」することが重要であり、報酬は能力や労力に応じて支払われるべきである。また、労使関係と小作関係の調和、「救護並に保護施設の改善」、自力更生助成や職業紹介などによる失業対策などを検討している。ただし社会政策は「其取扱に就て非常に注意を要するのみならず、極めて重大であつて或は産業を破壊し治安を乱すが如き事態を起こさぬとも限らぬのであるから、特に意を用いて居るのである」。

第七が「教育の根本方針確立」である。「教育制度の根本改革」、「師範教育の改善」、「私学の改善振作」、「小学校教員俸給国庫負担制度」などを検討している。

## 民政党基本国策の意義

以上が民政党の基本国策の概要である。一九三二年の総選挙で議席を大幅に減らした民政党にとって、この基本国策は選挙に臨む上で重要なものであった。この政策で第一に掲げられたのは満洲国や南洋との関係強化を主張した「日本民族の生存権確保」であった。井上敬介は、当該期の民政党には永井柳太郎を中心に、国際協調路線から反英米的傾向への転換がみられるようになっていったと指摘する（井上 二〇一三：一六五～一六六）。後述するように、こうした積極的な対外政策は近代政党への転換過程において民意を反映した結果でもあった。

第二は綱紀粛正など政党の信頼回復のための行動や行政改革などである。道府県知事の身分保障については、一九三二年九月の官吏分限令改正によって強化されていたが（有泉 一九八四：二四五）、民政党は文官任用令を改正することを構想していた。具体的な内容までは不明であるが、綱紀粛正の文脈で挙げられていることから、知事の身分保障のさらなる強化を構想していた可能性が高い。近年の研究では第二次若槻内閣期において検討された行政制度改革が、内閣の統合力強化と挙国一致内閣への伏線になったと指摘されている（十河 二〇二四）[6]。民政党は政党内閣期のように知事の人事権を用いた党勢拡張の路線からの転換を図っていたと考えられる。政党内閣による恣意的な知事の人事異動が「党弊」として批判されてきたが、民政党の基本国策はそうした批判に応答する内容であった。ただし、民政党は官僚と対峙する姿勢も見せていた。井上敬介は「繁文縟礼の積弊打破」、「官吏偏重の恩賞制度を改正」などの項目を挙げて、斎藤隆夫がこうした官僚への強硬的な主張を盛り込んだとした上で、後の「政党の反官僚化」の伏線になったとしている（井上 二〇一三：一六七）。この政策は政党への批判に応じつつ、官僚勢力に対しても牽制を図る内容であった。

第三と第四は主に経済政策に関する内容である。注目すべきは赤字公債の削減であろう。よく知られているように、昭和恐慌からの経済回復を主導した高橋是清蔵相は、一九三四年頃からはインフレへの懸念から公債削減の方針に転じていた（三和 二〇〇三：二四〇）。民政党の経済政策の方針は、公債削減という点で高橋蔵相のそれと一致していた。

第五は農漁山村や中小工業などを対象とした地方政策である。主な政策は負債軽減や収入安定化などの生活安定を図る内容であるが、注目すべきは自作農創設に向けた方策の策定である。周知の通り、一九三〇年代の日本農村は「従来の地主制・名望家支配が動揺することに対して、その下の自作農中堅・自小作上層を国家が再編成し、農村権力基盤の社会的下降が進行して」いた（森 二〇一五：一八五）。民政党はこうした農山村の動向を把握した上で、国家による自作農創立の促進を展望していたと考えられる。

第六が社会政策である。これが社会格差是正に該当する項目だが、基本国策七つのうちの六番目であることに注意したい。特権廃止や報酬平等化、失業対策などが主な内容あるが、社会政策が「産業を破壊し治安を乱すが如き事態を起」しかねないとしており、当該期の民政党は社会政策の必要性を認めつつも、慎重な姿勢をあわせて表明していたのである。

第七は教育政策で、教員給与の国庫負担はかつての義務教育費国庫負担につながる地方財政救済策と言える。民政党が選挙に臨むにあたって策定した政策の概要は以上である。これらの基本国策は、民政党の重要な前提として候補者に共有されていた。次に政友会の政策を確認したい。

### 政友会の政策大綱の概要

政友会の政策大綱は民政党の基本国策と比較すると、政権批判を前面に打ち出した内容となっている。当該期の政友会の政策を検討するために、政友会政務調査会長若宮貞夫が挨拶で述べた政友会の「政策大綱」を見ておきたい（若宮「政友会の政策大綱」『政友』第四二六号、一九三六年一月）。総選挙直前の政友会の政策の概要を端的に訴えている点で重要なものである。

若宮が第一項目に掲げたのは外交である。岡田内閣の外交は「積極自主」を標榜しながら中国問題などの重要課題に成果を上げられていない。その理由は「官僚式外交」であるためであるという。次の政策として「内政」を挙げて官僚批判を展開した。「地方財政補正制度」についても内閣審議会に責任を転嫁していると批判した。「農村更生問題」については、「自治的購買制度」の強化、官僚的中央集権の打破、「地方自治の経済的強化」を目指すとした。「商工中央金庫問題」については、政友会の主張である「三千万の資本にて半官半民の組織とする」べきであるとした。最後に取り上げるのが「財政」である。ここでは「国防産業の両全が国策の大本」であり、来年度予算が現年度と変わっていないことを問題視し、今の政府は「最近米繭価」の高騰や東北救済に対して無策であると主張した。現在の財政では「公債漸減の方針に制約されている」。しかし「財政計画樹たずして何の健全財政があるか」、現状では「国策遂行上応急的に公債財源を以てする」他ないと訴えた。最後に若宮は、政治の「様態」が「官僚か政党か」どちらに主導権を握らせるかが問われており、「我党は立憲の精神に則つて立憲政治の確立を図り、積極政策の実行に依つて経済財政の跛行を是正し、所謂兵農両全の実現を期せねばならぬ」と結んだ。

## 政友会の基本政策の特徴

政友会の基本政策は岡田内閣への批判と、官僚主義への批判が通底する論理となっている。岡田内閣を官僚主義として批判してきた政友会の立場を強調したものである。官僚の身分保障を主張した民政党とは対照的に、身分保障が官僚の増長を招いていると批判している点も、官僚主義への批判の文脈に位置づけられる。農村問題については「農業者の共同に依る生産物の自治的販売制度」は後述する産業組合にも通じるものである[8]。若宮は「積極政策」を強調しているが、これは後述するように政友会候補の主張として一定程度浸透していくこととなる。

当該期の政友会の基本政策は、政策体系というよりは、岡田内閣やそれを支えていると見なされていた官僚への批判的側面が強かった。これは政策よりも反岡田内閣の立場を前面に押し出すことが選挙に有利であると判断されたためであろう。民政党の基本国策と比較すると、紙幅も少なく政策体系としては見劣りしている。

もっとも、それまでの政友会が政策を準備・検討していなかったわけではない。一九三三年の政務調査会の報告では地方自治体の合併による地方自治強化や、比例投票制度の導入検討などを盛り込んだ選挙制度改革、農林省と商工省の廃止統合による産業省の設置、米穀政策など多岐にわたる政策が調査・研究されていた（「政友会の新政策」『政友』第四〇一号、一九三三年一二月）。手塚雄太によれば、一九三〇年に山本条太郎が政務調査会長に就いた時に、政策中心主義のもとで産業政策を整備していたという（手塚 二〇一七）。また、十河和貴が指摘するように、この政友会の省庁統廃合政策は、一九三〇年頃に構想の端緒があり、第二次若槻内閣期の行政改革と酷似していた（十河 二〇二四：二七二）[9]。しかし、一九三六年の選挙を前にして政友会は政策中心主義から、反岡田内閣・反官僚主義を前面に打ち出す立場にシフトしていったと言える。こうした政友会の状況は候補者の挨拶にも影響していくことなる。

### 櫻内幸雄の立候補挨拶

まずは、民政党の櫻内幸雄の挨拶から見ていきたい。櫻内の挨拶は次の通りである。議会で多数を占めている政友会が不信任を提出した以上解散は当然である。「今や我帝国内外の状勢は極めて重大であ」り、「非常時の真只中」である。軍縮会議での交渉決裂に加えて、「我生命線たる満洲国独立問題」をめぐって国際連盟を脱退するなど厳しい状況にある。たとえば「隣邦支那は口に日支親善を唱へながら動（やや）ともすれば第三国に乗ぜられ紛淆を醸さんと」しており、貿易についても「列国は我良質廉価の邦品に対し其海外進出を阻止し、以て我産業の根底を破壊せんとする態度を執りつつあ」る。そのような中では「勢い国防の整備が必要とな」るが、産業振興なくして「国防は充実しない」。しかし、現在の財政は「巨額の赤字公債」に依存しており、「財政にして破綻せんか国防も産業も整備充実出来ない」だけでなく生活にも悪影響を与えかねない。そこで「我党は基本国策として国防、産業、財政の総合強化を高唱し、其三全主義に全力を傾倒して居る」。くわえて「我々は国策として農漁山村及中小商工業更生政策に全力を傾注」するとともに、「負担整理、負担均衡、収入の安定、確定的新収入の開拓、治山治水の徹底、肥料国策、中央金庫の創設、水産組合金庫設定、産業組合の整備、地方交付金制度の拡充等」を検討している。

さらに「総合的経済政策の確立をなし国運の発展に資せんとし亦日本民族生存権の確保につき日満の共栄共存、日満支の国交整調、通商の自由、資源の公開、移民の自由等を主張」する。あわせて「社会政策の基本国策を樹立」による生活の安定を期したい。今後の政治については「要は己を空うして国家の急に殉じ一に国家本位に終始し、国威の宣揚と国民生活の安定向上の為め精進し、大道を真直に進む事こそ政党の信用を高め憲政常道復帰の捷径であると確信するものであ」る。

櫻内の挨拶は対外情勢の悪化を受けて国防費増大を認めつつも、財政上の規律を守るべきであると主張しており、軍部による軍拡路線を牽制する内容となっている。重要なのは、「岡田内閣は我々の理想的内閣なりとは申しません」としつつも、これを支持して実績を積み上げることが政党内閣復活への道だと展望している点である。井上敬介が指摘する通り、当該期の民政党は「政権争奪を目的としない政党だという姿勢を前面に出すことによって政友会との差異化を企図し」ていた（井上 二〇一三：一七一）。櫻内の主張は当時の民政党の方針を忠実に反映させたものであった。櫻内は自らが委員長として策定した政策の中から、島根県の有権者にとって関心が高いと思われる農山村の負担整理や中小商工業者を意識した商工中央金庫設置などを強調することで[10]、自らの支持獲得を図ったと言えよう。

### 原夫次郎の立候補挨拶

民政党の原夫次郎はまず思想問題を指摘する。「近時国民思想の動揺に鑑み弥が上にも日本精神の涵養振作を図るべきである。日本精神の涵養のためには「家族主義の拡大強化」が必要である。家族主義とは「忠孝は臣子の大道であり仁愛は君父の大徳であ」るという思想・精神である。この「我国の固有の家族主義が外来の個人主義に蹂躙された所に道徳の退廃があり政治の堕落があり国家社会の混乱がある」。この状況を改善するには関係法令を改正する必要がある。政策としては、「財政と国防と産業の三者」を充実させる「三全主義の実現により将来我国運の隆昌を期待する」。しかし近年の国防費膨張は不可避である。その中で民政党は予算縮減に取り組み、公債を削減し、産業面でも不十分ながら「臨時町村財政補給の施設、商工組合中央金庫の新設、農村更生費、中小工業経済更生費、東北振興に関する施設、第二期治水事業、北海道拓殖計画」などの予算を計上できた。今後の財政については「膨張は已むを得ざる趨勢」だが、増税すべき時ではない。「税制の根本整理を為し負担の均衡を図ることが急務で」ある。「農漁山村の経済更生に関しては農家生産の大宗たる米穀価格の安定を図る為め米穀法を強化して自治的管理を行」い、「蚕種の秩序ある統制を励行し蚕繭取引に対する第三者の正量検査制度を実施して養蚕家の利益を確保」する。さらに「肥料国策を確立」して肥料を国家管理し、「産業組合の活動を旺盛ならしめて販売購買取引に於ける適性を保持」させ、「農家負債整理組合法及び不動産融資保障法、信用組合に対する融資補償法に依る貸出を簡易迅速にして速に負債整理の実を揚げ」させる、「自作農創定維持の方法を改善し地方の実情に応じ特定年限の小作料完納を基準とする相対的協定に依て自作農を創設助長する」こと、「農業保険法を実施して天変地変に基く農家の損失を補償」させること、「農漁山村の電化工業化を図ると共に都市資本を農村に誘導するの方策を講じて金融の円滑を図る」ことなどを構想している。また商工業政策については「金融の疎通を図る為め政府の低利資金融通を簡易迅速ならしむると共に商工組合中央金庫を設定」することを検討しており、「農工商一連の経済関係を」確立することが重要である。

　原は法曹出身の政治家であり、一九三七年には選挙法をめぐって不法検挙による人権侵害が続いている実態を議会で追及した政治家でもあったが（小南 二〇〇〇a：二九～三〇）、その原が宣言の第一に掲げたのが「日本主義」の確立だったのは興味深い[11]。基本国策への直接的な言及こそないものの、農漁山村政策に関しては電化工業化や負債整理、金融の円滑化自作農の創設を援助することを具体的な方法を用いて述べるなど、基本政策に則った主張を掲げていると理解できよう。

### 木村小左衛門の立候補挨拶

　木村小左衛門はナチス・ドイツやイタリアの台頭とヴェルサイユ体制の崩壊を指摘した上で、東アジア情勢について次のように述べた。「ロンドン軍縮会議は」日本の「公正妥当なる」主張が容れられず失敗した。「世界の不安」は「深化」している。「満洲事変勃発以来、我が帝国は幾多貴重なる犠牲を払ひ、心血を注いで友邦満洲国の生成発展に全力を尽し」てきた。しかし、中国情勢は安定せず共産党が跋扈し「欧米諸国は魔手を伸してその貪欲を満さんとし」ている。片や国内を見ると「国民思想の動揺、世相の険悪は」解消しつつあるが、「矯激なるファッショ思想尚行はれ」ている。自分は明治天皇が制定した帝国憲法のもと「立憲政治をして光輝あらしむべく」、尽力する考えである。財政については膨張による「悪性インフレ」を放置していては健全な経済発展も国際情勢への対応もおぼつかない。農村問題について、政府は時局匡救事業などを展開しているが現状の国力では限界がある。こうした「内外未曾有の難局を打破」するためには「その廟堂にある者単に一党一派の力に待つを得ざるは極めて明瞭であ」り、「挙国一致勇猛邁進を以て時局に対処」すべきである。

民政党はこの立場のもと、「挙国一致内閣を支援する」ことが「時局に対処する唯一無二の方途」であるだけでなく、「憲政常道復帰への捷径なりと信じ」ている。そして「国威を中外に宣揚し、以て昭和中興を実現すべ」き「具体的対策として我が民政党が一両年以来調査研究し来れる国家百年の大計たるべき基本政策七項目」の実現に尽力する。満洲国建設が軌道に乗るなか、日本にとっては「対アジア大陸政策の根本的確立」と遂行が重要課題である。この「最高国策に於て、我が島根県の占むる地位の極めて重大」である。「従来太平洋に面せる所謂表日本に在りし我が国文化の中心は、今や日本海を擁せる所謂裏日本に移動し来りたるかの観を呈し、今後の我が国は少くとも経済的には、日本海を隔てて朝鮮、満洲は固より支那全土を舞台として発展せねばなら」ない。「日本海中心の新文明は正に在来の太平洋文明に代り、所謂日本海時代出現の日も已に目睫の間に迫りつつあるを確信する」。「我が文明は太平洋より日本海に移りつつあり、而も新日本を指導するものは、正にこの日本海文明である」。

木村は挨拶の中に民政党の基本国策を掲げており、それを満洲国や華北を利用した積極的な交易と「開発」による日本海中心の新文明の到来と関連させていた。木村の政策は日本海湖水化構想と呼ばれる、当時広く主張されていた構想を政策に盛り込んだ点で重要である。

なっている。「今日我国は誠に多事多難の秋であるが、之は独り我国丈けでなく全世界を通じて同様である」。この背景には第一次世界大戦の影響がある。貿易関係では安く品質のいい品物を輸入するのが「当然」だが、各国とも自国産業を保護するために「国境に高い提防を築きて」、あるいは「高率関税をかけ」、日本の廉価で高品質な製品は輸出できなくなっている。これは「国際信義を無視し、自由通商の原則をも顧ない」行為である。現にイギリスは従来の自由貿易の原則に反した保護貿易に走っている。中国問題についても英米の介入が顕著であり、日本は「東洋の盟主として、何時までも欧米に東亜の縄張を窺観せざる様な事は許せないではありませんか」。このように、「国際関係は頗る疑惧不安と申す外は無く、口では世界平和とか、人類の幸福とか、尤千万な中条であるが、なかなか油断も隙もあつたものではない」。ロンドン海軍軍縮条約についても「不脅威不侵略の鉄則で公正妥当」な姿勢の日本に対し、諸外国は「自国の軍備を拡張」しようとしているから決裂したのである。近年は軍需産業が好調で好景気の声も上がっているが、「一面には私の商工大臣当時産業の統制を目的として盛に唱導したる産業合理化、国産愛用の利目が現はして」いるものの、「不景気は依然たるものである」。

こうした厳しい状況の中で「国内は総て協力一致」する必要があり、「挙国一致は世界を通して一般の風潮」である。国内政治については全ての「階級」が「経済上の大打撃」を蒙り、「世相人心頗る不安となつて」いる。「農漁山村の更生、中小工業者の匡救、各般の社会政策」等課題は山積しているが、財政的な制限もあって、町村財政補助や中小商工業者への支援などについても内容は「不徹底」である。これに対して財政支出を求める声もあるが、赤字公債を無限に発行すると財政が「破綻」する恐れもある。「政府が国民の預金を公債で吸ひ上げると、民間の事業資金が欠乏」し、「民間は資金難に陥」るだろう。こうした困難な状況を克服するには挙国一致の政治が望ましい。そのため自分は「政民両大政党の連携を提唱して、努力したのである」。最後に、「私共が平素、具体的には如何なる政策を実現せんとするか」と言えば、民政党が定めた七つの基本国策がそれである。それらを要約したものが「兵、産、財の三全強化」「大衆層の生活安定」「農商工の共栄依存」である。

俵の挨拶は挙国一致内閣の正当性と列強、とくにイギリス批判を率直に説いたものであった。俵の政治的立場については井上敬介の研究が詳しい。井上によれば俵は反英団体の幹部を務めており、「反英論者にして立憲政治の擁護者」であった（井上 二〇一三：一九三〜一九四）。この挨拶から俵が反英運動に傾斜していった背景には、ブロック経済への反発があったことが分かる。これまでの候補者と同様に赤字公債削減やインフレ懸念を訴えている点も、基本国策に則ったものと言えよう。俵は主要な格差是正のための政策の必要性を理解していたものの、それは赤字公債の漸減の範疇で実施すべきとの立場だったのである。また、最後に民政党の基本国策を主張した点も重要である。俵の中では反英主義と基本国策は共存していた。

### 升田憲元の立候補挨拶

第二区から民政党で出馬した弁護士の升田憲元は、国際連盟脱退等によって「孤立無援」にあるとして以下のように続けた。ソ連の政策は日本を露骨に敵視したものがあり、中国との関係も国民政府の「執拗なる抗日反満の指導方針」のために不安定である。イギリスは「自国利権の維持増進に腐心」して海軍軍縮条約や対中問題で日本による「東洋平和」の確立を阻害しようとしている。こうした対外情勢の厳しさにくわえて国内情勢も「不安亦甚し」く、「国民は挙国一致を以て」国難に対応する必要がある。こうした内外の難局に直面するなか、政友会は斎藤内閣には協力したのに岡田内閣には反対して内閣不信任を提出するなど、「国家国民の利害休戚を無視して只管党利党略を事とする不純なる政党の行動」を続けている。さらに倒閣のために天皇機関説事件などを起こすなど、「挙国一致を破り国家の選良として為すべき法律案予算案の審議と謂ふ重大なる責務を自から放棄して」いる。自分は一九二八年の選挙で中立候補として出馬したが惨敗し、その後民政党有志との交流の中で民政党から立候補を決意したのである。当選の暁には国防産業財政の充実や農漁山村の更生、「国体擁護国民思想の善導教育の改善政治の公明化交通機関の完備」などに全力を尽す。

升田の挨拶は、対外情勢と政友会への批判を強調し、民政党の正当性を強調する内容だった。

### 民政党候補の立候補挨拶の特徴

こうした民政党の候補者の挨拶をまとめると次のような特徴が見出せる。

第一が外交状況への言及である（櫻内、木村、俵、升田）。これは民政党の基本国策である「日本民族の生存権確保」と関連している。軍縮会議決裂を英米の責任とし、それらによる国際秩序やブロック経済への反発を述べた俵の挨拶は、その後の政治的活動も踏まえると注目すべきである。重要なのは木村の満洲国を通じた日本海地域の発展構想であるが、この点については後述したい。第二に、赤字公債削減を中心とする財政膨張への反対を表明していた点である（櫻内、原、木村、俵）。これは基本国策第三の「国防産業財政の総合強化」にあたる。要するに、当該期の民政党の経済政策体系は、高橋蔵相の目指した赤字公債漸減の方針と合致しており、膨張財政を抑制する点に特徴があった。第三が、農山漁村の負債整理や産業組合の促進などの地方の生活を再建するための政策である（櫻内、原）。昭和恐慌によって傷ついた農山漁村経済を再建し、産業組合や肥料の国家管理などを通して農漁山村の生活環境を整備することが民政党の地方政策の基本方針であった。なお、産業組合については島根県内の事例も含めて後述する。第四に、挙国一致内閣を支持する姿勢である（櫻内、俵、升田）。とくに、先述の通り櫻内が政党内閣復帰のために挙国一致内閣を支持する姿勢を示していた点は重要である。民政党は国際情勢を含める政治社会の状況が安定してから政党内閣制へ回帰する構想だった。岡田内閣に反対して政党内閣制復帰を目指す政友会との対立軸は明確だった。

### 高橋円三郎の立候補挨拶

第一区で立候補した政友会の高橋円三郎は、新聞記者を経て政友会から立候補した人物であった。高橋は五・一五事件について言及し、これがきっかけで「ファッショ的諸勢力」が台頭して「社会不安人心不安」が生じた。その中で「政治上の積弊を悉く政党の罪に帰せんとするが如き論議」が広がり、「政党の信用は一時全く失墜するに至つた」。そうした中で成立した斎藤内閣は「鎮静剤的職分」の役割は果たした。しかし、岡田内閣は首相に見識がなく、実態は官僚を中心とする内閣であり、民政党の協力を取り付けて挙国一致を装っている。また、岡田内閣や民政党の政策である「健全財政主義」では国内外の問題を解決することはできない。

これに対して「政友会は多年積極的産業国策を提唱して来たのでありまして現在日本の産業的発展の礎石となつている諸施設にして政友会積極政策の具体化に依るもの甚だ多い」。現状を打開するには積極政策を主張する政友会が中心となる内閣が必要である。自らの政策としては「小型船舶を以てする裏日本と満洲の経済交通の促進」、「治「満洲に於ける対裏日本通商策の促進」、「地方自治体の財政を救済する為めの地方財政補正制度の拡張充実」、「治水治山用排水施設の徹底的完成」、「地方自治体の組織を改革し権限を拡張して経済的機能を発揮せしめ以て地方町村更生の実を挙げる事」、「大規模の商工中央金庫を設置し中小工業金融の円滑を図る事」、「産業統制と之に対する公共の利益を擁護する為めとの目的を以て常設の産業統制中央委員会を設ける事」、「経済更正事業の全国総括的統制指導」を掲げる。木村と同様高橋も満洲国を足掛かりとした交易を掲げていた点などは共通している。

### 島田俊雄の立候補挨拶

島田俊雄は政友会が提出した岡田内閣不信任決議案を示した。そして岡田内閣が蔵相の演説終了直後に議会を解散したことについて、発言を封じる「非立憲的」態度として批判した。岡田内閣を支持する民政党は「我党の態度を以て、挙国一致に誠意を欠き、国策遂行を妨害するものとし、斎藤内閣に協力しながら、岡田内閣に反対するのは矛盾であると非難して居り」、このことを「選挙のスローガンとする事と想像され」るが、岡田の態度は「政党無視」の態度であり、岡田内閣は「官僚の一部を中心とする、一種の超然内閣」である。そして、そうした内閣の諸政策や実績は「悉く、不充分、不徹底」である。本来なら政友会が議席の多数を占めていることから不信任は可決されるはずであり、岡田内閣は退陣すべきだったもかかわらず、来年度予算を棒に振って解散したことは「無責任の甚だしきところであ」る。「我々は決して挙国一致に反対する者では」いが、「岡田首相の挙国一致は、口丈けの挙国一致であり、所謂偽装的挙国一致であ」る。なぜ挙国一致が必要なのかと言えば「内外の時局重大であるからであ」る。そして、真の挙国一致とは政友会が主導することによって実現できるものであり、「我々の所謂真の挙国一致を以つて、実行し、断行すべきものは、我党の伝統たる、積極主義であり、我々の標榜する所の、兵農両全と、自主的外交との外はな」い。

島田は、政友会を中心とする内閣こそが目指すべき挙国一致内閣であると訴え、政策としては政友会の年来の主張である積極主義を掲げた。

## 沖島鎌三の立候補挨拶

沖島鎌三は、経済政策における民政党との違いを論じた。岡田内閣の予算は不十分であり、「軍艦や大砲を造ることばかりが国防ではない何よりも国民の経済力を養ふことが肝要である」。なぜなら、軍事費の財源は税収であり、その税収は「国民の収入は産業が開発されその施設が整」わなければ増えない。「政友会の兵農両全政策は」産業の振興と軍事費の充実を目指すものである。これに対して民政党の「兵農財三全主義」は往年の緊縮財政の焼き直しであり、「此消極政策が如何に我国国民に大なる打撃を与えたかは」周知の事実である。この状況では「仮令借金がしてやつて置いても租税収入が」増加する政策を準備すべきであり、岡田内閣の財政は辻褄合わせにすぎない。地方政策についても時局匡救事業の中で「予算がないからと云つて中途で打ち切られた匡救事業が」あり、「貯水池はその侭になり、道路は途中で通行止めになつて」おり、「折角築き上げた堤防は流され港を砂で埋められている」有様である。このほか米繭に関する政策、商工中央金庫についてもその予算規模は不十分である。このように岡田内閣の政策はそのほとんどが不十分であり、「躍進日本の国策は積極的でなければなら」ず、政友会の政策こそが現状にふさわしい。「国民と代議士、代議士と政党、政党と国策、国策と実行」は不可分であり、政党不在の挙国一致はありえないのである。「官僚か政党か、国防と産業の両立を、立憲政治の確立を期さんがために敢て茲に批判し」有権者の判断を願いたい、とする。

沖島の挨拶は岡田内閣を前面に押し出す内容であった。

### 政友会候補の立候補挨拶の特徴

このように政友会の候補者は岡田内閣批判、積極財政確立、政友会を中心とする内閣の組閣を訴えていた。岡田内閣を超然内閣・官僚内閣として批判する姿勢は、かつての非政党内閣を批判し、政党内閣の確立を訴えた護憲三派の立場を彷彿とさせる（清水 二〇一三：二四六）。積極財政への転換については、一九三二年の総選挙で積極財政による景気回復を掲げて勝利した経験をもとにしていると思われる。この選挙における政友会の特徴は、政党内閣の復活と積極財政という、かつての成功経験に基づいたイメージ戦略を中心としていたと考えられる。

### 選挙結果

選挙の結果は民政党が二〇五議席を獲得した一方、政友会は一七四議席に落ち込んだ。島根県においても民政党は五議席を獲得したのに対し、政友会は島田の一議席にとどまった（表3-1）。政友会の敗因は、党内部における選挙資金工面の難航が指摘される一方で、民政党の勝因については選挙資金を西園寺公望の協力で確保できたことが挙げられている（菅谷 二〇一九：一六二〜一六五）。政策的な側面を考えれば、民意は岡田内閣に大きな不満はなく、民政党の主張する挙国一致内閣と健全財政を志向したことになる。非常時が喧伝される中で、政友会による政党内閣復活の主張は、党利党略に基づく行動であるとみなされたのではないだろうか。積極財政による景気回復も、犬養内閣が短期間で崩壊したため政友会の実績とは捉えられておらず、予算が膨張する中でのさらなる積極財政は、非現実的な政策として浸透しなかったものと推察される。また、当時の対外情勢は「安定」していた時期であったこと、農山漁村でも時局匡救事業が展開していたことを考えると、政友会の主張に有権者は共鳴しにくかったとも考えられる。むしろ、民政党の主張にあったような公債削減が国民負担の軽減に繋がると理解されたのではないか。

表3－1　第19回衆議院議員選挙結果（1936年2月29日執行）

| 第一区 | 党派 | 当落 | 松江市 | 八束郡 | 能義郡 | 仁多郡 | 大原郡 | 簸川郡 | 隠岐島 | 合計 | 得票率 |
|---|---|---|---|---|---|---|---|---|---|---|---|
| 原夫次郎 | 民政党 | 当選 | 2,654 | 3,208 | 846 | 1,253 | 534 | 14,946 | 1,549 | 24,990 | 31.9% |
| 木村小左衛門 | 民政党 | 当選 | 2,736 | 3,381 | 1,680 | 1,994 | 6,212 | 6,721 | 973 | 23,697 | 30.3% |
| 櫻内幸雄 | 民政党 | 当選 | 1,720 | 6,575 | 5,231 | 1281 | 99 | 1,465 | 1,258 | 17,629 | 22.5% |
| 高橋円三郎 | 政友会 | 落選 | 1,427 | 1,630 | 974 | 554 | 420 | 5,534 | 1,371 | 11,910 | 15.2% |

| 第二区 | 党派 | 当落 | 飯石郡 | 安濃郡 | 迩摩郡 | 邑智郡 | 那賀郡 | 美濃郡 | 鹿足郡 | 合計 | 得票率 |
|---|---|---|---|---|---|---|---|---|---|---|---|
| 升田憲元 | 民政党 | 当選 | 4,977 | 1,793 | 2,638 | 5,212 | 3,211 | 2,865 | 1,121 | 21,817 | 33.0% |
| 俵孫一 | 民政党 | 当選 | 445 | 1,164 | 1,503 | 2,083 | 8,434 | 3,549 | 1,990 | 19,168 | 29.0% |
| 島田敏雄 | 政友会 | 当選 | 129 | 323 | 490 | 1,008 | 6,448 | 4,510 | 2,582 | 15,490 | 23.4% |
| 沖島鎌三 | 政友会 | 落選 | 1,730 | 1,852 | 1,607 | 3,638 | 630 | 151 | 113 | 9,721 | 14.7% |

有権者数：17万3941人（一区、二区あわせて）／投票者数：14万5703人（一区、二区あわせて）／投票率：83.02%

出所：衆議院事務局編『第十八回衆議院議員総選挙一覧』より作成。

このような背景もあって政友会の選挙戦略は奏功しなかったと考えられる。

それに対し民政党は政策能力を充実させており、政権争奪と距離を取る戦略を展開していた。民意はこうした民政党の姿勢と実績を評価したと考えられる。なお、この選挙では選挙粛正運動が展開されていたが、これについては後述する（第4章）。日本社会全体の民意と同じく、島根県の民意もまた岡田内閣支持を鮮明にしたと言える。

民政党優位が確立した一方で、この選挙にはいかなる意味があったのか。まずは立候補挨拶を示した媒体である選挙公報の分析をしつつ、この立候補宣言の中に政党の逆説が含まれていたことを明らかにしたい。

### 選挙公報の評価

まず、立候補挨拶が掲載された選挙公報の同時代における評価を検討したい。選挙公報は概して不評だったことは先述したが、島根県における評価も低いものだった。『松陽新報』は「選挙公報はどうやら失敗　早くも内務省で廃止論　政党側でも喜ばず」と題して次のように報じた。

今回の選挙で初めて選挙公報が発行されたが、「実績より見るも早くも公報失敗論の起れる事は注目すべき事象であ」

る。すでに選挙公報を発行した内務省では「公報廃止乃至再検討論が有力となつ」ている。「新潟、北海道では二人の候補者が一言一句の違ひなき公報記載文」を書いている事例もあり、公報が「抽象的な事項を羅列しているにとどま」り、難解な選挙公報の内容は「知識階級を除く一般有権者はこれを判読に辛く」、これを元に候補者の政見を判断することは困難であろう。また、「政党中にも公報配布は地盤をこはすものなりとして難色あ」り、選挙公報が今後どうなるかは不透明であると（『松陽』一九三六年二月一六日）。

郷土人雑誌『島根評論』も社説の中で「選挙公報の文章」と題して選挙公報に厳しい評価を下している。「われらは当初から官庁が不慣れなことに手を出し、非難の的となるのでは」と懸念していたが、「甲と乙と組違へて印刷したり、或は甲派の候補者のみに偏して他を取り落としたり、甚しきは全然発送漏れの有権者などもあつた」。「今回の実施に鑑みて、改正選挙法の欠陥多々ある内に、選挙公報の如きは第一着に全廃すべきであらう」。各候補者は読む側のことを考えておらず、「難解佶屈なる文字を並べ、或は空疎なるに政見を平板蕪雑なる文章にあらはししかも振仮名なく、句読を施さず、全然、大衆と没交渉」なものである（『島根評論』第一三巻第三号、一九三六年三月）と。その上で社会大衆党の安部磯雄のトルストイを引用した選挙公報を評価し、選挙公報は他人が分かるような文章にすべきと主張した。

このように、選挙公報の文章はとにかく難解であることや、事務手続き上の不備が目立ったことから、同時代における評価は厳しいものであった。先述の通り、先行研究もそうした当時の評価を受けてか、概して読みやすさやイメージ戦略に力点を置いた分析をしており、本書のような政策的観点から評価する研究は少なかったように思われる。本来なら、政党政治の発展のためには、こうした政策的評価が必要だったはずであるが、当時のメディアには政党政治を発展させるために、その政策を評価しようとする視点は乏しく、政党の取り組みを片端から批判・論難するのが一般的であった。これでは有権者に政策的な観点から投票させることは困難だったと思われる。確かに選挙公報の立候補挨拶は当時の有権者にとって難解だったと思われるが、全員が理解できなかったとも考えにくい。政策的な意義を検討することは、こうしたメディアを中心に作られた政党観を克服して政党の正確な評価を下すためにも必要である。

なにより、選挙公報には数々の問題が生じたものの、次第に定着していった事実を重視すべきである。選挙公報は政党政治家が有権者に向けて自ら支持されるための政見を披露した点で、重要な史料であることは間違いない。そこで、立候補挨拶の中から注目すべきものとして櫻内と原が主張した産業組合の整備拡充と木村の主張した「日本海湖水化」構想について掘り下げたい。

### 産業組合の整備拡充政策

周知の通り、一九三〇年代の日本農村は「従来の地主制・名望家支配が動揺することに対して、その下の自作農中堅・自小作上層を国家が再編成し、農村権力基盤の社会的下降が進行して」いた（森 二〇一五：一八五）。先述の通り民政党の基本国策には自作農創設推進が掲げられていたが、これは時代の趨勢を反映したものと思われる。ここで注目したいのが、原が産業組合の活性化を挨拶に盛り込んでいる点である。産業組合は昭和恐慌以後に展開した農村経済更生運動で拡充が目指された組織であり（森 二〇一五：一九六～一九八、牧 二〇一七）、現在の農業協同組合の源流として知られる。島根県においても、経済更生運動の中で産業組合が整備・拡充されていた。具体的な内容として確認できる八束郡千酌（ちくみ）村（現在の松江市美保関町千酌）の信用組合では、信用事業を中心とする事業体制だったのが、一九三〇年から購買販売事業が開始され、一九三七年からは共同作業所の新築と生産品加工利用事業が展開されており、信用・購買・販売・利用の四事業体制による運営拡充が進んでいった（『松江市史　通史編5 近現代』四七六～四八〇頁）。今日の農業協同組合の事業に近い事業形態がこの時期には確立していたのである。このような産業組合の拡充路線は斎藤実内閣期に定められたものであり（森 一九九九：二〇～二一）、原は斎藤内閣以来の路線を継承・強化する意図をもって「産業組合の活動を旺盛ならしめて購買販売取引に於ける適性を保持せしむる」ことを主張していたと考えられる。

ここからは推測の域になるが、原は千酌村の事例のような信用事業だけでなく広く事業を展開する産業組合の事例を把握しており、それを政策的に支援すべきと考えていたと思われる。こうした構想はかつて犬養毅総裁期に政友会が検討した産業五ヶ年計画を中心とする産業振興政策とは趣を異にするものであり（手塚 二〇一七：三三～三七）、民政党が政策的にも斎藤・岡田内閣を軸とする挙国一致内閣に接近していたことを示す証左となる[12]。民政党が選挙直前に掲げた十大政策でも一〇番目ではあるが「農村経済更生は産業組合を中心とすること」が標榜されている点から[13]、党全体の方針であったと見るべきである。これは政党政治家が国民生活を安定させるための政策を調査・研究しており、日本の政党が政党内閣制崩壊後も有権者に支持を得られるような政策を練り上げながら発表する、民意に立脚した「近代政党」に転換する試みを続けていたことを示している。

### 島根県における満洲国への期待感の創出

次に木村小左衛門の主張していた「日本海時代」の到来、すなわち「日本海湖水化」構想について検討したい。これは一九三〇年代にかけて裏日本（日本海側）に位置する地域で広く論じられたものであり、満洲や朝鮮といった帝国日本の支配下・影響下にある地域を足掛かりに裏日本を発展させようとする構想であった（芳井 二〇〇〇：二六二）。概して日本の対外侵出を積極的に肯定するものとして否定的な評価を受けることが多いが、本書はこの構想を政治家が立候補挨拶に盛り込んだことに、「近代政党」としての逆説が見出せると考える。ここで島根県における「日本海湖水化」構想の展開を確認しておきたい。

結論から言えば、島根県でも満洲国に対する「期待感」は高いものがあった。『島根評論』は一九三三年に「日本海時代の出現」と題して「日本海を湖水化し、裏日本を表日本となすべき主張は、最早誰人も肯定するべき常識に属」するとして、満洲・朝鮮の交易を通じた発展を展望していた[14]。このほか、島根県内における満洲国への高い関心がうかがえるのが、一九三二年に松陽新報社が実施した満洲への山陰地域の出征部隊慰問と満洲国視察団派遣キャンペーンである（『松陽』一九三二年四月一九日）。重要なのは、このキャンペーンに対して民政党の政治家が賛意のコメントを発している点である。櫻内はこの事業を「きわめて有意義な壮挙であり、且つ時宜に適した最も効果ある挙快である」と評して、「山陰地方は、地理的に考察しても、満蒙とは最も密接なる土地柄であり、将来新満洲国が完全な独立国として発展するやうになれば、自然各方面に種々の関係が起こる」と展望した上で、今回の調査の成功を期待していると述べた（『松陽』一九三二年五月一八日）。俵はこのキャンペーンを「国家に対する美挙」「現下の時機に於て最も必要であり且つ緊急機宜に適した事である」と述べた。続けて満洲で匪賊の対応に当たっている出征部隊への慰問行為に感謝の意を伝えた上で、「満蒙の地は、わが国家の権益擁護の立場から云つても、所謂生命線として密接な関係を有する」ものであり、満洲国に対して国家国民が一丸となって援助すべきと主張した（『松陽』一九三二年五月二〇日）。原は「満蒙の地は申す迄もなく我が帝国が日清日露の両役を経て巨億の国費と幾多の生霊とを犠牲に供して獲得した尊い我が帝国の生命線であ」り、「この権益は我が帝国として何処までも自衛権の発動により之を擁護すると同時に東洋永遠の平和確立のためにも」積極的政策を遂行すべきであると述べた。そして、「殊にわが山陰地方は地理的にも満洲国とは近接した土地柄であり今後満洲新国家の発展につれ産業、商工、移民その他各方面に期待すべき関係が生ずる」と述べて視察の成功を「切望」した（『松陽』一九三二年五月二一日）。

民政党総裁として若槻もコメントを寄せている。若槻は「満洲と日本とは歴史的に経済的に国防的に離る可らざる関係があ」り、とくに「山陰道は古来満洲と地理的に接近しているだけに一層深い関係があったのであるが、新満洲国も建国された今日であり更に一層の関心を払ふべき」とした。そして調査団の役割を「山陰道の人々が新満洲の何処に注意と関心を払ふべきかを探求すること」にあるとして、「松陽新報社が多大の犠牲を払ひ、県民代表の公選といふ特殊の方法によつて本計画を進められている事は、その着眼点の秀逸に於て慶福の至りである」というように、慰問・視察団が公選によって選ばれることを評価した。そして「一言注意すべきは、視察に際して『正しき観察』をなすことであ」ると述べて、観光気分で終わることなく実のある視察が実現することに期待を寄せた（『松陽』一九三二年五月二八日）。若槻が述べた通り、松陽新報社は派遣団の代表メンバーを投票によって決定している（『松陽』一九三二年八月八日）。一九三三年に日本政府が国際連盟脱退を決定すると、民政党は国際協調を前提としつつも、満洲国との交流による日満の発展を展望する方針をとるようになっていった（酒井 一九九六b）。満洲国という中国との関係を緊張させる要因を認めつつ国際協調を志向する、一見すると矛盾する立場である。国際連盟脱退以前から、民政党の政治家が島根県の地域的発展と結び付けて満洲国への期待感を煽ったことは重大な事実である。しかし、「近代政党」への転換期にあった民政党にとって、他地域と比較して発展が遅れていた島根県の中で、満洲国の存在を等閑視することは困難であった。民政党の主張が対外政策に関する主張が硬化した背景には、民意を反映することで立脚する「近代政党」への転換が背景にあった。

### 「日本海湖水化」構想

これらの点を踏まえて改めて木村の挨拶を検討すると、民政党の基本国策を踏まえた上で、島根県の有権者に関心が高い「日本海湖水化」構想と関連させて公約化した点で、他の候補とは一線を画していると言える。木村は田中義一内閣期において外交を政争の具とすることを嫌う幣原喜重郎を説得して「外交大観」と題した講演会を実現しているように（種稲 二〇二一：一一八～一二〇）、がんらい外交政策への関心が高い人物だったと思われる。そのような背景を持つ人物だったからこそ、基本国策と「日本海湖水化」構想を挨拶に盛り込むことができたのだろう。この政策は「裏日本」の中で後進性が課題となっていた島根県の発展を展望するための一つの回答であった[15]。

本来なら木村のように時局に対応した政策を訴えることは、政党の社会的信頼の回復と他の政治勢力に対する優位性を確立し、ひいては日本政治全体への安定をもたらすはずであった。しかし、積極的な対外政策は政党内閣の重要な条件であった「ワシントン体制下の国際緊張緩和とそれに伴う軍部の政治的比重の減退」（三谷 一九八三：八四～八五）の否定にほかならなかった。すでに指摘されているように、「日本海湖水化」構想に代表されるような満洲国を通じた地域発展は、日本と中国と満洲国によるブロック経済化構想につながるものであった（井上 二〇一三：一六五～一六六）[16]。今一つ重要なのはこの路線が中国との対立を深めるものだったことである。中国国民党の指導者だった蒋介石は、満洲国建国に続いて華北分離工作を図る日本に対し、抗日戦争の準備を進めつつ（家近 二〇一二）、英米ソと提携して日本に対抗する「国際的解決」戦略を構築していった（鹿 二〇一六）。もっとも、「満州事変後の対中国政策は、個別問題の解決を積み上げ、さらに日中間の経済交流を進めていくことで、日中関係の当面の緊張緩和と長期的な安定化を実現しようとして」いたものだったとの評価もあり（宮田 二〇一四：六五二）、日中衝突の歴史的必然性を強調することには留保しなければならない。しかし、民政党が対中協調外交路線から遠のいたことは、中国大陸を拠点に軍事行動を展開する陸軍の政治的発言力を増大させることを意味し、政党勢力の存在感を低下させることとなった。

## 第一九回衆院選の意味

以上の検討を踏まえればこの選挙の意義も明らかである。民政党の勝利は坂野が主張するような「対外侵略の抑制の効果」を持っていたものではなかった（坂野 二〇一〇：一五九）[17]。あるいは井上寿一のように民政党の政策は格差是正を中心とする社会政策が主要政策であり、有権者もそれを支持したとする見方も正確ではないことは明らかである[18]。当該期の有権者の判断は積極的な対外政策の肯定にほかならなかったのである。

原や木村の挨拶から読み取れるのは、政党政治家が政党の基本国策に基づいて国民生活の改善につながる政策を調査・研究して訴えていたことと、当時の政治社会の要望や風潮を反映して、現状課題の解決を訴えていたことである。このことは、当時の政党が有権者の意思を反映して政策を訴える「近代政党」への転換を図りつつあったことを意味する。民政党候補の立候補挨拶は党中央が策定した政策を反映させつつ、それを自らの関心や地域における課題解決に向けた具体的な政策として確立させたものになっていた。このことは、政党内閣制崩壊後も民政党が質的転換を続け、党中央の意思決定を浸潤させることで、体系的な政策を発信していたのである。しかし、一方で満洲国の積極的な「利用」による地域発展は政党の対外政策の硬化を意味していた。「近代政党」への転換が、政党内閣の前提条件である対中協調外交を放棄させたのである。これこそが戦前の政党が陥った逆説の一つであった。

## 3 「近代政党」をめぐる第二の逆説——林銑十郎内閣をめぐる政党の行動と評価

### 第二〇回衆院選の背景

本節では第二〇回衆院選において生じた政党の第二の逆説を検討する。

一九三七年（昭和一二）に林銑十郎内閣は予算通過後に突如衆議院を解散し、第二〇回衆院選が執行された。すでに先行研究が明らかにしている通り、この選挙では林が期待した新党は生まれず、政民両党が議席の大多数を占める結果となり、議会での支持を失った林内閣は総辞職することとなった（民政党一七九議席、政友会一七五議席）。先述のようにこの選挙に対する評価は既成政党への不信を強調する評価と、政党勢力の健在さを示したとする評価がある。しかし、これらの評価は選挙の争点を検討していない点で、選挙の分析としては正確さを欠いている。これから見ていくように、投票率低下の背景には既成政党への不信感だけではなく、政党が自らの立ち位置を整理した結果、政党同士が争う選挙の政治的争点が曖昧になった選挙の構造的問題があった。そこに政党が直面した第二の逆説があった。以下、具体的に逆説を明らかにするために、前節に引き続きこの選挙における候補者八名の立候補宣言を検討したい。

### 原夫次郎の立候補宣言

民政党の原夫次郎は宣言の中で林内閣を厳しく批判した。「其心事の陰険其行為の卑劣、天人倶に許さざるところ、林内閣の常に口にする国家の最高道徳も和敬の道も悉く偽瞞（ママ）にあらざれば口頭禅に過ぎ」ず、今回の解散は「最も悪質極まるもの」である。林首相は政府の意に沿わない選挙結果であれば「再度の解散も亦辞せず」とまで言うが自分たちは誰からも試験されずに選挙を続けるのは税金の無駄であり、「候補者の当選を希望し或は希望しないと言ふことは大胆極まる理不尽な言分なりと言はざるを得ないのである」。今こそ「我国立憲政治擁護の心念に燃へ正に一死報国の血を沸かさずには居られぬ」。日本は「東洋平和」のためにも「日満支経済提携の確立、対支対ソ関係の正調、南洋諸国との経済関係の密接化、国際正義の強調、人口分布の合理化と移民の自由、経済的鎖国主義の打破と資源公開の原則確立、通商自由の確保」などの外交政策を展開すべきである。また「近似突発したる不祥事件の如き極度に人心を不安に陥れたものであるが粛軍に拠つて」人心を安定させることに加えて、「政治行政機構の合理化」や文官任用令改正による人材登用と身分保障令の改正、官吏偏重の恩賞制度の改正、官紀綱紀の粛正が必要である。国内政策としては国民負担軽減のための税制改革と「地方財政交付金」の増額や、「自治的統制による産業統制の確立」、商工組合中央金庫拡充、農村負担整理、農村の電化・工業化、このほか各種インフラ整備等を検討している。社会政策としては「国民健康保険法案の成立を急ぐと共に俸給生活者の健康保険制度の確立を期すること」、労使・小作関係調整、保健施設の整備を考えている。そして、思想問題については「日本精神の涵養振作」と「日本精神固有の一大家族主義」の徹底が重要である[19]。

原は宣言の中で林内閣を痛烈に批判しつつ、外交政策としては満洲や中国、南洋諸国との提携による「日本民族生存権の確保」を主張していた。民政党の基本国策の内容に基づいていることは明らかである。国内政策については綱紀粛正や農村負担整理、農村の電化・工業化などを掲げており、こちらも基本国策に基づいている。また、社会政策については当時注目されていた国民健康保険制度に言及している（高岡 二〇一一：七八〜八〇）。原の政策は基本国策の大枠を踏襲しつつも、当該期の政策議論を宣言に盛り込んでいる点は見逃せない。政策の調査・研究を継続して行っていた事実と、基本国策の重要性が確認できる。

### 櫻内幸雄の立候補宣言

民政党の櫻内も林内閣を論難した上で政策を主張する。議会では予算を認めて重要法案を五〇件以上通過させ、「国民から政党盲従の非難を受くる程審議に努力しながら寝耳に水の解散を受けたのである」。この解散は憲政史上類を見ないものであり、「一人の与党すら有せざる林内閣は解散して何うする積りなのか、恐らく国民も去就に迷ふであらう」。林内閣は解散の理由を政党の時局に対する無理解、政党による議案の審査阻止のためなどと主張しているが、前者は官僚独善の標本であり後者は事実誤認である。林内閣は軍備拡充を重要視しているが、「陸海軍を並行的に拡充して、世界の大国と前後左右に相対抗せんとする如きは深く考慮」すべきである。外交と国防を両立させ、「不脅威不侵略の原則の下に国策を確立す可きであ」る。いたずらに「軍拡競争をなすに於ては我経済界の根底は到底破綻を免れない」恐れがあるためである。林内閣の議会・政党軽視に対して民政党は「隠忍自重」を続けており、多くの法案に対して「党内幾多の不満を抑へ」て協力してきたが、解散という暴挙に出て「挙国一致を破壊」したことは許されない行動である。ましてや再解散をほのめかして政党を圧迫しようとするのは言語道断である。今回のような身勝手な解散を「ファッショは之を許すかも知れないが日本精神は断じて之を許さない」のである。

政党は反林内閣で一致し議会政治擁護を掲げることで立場を明確化したが、選挙ではその立場を明確化した政党が選挙で争うこととなる。「国民も去就に迷ふ」というのは、どこに投票すれば自分たちの意見が反映されるか分からない有権者の戸惑いを、候補者として感じ取ったことによるものであろう。次に、林内閣に協力してきた民政党の立場を弁明しつつ、軍部の軍備拡張路線には経済的な状況から反対の立場をとり、明確なファシズムへの反対を訴えた点も重要である。ファシズムへの反対の立場を掲げるためにデモクラシーではなく日本主義を主張した点に当時の政党の思想的限界性を見出せるが、櫻内は日本主義という誰しも反対しにくい曖昧な言葉を対峙させることで軍部を牽制していた点を重視すべきであろう。

### 木村小左衛門の立候補宣言

民政党の木村小左衛門は自らが首相秘書官や拓務参与官を歴任し、満洲国成立に貢献したことや、議会で多数の法案が通過したことを強調して次のように続けた。林内閣が解散の理由として挙げている「重要法律案の審議を阻んだ」という点は事実無根である。現在の非常時においては、「政党、官僚及軍部は三位一体となって互に相侵すことなく、各其の本分を恪遵して挙国一致国難打開に邁進」すべきである。民政党は林内閣をあえて批判せず、議会では予算案に賛成して「重要社会立法に付ては、国民の熾烈なる輿望に鑑み、ともすれば民意を梗塞せんとする官僚独善的イデオロギーを基調とする政府原案に対して公正妥当なる修正を加へたる上、これが通過に異常なる努力を」したのである。しかしながら、林内閣は政党を裏切って解散した。これは「立憲政治の何ものかを弁へざる非経世家的なる態度」であり、その根底には「ファッショ」思想があり、「我が国独自の憲法政治をして破局の危機に瀕せしめんとするものであ」る。今回の選挙では帝国憲法を死守するために「決死的活動を展開」する所存である。もっとも、現在の「議会政治」及び「政党の現状」は理想的ではなく、「幾多改革を加ふべき点」がある。改革の一つとして、「立憲民政党は政党更新の為他党に率先して党機構の刷新を期し、又党費の公募公開を断行して党が一部財閥の傀儡であるかの誤解を一掃し、我が党が真に国民大衆に基礎を置く天下の公党たるの面目を発揮すべく」試みを続けていきたい。

最後に木村は政綱として、①「憲政の確立は庶政の根幹　（1）政治教育の普及徹底（2）議会制度並に其の運用の改善（3）行政機構及自治制度の全面的改革（4）人材の登用と人心の一新」、②「教育の刷新は国礎の培養（1）教育根本精神の徹底（2）学制の全般的改革」、③「国防及外交国策の喫緊　（1）民族生存権の確保（2）国防の方針確立と計画完成（3）外交の根本方策樹立」、④「中央及地方を通ずる財政及び税制の根本的改革の断行」、⑤「国民生活安定策の遂行　イ、農村対策（1）農村経済更生の強行（2）農地問題の解決（3）肥料廉価供給政策の徹底（4）森林対策の樹立（5）水産政策の確立（6）蚕糸政策の徹底（7）農業保険制の創設　ロ、中小工業対策（1）商工組合普及拡充（2）中小商工金融対策（3）工業の地方分散化　ハ、社会政策　（1）国民保険と農村社会事業の確立（2）入営者家族保護制度の実施（3）授産、就職機関の設定」、⑥「総合的経済国策の断行　（1）総合産業の確立（2）貿易対策の確立（3）原料国策の樹立（4）液体燃料国策の樹立（5）電力国策の遂行（6）航空事業の警備拡充（7）治山治水河川国策の樹立遂行」を掲げた。なお、木村が「社会政策」に掲げた国民保険と入営者家族保護制度は、民政党が「我党当面の社会政策」として訴えていた内容と合致している（『民政』第一一巻第四巻、一九三七年四月）。

前述のように木村は国際情勢や外交への関心が高い人物であり、前回選挙と同様に外交政策が主張の最初に登場している。林内閣の思想的背景にファシズムがあると断じた上で、立憲政治を破壊する思想であると厳しく批判している。また、欽定憲法であった大日本帝国憲法を遵守する護憲の立場を堅持し、林内閣は憲法から逸脱していると批判することで、政党の立場の正当性を確保しようとする意図があったものと言える。さらに、民政党の今後の改革プランとして党費公募を提示した。これは、日本の政党が「名望家政党」から「近代政党」へと転換する上で重要な取り組みであった（粟屋 二〇〇七：二二七）。木村の政官軍の三位一体の発想は、各自の本分に徹すべきとしており、政治に容喙する軍部への牽制ともとれる。政綱では「民族生存権の確保」、「総合的経済国策の断行」、「中小商工業対策」などを掲げていた。また、「中央及地方を通ずる財政及び税制の根本的改革」は、前年の総選挙で民政党が掲げた十大政策の七番目に設定された「地方財政調整交付金制度の確立」[20]を踏襲したものであろう。木村は基本国策をベースとしつつ、十大政策に加えて「液体燃料国策の樹立」など新しい政策課題を設定していることから、政策調査を周到に進めていたことがうかがえる。

### 俵孫一の立候補宣言

民政党の俵孫一は対外関係から論じ始め、政党の立場の正当性を主張する。対中関係をはじめ、英米・ソ連との関係も悪化しつつあり、「我国現在の国際的地位は中々困難なる局面に立つて居る」ことから財政は膨張し、増税と赤字公債が重なり、物価の高騰による国民生活の圧迫が強まっている。こうした国民負担の増加は「国際情勢の現状に鑑み、国防の安全を期する観点より、止むを得ざる帰結であり、国民は正に耐へ忍ばねばならぬが、大に憂慮すべきは生活の不安であ」る。こうした経済状況の悪化から、「外来の悪思想」が襲来し、右派左派問わず階級対立の激化が懸念される。これに対して民政党は挙国一致内閣を支援し「各階級層、各部の間に相克の弊を革めて文武一途、官民一体、朝野一致」で内外の危機に当たれるように努力してきた。「欽定憲法を遵奉し、憲法発布の勅諭に従ひ、和衷協同、愛国殉公の日本精神を守」るためにも「飽く迄憲法政治の健全なる発達を希図せねばならない」。「近時政党に対する幾多の批評、非難があり、随分苛察に過ぎるものもあ」る。「以前は確かに政党の悪弊が多かつたが近来各党共専ら自粛自省に努め、議会の空気も一変」している。そのような状況で、政党の入閣を拒否するなどという林内閣の態度は「議会の現状否認である」。それでも内外情勢の非常時のため、政党は「忍び難きを忍び協調に協調を重ねて」法案や予算の成立に協力したのである。林内閣は解散の理由を「議会が身勝手なる選挙改正法案の成立を強要し、政府の重要法案の進行を阻止したといふのであるが」、すでに重要法案の審議は完了・通過していることから、これは誤りである。選挙法改正についても、広田弘毅内閣期に改正案が出来ており、林内閣が提出しない方が不可解である。議会は稀にみる法案の通過数をみたにもかかわらず、「林内閣が、政党の協調態度を無視し、政界に無意味の風波を起し、議会との協和を破つた」のであって、その政治姿勢は「官僚独善憲法政治否認である」。「今回の解散は国策、又は政策に関する意見の相違ではな」く、「政府が奏請したる議会解散の当否如何が重要なる点である」。

俵の主張は櫻内と異なり軍備拡大とそれによる国民の負担増を是認しつつも、立憲政治の擁護と政党の更生と議会での成果を強調し、政党の協力を裏切った林内閣を批判した。政党批判に対する牽制として、議会での法案通過の実績を強調している点も留意したい。解散の理由についても、選挙法改正自体は広田内閣から行われており、林内閣の言い分とは異なり政党は法案審議に協力してきたと主張している[21]。重要なのは俵が今回の選挙が政策を争うものではなく、解散の是非を問うものとしている点である。島根県下では民政党と政友会以外の候補者は存在しなかった。それは林内閣の解散を支持する候補者が存在せず、解散の是非を問うことはできなかったことを意味する。

### 升田憲元の立候補宣言

民政党の升田憲元は議会での法案通過が四〇件を超えるなどの成果を強調した上で、自らの議会での活動実績を述べるとともに、林内閣への批判を展開する。「元来前期議会に於て議案停滞の事実は現内閣が議会に基礎を有せず而かも専任の大臣を得る能はずして閣僚に兼摂多く為めに国務を円満に運用する機構と便宜を欠如せる」ことによるものであり、短期間の議会で重要法案や予算を審議しなければならなかった。この点は「全然政府の重大責任」である。民政党は「内外時局の重大性に鑑み各議員刻苦精励出来得る限りの努力を払ひ現内閣を支持して予算案及法律案の通過に勉めたのであります」。林内閣は政党側が選挙法改正案を通すために重要法案の審議と引き換えにしたことを解散理由としているが、それならばなぜ当初から政府は反対しなかったのか。しかも今になって法案成立を顧みずして解散に出たのか不明である。林内閣の行動は「綱紀を紊り政界を毒する甚しきもの」であり、それに対して政党政治家たちは議会での法案審議や法案調査に日夜取り組んできたのである。「此の危局救はんとするには先づ以て挙国一致和衷共同の実を挙げ我党が先に主張したる国防、産業、財政の調和を保持して国防の強化と国民生活の安定を企図することを念として極めて公正明朗なる国民総意の立憲政治を確定遂行せなければならぬ」。

升田の主張は林内閣の解散を論難しつつ、自らの活動の実績を強調して支持を訴える内容であった。

### 高橋円三郎の立候補宣言

次に政友会から第一区で立候補した高橋円三郎の宣言を見ていきたい。高橋は広田内閣の総辞職、宇垣内閣の流産という政変が相次ぐ中で、議会の会期は半分程度しかなかったとした上で議会の意義と林内閣への批判を強調する。「議会は政府提出の法案を、鵜呑みに通過させるだけの機関ではなく、民意を代表して、その是非緩急を稽（かんが）へ、以て協賛の誠を尽すべき任務を有するの」であり、政府に追従するだけならば「議会は有名無実となる」。林内閣は多くの重要法案を投げ出して「無謀な解散」を行ったのである。明治天皇の定めた五か条の御誓文に従い議会政治があることを忘れてはいけない。しかしながら、「私共は政党の現状を以て完全とは思」っておらず、「自ら戒飭して自律し、鋭意政策の検討に従ひ、党弊の芟除に努め、真の政党、真の国民代表、たらんことを志し、貴重なる各位の一票による、国政への参与を」図らなければならない。林内閣は付け焼刃で政策を準備してきたが、それを承認するには議会での協力が不可欠であり、政党の協力の展望もなくして解散するなど「国民を愚にする」ものである。しかし、自分は「林内閣を誹謗し快しとするものでは」なく、内外時局に対応する政策を実行するために立候補するのである。

政策としては「一、政治機構の抜本改革（イ）憲法の改正を断行して、議会会期を延長し、議院法」などの改正を通じて「我国議会制度の根本的樹て直しを、敢行する」。そして「（ロ）中央集権の弊を打破し、徹底的地方分権を、断行し、地方自治体の権限を、拡大すると共に、中央に於ける百弊の根源を一掃」する。「二、外交政策、特に対露、対支外交の根本的樹て直し断行（イ）対支外交に関し、軍部と外務との一体化」して「我国の国防上、民族生存上、必要なる最小限の要求は列国に憚るところなく」要求するとともに、「国民の輿論を背景とし国民的要求として、之が貫徹を期する」。そして、国策遂行のためには国防の充実を図り、「日満一体の確立強化と共に、世界市場確保の為めの、経済外交と相俟ち、我党伝統の積極方針によつて、満蒙の天地、南方の大洋への進出を図り、経済的移民政策を樹立実行」し、「国民生活の安定の目標の下に、特に、農村一般大衆生活の向上を目的として、租税負担の均衡、地方税源の培養に留意して、悪税の減免を行ひ、大衆生活を脅かさざることに、重点を置」く。具体策としては「遊資を活用して、庶民金融機関の拡充を図ると共に、農村負債の整理」や地方交付金制度の増額を実現する。今回の選挙は「我々政党人にとりまして、欽定憲法のために、議会政治のための必死の戦であ」る。

高橋の主張は立憲政治の擁護と、林内閣への反対を明確化するものであり、会期延長など議会政治を充実させるための憲法改正にも言及するなど、かなり踏み込んだ内容となっている。政友会の伝統的政策であるとする積極政策の強調は、争点が消失する中で政友会の独自性をアピールする狙いがあったと思われる。

### 島田俊雄の立候補宣言

島田俊雄は林内閣が解散を断行したことを「非立憲的解散」と断じて次のように続けた。林内閣は議会における審議の状況は誠意を欠くとしているが「各院は克く審議の進行を計り、其結果両院を通過したるもの四十八件、衆議院を通過して貴族院へ送付中のもの五件」があり、議会として非常な好成績をおさめている。林内閣はこの事実を無視している。「政府の希望通りに、唯々諾々政府案に盲従せざるが故に、審議に誠意を欠くといふならば、立憲公議の政治は無意義に帰する」のである。さらに政党が重要法案の審議を阻んだと林内閣は主張するが、国民健康保険法案や、帝国燃料株式会社法案などの審議終了間近に解散をしたことは、「乱暴の至り」である。そもそも林内閣は入閣するには党籍離脱を条件とするなど「政党を無視し、民意を軽視する」姿勢を示したが、「我々は内外時局如何にも重大なるに鑑みまして、暫く林首相組閣の方針に対する糾弾の手を緩ふし予算案及重要法案審査進行を第一と致したのであ」るにもかかわらず、「重要法案成立の直前に至りて、抜打的に無謀なる解散」に踏み切ったのである。「議会に一人の与党をも有せざる林内閣が徒らに議会を解散して国論を問ひました所で、其の答案は唯一つあるのみであ」り、「林内閣否認」以外ありえないのである。

島田は林内閣否定の理由を詳細に述べた上で、最後に政友会の政綱を列挙している。そこに国体明徴や「東亜資源を開拓して、我が民族生存の平和と、安全とを確保す」ること、中央集権を打破すること、地方遊資を活用した税制改革による地方救済、貿易関係を踏まえた各農村の相互不可侵による生産統制、金融政策や「業者の自治的協同工業の地方化」などの商工業対策、社会立法の制定などが掲げられていた。

### 沖島鎌三の立候補宣言

沖島鎌三は林内閣批判と同時に自らの実績を強調する。林内閣が突如解散したことで「国民保険法案、農地法案、負債整理関係法案」などの農村にとっても重要な法案が不成立となったことは遺憾である。国防の充実は当然の課題だが、「国民の国防費負担力の培養」のためにも「産業振興の諸方策」を実現する必要がある。農村問題については、広田内閣期に島田農林大臣秘書官として肥料統制法や糸価安定施設法など農山村の生活にとって重要な法案を成立させた。今後の農村にとって重要なのは「負債整理問題」「農地分配問題」「農村経済更生特別助成」であり、今後もその課題を解決するための政策に尽力する。くわえて「都会と農村との負担の均衡」のために、「町村財政交付金」などの対策を検討している。なにより、「我国の内外情勢は政府政党軍部官僚相互に私心を去り挙国一致の協力によりて之れに当」るべきであり、「今度の解散で政府と政党との間が対立抗争的になつた事は遺憾である」。この選挙を通じて「国家本位に覚醒」した政治運動が展開されることを期待する。

沖島の主張は林内閣の否認という点で他の候補と一致しつつも、広田内閣期における自らの活動と成果を強調していた点に特徴があった。島根県の多くの有権者にとって関心のある政策とその成果を訴えることが、沖島の選挙戦略の中核であった。

このように、前回選挙は岡田内閣への支持か不支持かで明確な争点があったが、今回の選挙では林内閣への批判では全候補者が一致しており、それぞれが議会での活動や政策面での成果を強調するなど争点が曖昧であったことは明らかだった。こうした争点の曖昧化は選挙全体の低調化にも結び付いていった。

### 選挙結果と第二の逆説

選挙の結果は民政党と政友会がそれぞれ三議席を獲得する結果となった（表3－2[22]）。しかし、選挙運動は盛り上がりを見せたとは言い難かった。『松陽新報』は「低調な選挙情勢」と題して次のように主張した。「今次の総選挙は政府が与党をもたぬと云ふ点においてわが国の憲政史上に特筆すべきものである。総選挙と云へば従来は大なり小なり政府の与党と云ふものがあるが今回はこれがな」く、あるとしても昭和会のような少数会派にすぎない。状況的には選挙の結果は「野党の大勝」に間違いないが、このような低調な選挙は近年まれにみるものである。その理由は「大勢が既に決しているばかりでなく衆議院において第一党を得た政党に政権がめぐつて来ることが当分見込まれていない立憲的に見て変態の政治情勢」にあり、「この意味で政党に大衆の関心が薄らぎつつあるゆえんでもあるが選挙の結果がそのまま政治に反映せぬために国民の政治的関心が遊離することがあるとするならばこれこそ由々しい大事である」。「国民の関心が政治から離れたために選挙界が低調化し沈滞することは慎重なる対策研究の対象におかるべきことがらなのである」。違反が少ないのは選挙粛正運動の成果もあるだろうが、「政府政党の吹

表3-2　第20回衆議院議員総選挙結果（1937年4月30日執行）

| 第一区 | 党派 | 当落 | 松江市 | 八束郡 | 能義郡 | 仁多郡 | 大原郡 | 簸川郡 | 隠岐島 | 合計 | 得票率 |
|---|---|---|---|---|---|---|---|---|---|---|---|
| 櫻内幸雄 | 民政党 | 当選 | 2,779 | 7,361 | 5,633 | 1,646 | 161 | 2,094 | 1,474 | 21,148 | 27.0% |
| 原夫次郎 | 民政党 | 当選 | 1,877 | 2,345 | 493 | 1,043 | 354 | 12,802 | 1,330 | 20,244 | 25.9% |
| 高橋円三郎 | 政友会 | 当選 | 1,814 | 2,790 | 1,555 | 1,077 | 690 | 8,851 | 2,328 | 19,105 | 24.4% |
| 木村小左衛門 | 民政党 | 落選 | 1,887 | 2,347 | 1,017 | 1,174 | 6,017 | 4,693 | 667 | 17,802 | 22.8% |

| 第二区 | 党派 | 当落 | 飯石郡 | 安濃郡 | 迩摩郡 | 邑智郡 | 那賀郡 | 美濃郡 | 鹿足郡 | 合計 | 得票率 |
|---|---|---|---|---|---|---|---|---|---|---|---|
| 島田敏雄 | 政友会 | 当選 | 207 | 467 | 640 | 1,130 | 7,894 | 5,361 | 3,252 | 18,951 | 28.6% |
| 俵孫一 | 民政党 | 当選 | 124 | 637 | 1,227 | 1,522 | 7,539 | 3,374 | 1,938 | 16,361 | 24.7% |
| 沖島鎌三 | 政友会 | 当選 | 2,088 | 2,799 | 2,671 | 5,992 | 1,166 | 619 | 256 | 15,591 | 23.6% |
| 升田憲元 | 民政党 | 落選 | 4,883 | 1,063 | 1,193 | 3,284 | 1,415 | 1,404 | 556 | 13,798 | 20.8% |

有権者数：17万5037（一区、二区あわせて）／投票者数14万3000（一区、二区あわせて）／投票率81.7%
出所：衆議院事務局編『第十九回衆議院議員総選挙一覧』より作成。

き鳴らす笛に国民大衆がついて踊らぬためであったならば、それは今回の総選挙における棄権率及び無効投票の一部に表示される」と思われる。もちろん棄権は避けるべきだが、それらによって「表はされる国民の政治的関心ほどを注視すべきは政府政党の義務であり、その結果いかんによつては国民をしてかかる心境に導いた責任は政府と政党とが共に負はねばならぬ」（『松陽』一九三七年四月二七日）。

このように、選挙の争点の曖昧化と選挙結果がどう政治に反映されるかの不明確さが選挙低迷につながったことを指摘した上で、林内閣と政党両方に今回の選挙に至る政治状況を導いた責任があるとするのが『松陽新報』の主張であった。選挙の低調さについては林内閣も政党もどちらにも責任があるという論調が一般的であり、こうした言説が政党不信を生み出していったのである。

しかし、『松陽新報』の事実認識には問題がある。まず、今回の総選挙はあくまで解散を断行した林内閣に第一義的責任があることは明らかであるにもかかわらず、政党にも責任があるとするのは林内閣の責任をうやむやにするものである。次に総選挙の争点の問題である。すでに立候補宣言を見た通り、林内閣反対で主要政党が一致していた選挙においては、候補者が既成政党の候補者しかいない選挙区では争点がなく、有権者は政治的判断のしようがなかった。この争点の不在こそが総選挙低迷の最大の原因であった。『松陽新報』はこの点を見落としている。こうした主張が登場したことは、いかに当時の政治社会の政党に対する評価が厳しいものであったかを物語っている。政党不信が投票率低下の原因であるとする研究は、当時の政党への厳しい評価を無批判に踏襲したものであり、選挙の構造的問題を等閑視したものと言わざるをえない。

本章を通して明らかになったのは、政党が林内閣反対の立場を明確にしたことで、選挙の争点が不在になった構造的問題こそ、選挙運動の低迷と投票率低下の原因だったことであった[23]。米山が指摘するように、確かに既成政党が議席の多数を占めることにはなったが、社会における政党への評価を好転させる結果にはならなかった。一方で、菅谷や正田のように投票率低下の原因を有権者の政党不信のみで結論づけようとする見方は、この選挙の重要な前提である争点が不在であった構造的問題を見落としている。本来なら、林内閣反対で結束した政党は、他の政治勢力に対する優位性を確立するきっかけをつかむはずであった[24]。しかし、この選挙では政党の行動が選挙の低迷をもたらし、政党不信の言説を生み出していったのである。ここに政党が陥った第二の逆説があった。

結局、議会勢力を無視することができないことは明らかになったものの、林内閣瓦解後には多数の政治勢力の支持を集めた近衛文麿に組閣の大命が降下することとなった。もはや選挙によって民意を判定した上で、民意を反映した政党勢力が他の政治勢力に対して優位に立つことで、政治指導の中心的な役割を果たすことはできなくなっていた。この選挙の意義とは政党が自らの存在感を示そうとしたものの、政党への評価を覆すには至らなかったという、政党が陥った隘路を示すものだった。日中戦争の勃発後、政党の置かれる立場はますます困難なものとなっていくのである。

## 4　二つの逆説の意味と「近代政党」の矛盾

以上、島根県における二つの総選挙における候補者の立候補挨拶（宣言）の検討を通して、戦前の政党が直面した二つの逆説を明らかにした。そのまとめと逆説の意味するところを最後に述べたい。

## 第一の逆説——「近代政党」としての政策整備と政党内閣の条件をめぐる矛盾

第一の逆説は一九三六年の総選挙で明らかとなった。この総選挙で注目すべき挨拶を策定したのは民政党の候補者たちである。彼らは党が定めた基本国策を反映させつつ、独自の政策を挨拶で訴えた。それらの政策には、自作農創設や産業組合の活性化、社会政策の策定など国民生活安定を図るものも含まれていた。一方で、民政党の政治家たちが重視したのは基本国策で第一に掲げられた「日本民族生存権の確保」であった。木村はそれを「日本海湖水化」構想と結び付けて有権者に訴えていた。それは後進性に直面していた島根県の有権者の関心に沿ったものであった。

しかし、満洲国を中心とする日本の支配地を利用した地域発展は必然的に中国との対立を深めるものであった。中国国民党の指導者であった蔣介石の外交構想は、中国国内での戦争準備を進めつつ、諸外国と連携しながら、満洲国を前提とする日本に対して中長期的に対抗しようとするものであった。「日本海湖水化」構想は島根県下でも「期待」が高いものであり、それを挨拶に盛り込んだことは、有権者や地域の事情を的確に把握していたことを意味していた。しかし、それは政党内閣の重要な前提条件であった協調外交を遠ざけ、中国との対抗関係の中で軍部（とくに陸軍）の政治的影響力を強める結果となり、政党の存在意義を危うくするものにほかならなかった。事実、一九三七年に日中戦争が勃発すると、政党の影響力低下は避けられなくなっていく。政党内閣復活の可能性の消失は、民意に立脚し、国民に根差した「近代政党」への転換を図った結果引き起こされたのである。本来なら民意に立脚した政党への転換は、安定的な政党政治の運営にとって欠かせない条件であった。それがかえって政党内閣制への復帰を遠ざけたという現象こそ、政党の直面した第一の逆説である。こうした点を踏まえれば、この選挙の意義について、戦争の抑制や格差是正への支持という点を強調する研究はいずれも正確ではないことが明らかであろう。

第二の逆説は一九三七年の総選挙で生じた。政党に敵対的な姿勢を示した林内閣に対し、当初政党は真っ向から反対しなかった。しかし、林内閣が突如解散を表明したことで、政党は林内閣との対決姿勢を鮮明にした。本来なら、林内閣打倒で結束した政党が勝利すれば、他の政治勢力に対する優位性を確立し、政党内閣制復帰への端緒が見える可能性もあった。しかし、ほとんどの政党が林内閣反対の立場で一致したことで、既成政党の候補者しかいない選挙区では選挙の争点が消失したのである。そのため選挙運動は低迷し投票率も低下した。さらにこうした政治情勢を招いた責任は政党にもあるとする政党不信の言説も流布され、政党への厳しい評価も変わることがなかった。これが政党の直面した第二の逆説であった。こうした点を踏まえれば、投票率低下の原因が政党不信にあったとする従来の見方は、選挙の構造的問題を見落としており、当時の政党批判の言説を無批判的に踏襲している点で不十分である。既成政党が多数の議席を確保したことから政党勢力の地位が健在であることを示すとの見方も、林内閣反対で結束した政党が政治的立場を確立するには至らず、政治社会における信頼回復にはつながらなかった事実を軽視している点で問題がある。

政党勢力が民意に向き合い、その政治的立場を明確にすることは、本来なら政党内閣復活に向けた重要な基礎となるはずであった。しかし、政党が対外強硬策を望む民意に向き合ったことは、政党の権力基盤を危うくする作用をもたらした。そして、政治的立場を明確にするために起こした行動は選挙の低迷を招き、政治社会における政党不信を払拭するには至らなかった。この二つの総選挙で明らかとなったのは、「近代政党」への転換と政党内閣復帰に向けた取り組みや行動が、政党内閣復活の可能性を遠ざけ、投票率低迷と政党批判の言説を生み出した逆説であった。戦前の政党の陥ったこの矛盾は解消されないまま、一九四〇年に政党は全て解党し、政党勢力は戦後にその再起をうかがうこととなる。

### 「近代政党」の到達点

それでは、結局のところ「近代政党」の質的転換は、政党解党に至る過程の中で起きた予定調和の出来事にすぎなかったのだろうか。民政党の基本国策では、行財政改革や農漁山村更生政策、留保をつけつつも社会政策の実施など具体的な政策が盛り込まれていた。赤字公債削減など、増大する軍部の影響力の抑制につながる主張もあった。かつての加藤・第一次若槻内閣などの憲政会内閣期における国家構想は、減税を主軸とし組合を通じて小作人や労働者の要求に応じつつ、国家の介入による社会不安の解消と国民生活の改善を図るものであった（宮田 二〇一四：三七二〜三七五）。民政党の基本国策に基づく国家構想とは、憲政会内閣期のそれを踏襲しつつ、⑴日本民族生存権の確保の思想に基づく日満及び中国・南洋諸国を中心とする経済圏の形成による安定的な輸出入先確保、輸出に基づく国家収入の増加、⑵赤字公債削減による財政規模の圧縮、減税による国民負担軽減、⑶官僚の身分保障による国家運営の安定化、「党弊」批判に応じることによる社会における政党不信の解消、⑷農山村負債整理と産業組合の充実化による農山村社会の生活改善、⑸商工中央金庫設立による中小商工業者の経営安定化、⑹割拠性を排した総合経済政策による産業の自治的統制及び無駄な生産を抑えた安定的で廉価な商品の供給、農山村への電力供給による生活環境改善などであった。民政党は対外協調という政党内閣に必要な条件を失ったものの、社会の不安解消による安定、国民負担の軽減、企業の自由な活動などを前提としつつ、過度な投資や生産を抑制する自治的統制を主軸とした国家構想を有していたのである。

当該期の政党を軍部に同調しながら政界に地歩を保持しようとする「反撥集団」にすぎなかったなどとする見方は誤っている（正田 二〇一九、升味 一九八八：二五〇）。同様に当時の政策論争が無意味であり、政党は挙国一致内閣の中で埋没するほかなかったとする見解も（赤木 一九八四、粟屋 二〇〇七：二三〇〜二三五、由井 一九八二：一四）、政党の具体的な政策や取り組みへの分析視覚を欠いている。こういった研究は当時の一方的な政党批判の言説・報道に依拠した内容である。政党は個別の政策に関する専門家を抱えた、高い政策調査立案能力を有する重要な政治勢力であった。政党の力の質とは、たんに他の政治勢力との関係や、ましてやメディアからの評価のみで分析できるものなどではない。時局に応じた政策を準備・公表する中で民意を糾合し、輿論を背景とした政策を実施することで、政治社会の安定化の基盤となる、他の政治勢力では代替できない役割を果たすことこそが政党の本分である。民政党はまさに当時の政治社会における民意を糾合しながら、国民の生活安定につながる政策の実施による、中長期的な政治社会の安定化につながる国家構想を有していた。政党は他の政治勢力に比しても決して見劣りする存在ではなかったし、唯一無二の機能と役割を備えていた点を軽視すべきではない。政党と対立し、主要な政治勢力として台頭したと考えられてきた陸軍についても、近年の研究では統帥権独立の原則によってその政治介入は限定的であったことが指摘されている（高杉 二〇二〇）。陸軍が政党に代わって政治勢力の主体になることはできなかったのである。

問題だったのは、「近代政党」たるべく民意と向き合い続けた民政党が「民意」の選択を誤ったことにある。国民生活改善の「民意」に向き合うのは当然のことであったが、対外強硬論との接し方は慎重にならなければならないはずだった。宮田昌明は中国の北伐が進展するに伴い、「民主化の気運」は「日本国民の生命、財産が危険にさらされる事態に直面することで、それらを保護する政府の積極的対応を求める国民的気運をも生み出し」、その対応に苦慮することになったとしている（宮田 二〇一四：三七五）。宮田の指摘は一九二〇年代の日本外交に関する指摘であるが、一九三〇年代の政党はこうした対外強硬策を求める「民意」を糾合することを選択した。これが協調外交を前提とする政党内閣の条件を失わせたことは既述の通りである。ただし、当時の民政党は議会の少数党であり、かつての政権与党時に展開した幣原外交が軟弱外交として批判されてきた経緯もあり、より多くの支持を調達するためには強硬外交を求める「民意」を取り入れることは避けられない選択であったとも考えられる。満洲国建国後のタイミングで協調外交を主張すれば、政友会がこれを批判して対外強硬策を求める「民意」を糾合する政策を打ち出すことは明らかなためである。また、党内に対外強硬を主張する永井柳太郎が台頭していたことも背景にあったが（井上 二〇一三：一六六）、戦前期の日本の政治社会において対外強硬策及び武力行使を選択することの拒否感が非常に弱かったことも見逃してはならない。日清・日露戦争と満洲事変という「成功体験」を得た社会の中で、対外強硬策・武力行使を取ることは現在とは比較にならないほど容易だったのである。また、協調外交の代名詞である幣原外交自体も日本の権益保持を目指す路線であったことを踏まえれば（種稲 二〇一四・二〇二一）、民政党内において「日本民族生存権」を確保するための積極政策を打ち出すことにそれほど抵抗感はなかったとも言えよう。

それでも、民政党が対外強硬策を求める「民意」を選択したことは政党の立場を強めることはなかった点で、政党内閣への復帰と日本の政党政治・議会政治を発展させる観点で見れば明確に誤りだったと指摘しておきたい。同時にこれは民政党の挫折にとどまらず、「民意」を糾合して他の政治勢力に対して優位に立ち、議会政治に基づく政策の実施と運用を通じて政治社会の安定化を図り、議会政治を定着させていく「近代政党」の要件が、政党を権力から遠ざける矛盾を生み出した点において、戦前の政党は限界を迎えていたことを意味する。政党には協調外交による対外融和の気運を再び醸成する時間も、協調外交を今一度政策化させる政治的な力も残されていなかったのである。

一方で、当時の政党の活動がすべて無意味だった、逆効果だったと決めつけることは政党の評価として誤っていることも付け加えたい。民政党の原は生活改善につながる政策を構想していた。生活改善の政策を政党が研究・考案していたことは、たとえ戦争を挟んだとしても、戦後期に国民生活改善を図る政治勢力の糾合がなされる可能性を示していた。すでに民意の趨勢や国際情勢は政党にとって抗いがたいものであったとしても、これらの取り組みは戦後における政党にとって少なくない意味をもたらしたはずである。それについては今後のさらなる検討を要するであろう。

注

（1）本書が使用した選挙公報を掲載している『島根評論』では、一九三六年の総選挙は「立候補挨拶」、一九三七年の総選挙は「立候補宣言」となっている。本書では史料の表記に従って表記する。

（2）湘南隠士「強力新政党は必ず出来る」（『政界往来』第九巻第五号、一九三八年五月）四八〜四九頁。なお、一九三七年頃に作成された「政友会・民政党名簿」（国立国会図書館憲政資料室蔵『松本学関係文書R二七』）によれば、「櫻内直系」とされる議員は一四名である。他の民政党の派閥は「町田直系」、「町田系」、「小泉直系」、「永井直系」、「永井系」、「中立」、「中立にして如何なる系に属するか不明又は一人主義」となっている。木村は史料作成当時において落選中であったため不明である。

（3）前掲「政友会・民政党名簿」。

（4）以下、立候補宣言については『島根評論』第一三巻第三号、一九三六年三月による。

（5）伊藤隆編『斎藤隆夫日記　下』（中央公論新社、二〇〇九年）、一九三五年六月一〇日（一四九頁）、九月一二日（一五九頁）、一〇月一五日（一六二頁）。斎藤は六月一〇日の日記に「議論続出、未だ審議の題目決せず」と記しており、議論が中長期にわたって続く中で政策が練られたことがうかがえる。

（6）十河（二〇二四：三三三〜三三四）が指摘する通り民政党では、一九三一年段階の「我党新政策基礎要綱」において「官吏の身分を保障すること」が掲げられ、「官吏は政党政派に偏せず、厳正公平に職務を遂行すると同時に、適当の方法を講じて官吏の身分を保障し、従来の悪弊を芟除すべし」としている（『民政』第六巻第五号、一九三二年五月）。基本国策がこうした政党内での政策調査の蓄積の上に成立していることがうかがえる。

（7）若宮貞夫「憲政の常道復帰を期す」『政友』第四一五号、一九三五年二月。

（8）政友会は一九三五年八月に政務調査会の中間報告を行い、産業組合と商権擁護運動の対立緩和を述べている（若宮貞夫「政友会の新政策」『政友』第四二二号、一九三五年九月）。

（9）重要なのは、政友会が民政党と共通する政策があっても、むしろ差異を強調する言説を展開していたことである（十河二〇二四：三七四）。現代政治学でも二大政党間の政策が近しくなることが指摘されている（小松 二〇一一：六六四〜六六六）。当時も、二大政党間で政策が共通しているからこそ差異を強調して対立が激化する現象が顕在化していたのである。

（10）島根県の場合は一九三〇年代においても産業別生産総価額のうち、農業生産と林業生産が全体の四割近くを占める趨勢で推移している（橋本 二〇一四：七六）。商工業者についても、零細な規模の業者が多かった（北山 二〇一四）。櫻内が提唱した農山村負債整理や商工中央金庫の設置などは、島根県の有権者の生活に深く関わるものであり、関心も高いものだったといえる。

（11）「日本精神の涵養」とは、「日本主義」的な思想に基づくものであろう。「日本主義」の概念規定は曖昧であるが、本書では端的に「日本の優越や絶対性を主張する立場」であるとする、松尾理也の見解を取る（松尾 二〇一九：一一五頁）。

(12)　もっとも、民政党は斎藤内閣が提案した産業組合拡充の方針を踏襲しただけという見方は正確ではない。一九三二年の段階で第六二議会における「農村救済決議案」を受けて開かれた政務調査会において、「産業組合を普及拡充し、産業団体の加入を認め、生産販売及購買の統制と其の発達を徹底すること」が決定されている（『民政』第六巻第八号、一九三二年八月一日発行）。この政務調査会はいわゆる救農議会として知られる第六三臨時議会（一九三二年八月二三日〜九月五日）より前に開催されている。政党側も政府・官僚側に対して独自の政策案を調査・研究していたことがうかがえる（議会の開催時期については、森 一九九九：一八）。

(13)　「総選挙に臨む我党の十大政策」（『民政』第一〇巻第二号、一九三六年二月一日発行。

(14)　『島根評論』第一〇巻第六号、一九三三年六月。なお、社説は「日満の両首府を相結ぶ吉会線がその出口を日本海に求めんとする交通状態に在りては、これが対岸たる、所謂裏日本の諸県は正に緊褌一番を要すべき」であり、「島根、鳥取両県の協同戮力を以て、一日も早く境港を日本海港湾の王座たらしめねばなら」ないと述べた。その具体的な取り組みとして島根・鳥取の両県民が過去の行きがかりを全て水に流して「境港に於て満鮮出荷協議会を開き共同経営を以て販売斡旋所、共同出荷場等を設置し、更に直通航路の開始要望、第一種重要港湾の選定陳情、其の他一切を両県の協力に待つこととしたのは最も時宜に適したもの」と評価した。山陰両県の満洲・朝鮮への輸出状況等については今後具体的な検討が必要となる。

(15)　古厩（一九九七：六九〜七一）は、日本海側の他の地域と比較しても島根・鳥取の山陰地域の経済的発展が大きく立ち遅れていたことを指摘している。日本海湖水化構想はこうした山陰地域の現状を改善できる手段として期待されたのである。

(16)　本章の元になった論文では、こうした民政党の政策には「反英米的志向」があると述べた。これに対して小山俊樹からは、中国大陸への経済進出と反英米的志向はただちに結びつかないのではとの指摘を受けた（井上ほか 二〇二四：三〇八）。重要なのは井上敬介が指摘するように永井柳太郎や俵といった反英米的人物の主張が「正式な国策案」として採用されていた点である（井上 二〇二三：一六六）。こうした事実を踏まえて、前論文では民政党の政策を「反英米的」と評価したが、全議員がただちに反英米的傾向を有していたわけではないため、この政策だけで反英米的と断ずることは早計だとする小山の指摘は説得的である。よって、ここでは反英米的傾向という評価は撤回し、従来の民政党の外交政策が転換し、政党内閣制を復活させる要因が失われつつあったとの評価に修正したい。

(17)　坂野の民政党に対する評価は、民政党が幣原外交を基調とする国際協調主義を常に尊重していたという予断に基づいて叙述されており、具体的な政策に対する検討や分析が欠落している。他の著作でも民政党の基本国策を無視しているため、アジア主義的立場を標榜する永井柳太郎を党内の中での例外的存在として捉えており、「幣原外交の伝統を重視する民政党」という誤った評価を下している（坂野 二〇〇四：一四七）。なお、こういった坂野の問題点については井上敬介も同様の指摘をしている（井上 二〇一三：一六六）。民政党の基本国策を分析すれば、このような誤謬は回避できたはずである。

こうした坂野の議論の問題点を的確に指摘しているのが宮田昌明である。宮田は、坂野の「議論の根底には、政党政治とは民主主義の一定の反映であり、民主主義への志向は国際協調外交への志向と一体化しているという予断が存在している」と指摘している（宮田 二〇一四：三七二）。坂野の議論の問題点を端的に示していると言えよう。

坂野が自らのイメージに基づいて不正確な評価を下している事例は他にもある。自らの政治的主張である社会民主主義の重視に基づき、格差是正に向けた政策や労働政策を実行しようとしたとする勢力を評価している点も付記しておく。第2章で述べた安達謙蔵をめぐる評価について、坂野は安達が社会政策を重視する党内グループの中心的存在だったと主張しているが（坂野 二〇〇八：一三七）、加藤祐介の研究によって安達が労働組合法案を積極的に進めた形跡は存在しないことが確認されている（加藤 二〇一二：七四）。今後は坂野のように予断やイメージに基づいて叙述する方法を排して、政策の意義や背景を実証的に分析・評価する研究が求められている。

(18) 井上寿一は民政党がファッショ排撃と議会政治の確立をスローガンに掲げ、主要政策課題として「社会政策の実施による資本家と労働者の平準化」、「商工組合中央金庫の創設による中小商工業者対策」、「地方財政調整交付金による中央―地方関係の格差の是正」を提示したとしている（井上 二〇一二：一九〇～一九二）。この出典はおそらく『民政』第一〇巻第二号（一九三六年二月発行）に掲載された「総選挙に臨む我党の十大政策」であろう。

この政策の第一にはファッショ排撃が掲げられているが、第二に掲げられたのは「通商の自由、資源の公開、人口分布の合理化並に東亜安定を根幹とする自主外交政策の確立」であり、その中には「日満共栄依存の強化」があった。第三は「東亜安定を目標とする経済的且自主的国防計画の樹立」、第四が「産業、国防、財政の三全強化」であり、ここでは「公債政策の確立」として「公債漸減方針の樹立」が明記されている。以下、第五に「進取的貿易政策の確立と総合的科学研究所の設置」、第六に「農村更生対策の徹底」、第七に「地方財政調整交付金制度の確立」、第八に「小作制度の改善と自作農の拡大強化」、第九に「中小商工業の組織化と低金利の徹底」、第一〇に「中小商工業と産業組合の整調」が続く。これらの政策は櫻内らがまとめた基本政策に基づいていると思われる。確かに井上の主張する通り、十大政策の第一には「ファッショ排撃」が登場するほか、井上がまとめ直したとする主要政策課題についても、商工中央金庫の創設は十大政策の九番目である「中小商工業の組織化と低金利の徹底」の小項目にあり、地方財政調整交付金については七番目に挙げられている。商工中央金庫については櫻内と原と俵が立候補挨拶で言及しており、地方財政調整交付金についても櫻内と原がそれに関連する主張を述べている。しかし、これらの政策は十大政策の後方に位置している点を見落としてはいけない。社会政策に至ってはそもそも十大政策では登場すらしていない。くわえて、これまでの立候補挨拶の検討を通してみれば明らかだが、候補者の多くが選挙で強調したのは十大政策ではなく基本国策である。また、十大政策についても第二の通商の自由などを掲げた項目は、基本国策の第一に登場する「日本民族生存権の確保」に基づいていることは明らかである。また、第三の自主的国防計画とも関連しているだろう。付言すれば、井上は第四にも挙げられている公債削減方針にも触れていない。俵の主張に代表されるように、社会政策や地方への補助金、商工中央金庫の設置などの格差是正につながる政策はあっても、赤字公債削減を前提として実施すべきというのが民政党の立場であった。民政党の政治家にとって格差是正は意識されていたものの、そのために国家財政が破綻することの方が警戒すべきことだったのである。井上の見解は格差是正を謳う民政党というイメージに合致する政策を恣意的に抽出しており、政策の優先順位や前提となる基本国策を無視している。当該期の民政党の評価としてはミスリードであり、当該期の民政党や選挙に対する正確な評価とは言えない。

(19)　以下、立候補宣言については、『島根評論』第一四巻第五号、一九三七年五月による。
(20)　「総選挙に臨む我党の十大政策」(『民政』第一〇巻第二号、一九三六年二月一日発行。
(21)　選挙法改正の審議過程については、正田（二〇一九）。
(22)　この総選挙では一九二四年の総選挙以来五回連続当選を続けていた木村小左衛門が落選していることが注目される。ベテラン議員の落選と新人議員の台頭は、翌年の県議選にも影響していく（第4章）。
(23)　米山（二〇一五：一一四〜一一五）は林内閣と清浦内閣の立場が酷似しているとの馬場恒吾の議論を引用して、選挙の結果政党が勢力の「強さ」を示したと評価している。しかし、清浦内閣の与党的立場だった政友本党の勢力は一〇〇議席を超えており、林内閣とは比較にならないほど衆議院での基盤を有していた。内閣の支持をめぐる与野党対決の状況が選挙の争点を作り出したのである。事実、清浦内閣下の選挙では第二次護憲運動を主導した憲政会の候補が政友本党の候補を多く破って当選している（川人　一九九二：二二四〜二二五）。与党的立場の政党の不在が選挙の低迷と政党不信を加速させたのであり、米山のように議席数のみで政党の力の「強さ」を示したとする見方は留保すべきであろう。
(24)　ここで林内閣成立当初から政党が一致して反対していた場合について考えておきたい。歴史に「if」は禁物というが、可能性の一つを検討することは無駄ではなかろう。林内閣は議会に「懲罰」を名目に解散した可能性が高い。そうなれば結局既成政党同士がほとんどの選挙区でぶつかる「与党不在」の選挙になっただろう。政党に低い評価しか与えていないメディアが政党を支持したとは考えにくい。選挙の構造が変わらない限り、選挙運動が低迷になることは不可避であり、メディアが政党を批判するのは既定路線だったと言えよう。

# 第4章　選挙粛正運動の展開とその限界
## ——「政党排除論」をめぐる攻防——

## 1　選挙粛正運動とは何か

### 選挙粛正運動の概要

本章では、島根県における選挙粛正運動の展開とその意義を明らかにする。

選挙粛正運動とは、内務省が主導した官製国民運動であり、従来から問題視されていた汚職・買収などの選挙不正の撲滅を目指したものであった。この運動はやがて翼賛選挙につながっていくとされてきた。従来の評価では選挙粛正運動は政党の地盤を破壊し、既成政党の没落を決定づけたと評価されてきた（杣 一九八六）。軍部や官僚勢力の力が強まるファッショ化の過程に位置づける評価や（粟屋 一九九四、須崎 一九九八）、政党の地方での影響力喪失（本間 一九八六）、名望家秩序の変容の契機となったといった評価がなされてきた（波田 一九八六）。政党が地方での影響力を喪失したとの見解は、昭和恐慌期における時局匡救土木事業の展開に対し省庁に主導権を確保されたことなどとあわせて（有泉 一九八四）、政党が中央だけでなく地方でも影響力を減退させていき、やがて大政翼賛会につながっていったとの評価を形成してきた。葉書やポスター、カレンダーといった視覚的なメディアを動員する中で、投票という権利が国家に奉仕する義務にすり替えられ、翼賛選挙への伏流となったとする指摘もある（室井 二〇二三）[1]。

こういった指摘に対し、政党の影響力は選挙粛正運動を経ても健在だったとする見解も根強い（赤木 一九七四、

小栗 一九九六、小南 一九九九・二〇〇〇a・b等）。選挙粛正運動を主導した内務官僚の政治構想を分析した研究や（河島 一九九五、二〇一七：六九〜七四、一八三〜一八八、金 二〇〇二、黒澤 二〇一三：一〇七〜一一二）、「政党は『粛正』という形式を通過することで、政権担当の正当性を担保することを試み」たとの指摘（官田 二〇一六：五四）、あるいは戦前から戦後における政党政治家の後援会を中心とする支持基盤が、選挙粛正運動や戦時体制を経ても、維持・再編されていった過程が実証的に明らかにされている（車田 二〇一九、手塚 二〇一七）。近年では佐藤健太郎が選挙粛正運動を従来の取締りの延長線上に位置づける研究を発表している（佐藤 二〇二二）。

## 本章の目的

これらの研究は選挙粛正運動の意義とともに、政党と地方との関係も明らかにしてきた点で大きな意味を持つ。しかしながら、これらの研究にはいくつかの課題がある。第一に、選挙粛正運動の中で政党を地方自治から排除すべきとの論理が展開していた点を十分に吟味できていない。より具体的に言えば、地方議員の党籍離脱を求める論理が選挙粛正運動において広く展開されたのである。この「政党排除論」とでもいうべき論理は選挙粛正運動以前から存在していた。この論理は政党内閣の中断・崩壊を前に、メディア上などでも広く主張されていく。一方で、政党政治家からも地方と政党の関係に関する言説が展開していた。「民意」に立脚した「近代政党」への転換を図りつつあった当時の政党は、こうした「政党排除論」に対して明確な反論を展開して自らの正当性を社会に訴えていた。本章は、選挙粛正運動の主要な論点であった政党と地方の関係をめぐる言説に注目する。このように選挙粛正運動は、あるべき政党や地方自治の姿形は何なのかという構想をメディアや政党人や有権者に喚起させていくことなる。

結論から言えば、「政党排除論」は実際の政治的影響力は持ちえない非現実的な主張にすぎなかった。一方で、選挙粛正運動の中で行われた選挙は、政党の中に変容を引き起こす起爆剤となったのである。本書は選挙粛正運動の展開と当該期の評価、選挙結果に対する言説、運動の中で繰り広げられた地方からの「政党排除論」をそれぞれ検討することで、当該期の政党がどう選挙粛正運動に対応し、どのような影響を受けていったかについて明らかにしたい。

第二の課題は既成政党に与えた影響である。従来の研究では、もっぱら投票意識の権利から義務への転換や、政党地盤が維持されたこと、「厳重な取締りによる選挙民の恐怖心や萎縮の結果」投票率が低下したことなどが指摘されてきた（小南 二〇〇〇b：一五六）。しかし、権利から義務への意識の転換は有権者の投票行動にも影響を与えた可能性が見落とされている。すでに選挙粛正運動下で行われた粛正選挙において翼賛選挙につながる新人待望論が登場していたことは指摘されているが（小南 二〇〇〇a：四一〜四二）、選挙の厳しい取締りと連動することで、新たな投票行動を有権者に引き起こしたと思われる。それは従来の指摘にあるような、単純に既成政党が地盤を維持しただけでなく、政党内部における質的転換をもたらすことになったのではないだろうか。本章は新議員当選の背景と地域政治状況の変貌を、選挙粛正運動の一つの結果として位置づける。そこから従来の研究が見落としてきた選挙粛正運動の影響の実態を明らかにしていきたい。

このような課題をクリアするための事例として、島根県における一九三四年と一九三八年の県議選と、一九三六年と一九三七年の総選挙を分析対象とする。島根県の選挙区としての重要性は既述の通りである。島根県における選挙粛正運動についてはすでに杣正夫が言及しているが、運動の概要を述べるにとどまっている（杣 一九七二）。本章では、運動の具体的な中身と貫徹していた論理と、それが十分に機能しなかったことを指摘したい。また、島根県を取り上げる重要な理由として指摘したいのは、島根県には『選挙粛正運動総覧』などの選挙粛正運動を行政側から評価した史料が残存している点である。選挙粛正運動を政党、メディア、行政の三者から検討できる重要な事例である。

## 2　前期選挙粛正運動の展開とその特徴——一九三四～三六年

### 選挙粛正運動をめぐる組織の整備

一九三四年（昭和九）、島根県では第一〇回目となる島根県議会議員選挙が執行された。この選挙は、一九三五年に執行される府県会議員選挙の先駆けであった。島根県は政党内閣期において、民政党がその勢力を確固たるものにしていた（第1章）。一九三〇年の県議選は民政党が三〇議席中二六議席を占めたのに対し、政友会は三議席、中立は一議席という結果であった（『大朝島根版』一九三〇年三月七日）。この選挙でも民政党が多数を占めることは確実であった。ここで注目すべきは、一九三五年の選挙粛正委員会令（杣 一九八六：一八二～一八三）より前の一九三四年に島根県で独自の選挙粛正委員会連盟が発足している点である（島根県編『島根県選挙粛正総覧』三五頁）。表4-1は一九三四年の選挙粛正委員会の名簿である。会長は知事であり、県議や新聞社社長がメンバーに数えられている。この点は他地域の事例とも同様だが（本間 一九八六：五）、島田俊雄の後援会である硯堂会の会長であった野島忠孝や民政党島根支部の副支部長を務めた岡本俊人といった、政党支部や後援会の中心的人物がいることが注目される。この方針は部会にも反映されており、警察署管内ごとに設置された地方部会では「政党方面の有力者（純中立を含む）」が部会の委員の選考条件として挙げられていた（『島根県選挙粛正総覧』四〇頁）。

### 無投票選挙区の登場

この県議選で注目されるのは無投票選挙区の登場である。当時の県議選は郡・市単位で候補者が立候補していたが、八束郡では民政党島根支部八束郡部会長（『松陽』一九二七年一二月一一日）などを務めた錦織彦太郎(2)が、八束郡町村会長などの仲介を経て、「選挙粛正の趣旨」、「非常時日本の現状に於て徒らに政争に没頭することの否なること」、「八束郡町村内の選挙粛正、郡内平和のため採るべき適当なる方法提議の精神」などを理由に挙げて立候補を

表4－1　島根県選挙粛正員一覧（1934年）

| 役職 | 職業・肩書 | 氏　名 | 備　考 |
|---|---|---|---|
| 会長 | 知事 | 福邑正樹 | |
| 委員 | 松江地方裁判所長 | 末松正行 | |
| 委員 | 松江地方裁判所検事正 | 谷田勝之助 | |
| 委員 | 内務部長 | 松島源造 | |
| 委員 | 警察部長 | 土肥米之 | |
| 委員 | 学務部長 | 熊野周二 | |
| 委員 | 県会議長 | 恒松於菟二 | |
| 委員 | 県会副議長 | 森山茂太郎 | |
| 委員 | 松江市長 | 石倉俊寛 | |
| 委員 | 県町村会長 | 森田準一郎 | |
| 委員 | 県会議員 | 天野種三郎 | |
| 委員 | 県会議員 | 昌子亮一 | |
| 委員 | 県会議員 | 大谷　茂 | |
| 委員 | 有力者 | 野島忠孝 | 硯堂会会長（※1） |
| 委員 | 有力者 | 岡本俊人 | 元民政党島根支部副支部長（※2） |
| 委員 | 有力者 | 水津直太郎 | |
| 委員 | 大阪毎日新聞松江支局長 | 越智祐男 | |
| 委員 | 大阪朝日新聞松江通信部主任 | 越智経信 | |
| 委員 | 松陽新報社副社長 | 勝部本右衛門 | |
| 委員 | 山陰新聞主筆 | 野津善之助 | |
| 委員 | 山陰日日新聞松江支局長 | 新田隆二郎 | |
| 委員 | 山陰毎夕新聞松江支局長 | 齋藤好徳 | |
| 委員 | 地方課長 | 小林誠一 | |
| 委員 | 社会課長 | 浅野三郎 | |
| 委員 | 高等課長 | 野島種三 | |
| 幹事 | 社会課属 | 古瀬良逸 | |
| 幹事 | 地方課属 | 岡田秀勝 | |
| 幹事 | 高等課警部補 | 田中隆盛 | |
| 講師 | 地方事務官 | 追　静吾 | |
| 講師 | 地方事務官 | 古屋武助 | |
| 講師 | 地方事務官 | 谷川才徳 | |
| 講師 | 地方事務官 | 高橋　貢 | |
| 講師 | 地方事務官 | 藤永　勉 | |
| 講師 | 地方事務官 | 江口見登留 | |
| 講師 | 地方警視 | 大森健治 | |
| 講師 | 地方警視 | 水川依夫 | |
| 講師 | 社会教育主事 | 東山好計 | |
| 講師 | 島根県警部 | 佐々木進之助 | |
| 講師 | 島根県警部 | 中永繁重 | |

出所：島根県編『島根県選挙粛正運動総覧』（島根県、1936年）pp. 35-37
※1『大阪朝日新聞島根版』1932年1月27日。
※2『松陽新報』1927年10月27日夕刊。

辞退した（『松陽』一九三四年二月二六日）。結果的に一四ある選挙区のうち、八束郡を含めた七つの郡で無投票となった（『松陽』一九三四年三月四日）。島根県では一九三〇年の県議選でも六つの選挙区が無投票だったが（『大朝島根版』一九三〇年三月二日）、粛正選挙の初期では非常時であることなどを理由に無投票を理想とする論理が働いていたのである。

### 田澤義鋪の政党排除論

次に当該期の選挙粛正運動の概要を確認したい。島根県が一九三六年の総選挙後に作成した『島根県選挙粛正運動総覧』によれば、この県議選における選挙粛正運動は主に講演会、展覧会、知事ラジオ放送などが中心であった（『島根県選挙粛正運動総覧』二二頁）。ここで注目したいのが、元内務官僚で選挙粛正運動にも深く関与した田澤義鋪が松江と浜田で開催した講演会の内容である。[3] 講演会は松江では七〇〇名、浜田で一〇〇〇名を集めた。田澤の政治構想については、河島真による詳細な検討がある（河島 一九九五、二〇一七：一八三〜一八八）。河島によれば田澤の政治構想とは、社会政策の整備、情実や金権的な政党政治ではなく政策中心の政治の実現することにあり、そのために有権者に対する政治的見識を向上させるための働きかけを行うことなどに特徴があった。そのような構想を持っていた田澤は、講演の中で非常時日本の状況を説明した上で、立憲政治の必要性と政党政治改善の方策を説いていく。

すなわち、今日の日本は満洲問題、国内の商工・農業の不振が課題である。くわえて「国民をして非常時を痛感せしめているものは実に政治思想並に政治機構に対する」不信とそれに基づく社会不安も課題である。この不安を解消するためには立憲政治ではなく独裁政治が望ましいとする意見もあるが、「立憲政治が独裁政治に優り、国家の為にも国民の幸福の為にもその方が宜しいことは、人類の永い間の経験に於て略（ほぼ）決定している」。なぜなら、立憲政治には独裁政治にはない「長所」があるためである。長所とは第一に、「国民全体が国家の事に対して責任を負ふ」との考え方である。第二に、政治に問題がある場合は「政治に参与する機能即ち言論、文書或は政治的活動に依って合法的に平和の間に之を改むることが出来る」点である。第三に、「独裁政治に比して罪悪の行はわれることが困難であ」り、常に反対派がいて「当局者をして我儘を行ふことを許さない」点にある。第四は、独裁政治が自由を与えないのに対し、立憲政治には自由がある点である。自由が重要な理由は「自由のない国民の進歩は遅い」ためである。

このように田澤は、立憲政治を高く評価し、独裁政治よりも立憲政治が優れていると明言した。しかし田澤は、立憲政治にも短所があると主張する。国民多数の賛成が必要なことから理解が難しい「高遠雄大」な政治が行われない点や、「選挙を行へば政府が勝ったり敗たりして政策が安定しない」点などである。

こういった点を踏まえて田澤は、立憲政治を「保険政治」であると主張する。なぜなら、立憲政治とは「最高の政治」ではなく次点の政治しか行えない点と、「国民全体が賛成し得る程度の政治しか行へない点」に特徴があるからであるという。しかしながら、明治期以来藩閥政府によって政治の議論を抑える方針が取られたことで政治に関係することは悪いことだと考えるようになり、政治教育も覚束なくなっている。選挙演説は自党を持ち上げて他党を批判ばかりする「我田引水議論」が横行しており、立憲政治は「堕落」し「保険料がすつかり高くな」った。くわえて選挙演説は自党を持ち上げて他党ばかり批判している有様である。さらには「行政権まで悪用して自分の党の人たちに不当の利益を与え反対党の人たちを故意に迫害すると言ふやうなこと」もあった。田澤はかねてから政治教育の必要性を主張しており、それが選挙粛正運動に結実していったのであるが（上原 二〇一〇）、ここでも田澤は政治腐敗の原因を政治教育の不在に求めている。

そこで田澤は党弊の打破の手段として「行政権の独立それから地方団体が党争に禍されないこと」を主張する。田澤は、「政党は立憲政治の下に於ては当然の存在であ」るとした上で政党解消論を否定して政党と地方の関係を見直す必要があると述べる。

政党とは共通する「意見を実現しやうとするための集団でなければなら」ず、勢力争いや政権争奪に没頭するばかりで「政策の実現を閑却するが如き政党の態度の誤りであることは申すまでも」ない。しかし、従来の政党が地盤争奪に固執した結果、「市町村の争奪となって其の自治を破壊し攪乱するに至」っている。「政党は国の政策に関して結成されるものであって地方自治体の政策とは関係ないものであり」、政党の存在は衆議院に限定されるべきである。「自治体の議員の選挙は全然人物本位であるべきであって政党の所属を眼中に置くべきではない」。「勿論政党員が地方自治体の議員となることは」「差支へないが、其の場合は政党員たる立場を離れ地方の一有志として議員にならるべきであ」る。「市町村に於ける党派の争が如何に平穏なるべき郷土の生活を混乱せしめ人々の精神的和楽を妨げ又町村の事業の円満なる遂行を妨げて居る」状況は周知の事実である。

このように田澤は、地方議員になるためには党籍を離脱すべきだと主張したのである。その後田澤は、金のかかる選挙を浄化する必要と、その手段として市町村レベルで結成した選挙粛正委員会の意義を強調した。田澤はかねてから地方自治の中に政党勢力が浸潤することを批判しており、政争との決別が地方自治の健全な発展に不可欠であると主張していた（金 二〇〇二）。講演内容はそうした田澤の年来の主張を踏まえたものとなっている。

## 政党排除論の広がり

このように田澤の主張の根底には政党の必要性を認識しつつも、(1)行政権の乱用防止、(2)地方議員の党籍離脱、すなわち「政党排除論」を政治浄化に必要な条件とする論理があった。確認しておきたいのはこの「政党排除論」は何も田澤が最初に主張したものではなく、以前からいくつかの勢力の間で主張されていたものであった。

第一に挙げられるのが官僚勢力である。明治期に官僚勢力が主導した地方改良運動おいて、政党排除論を唱えたのが報徳社である。町村レベルで組織された報徳社はその「非政党性」ゆえに「政党政治を嫌悪し、排除しようとする」官僚勢力にとっては、政党という媒介を経ずに町村を掌握するための重要な存在であった（宮地 一九七三：一一二～一一三）。ただし、官僚勢力の政党排除の目論見とは裏腹に、「地方改良運動の物質的保証としての役割を担う農業金融機関充実は政党の利権と大きな関係をもつこととな」り、「地方改良運動は政策立案者の意図はどうあれ、政党政治形成期における政党勢力の地域社会掌握に貢献する側面をもっていたのである」（源川 二〇〇一：五二〜五三）。その後、政党勢力の台頭によって官僚の政党化が進展した一方、政党の支配に対する官僚勢力の反発は根強く存在していたのである（古川 二〇〇五）。内務官僚の田澤もこうした「政党政治を嫌悪」する思想的水脈の継承者であると理解できよう。

第二に挙げられる勢力は町村長会である。たとえば政党内閣期における静岡県富士郡の町村長会において、政党を地方自治から排除すべきとの主張が確認できる（筒井 一九八八：一〇二）。池田真歩は、「政党政治と地方自治を切断し、政党間の対立から地方社会を守るべきとの言説」が長年存在していたことと、全国町村会が反政党的姿勢を次第に強めていったことを指摘し、「一九二〇年代末の地方社会は、より強硬で防衛的な反政党性を自ら打ちだしていった」とする（池田 二〇一九：三九）[4]。

第三に挙げられるのが地方紙などのメディアである。一八九九年の『山陰新聞』は「党人は地方議会を以て実に中央議会に於ける天王山となし為めに地方の自治を破り地方の産業を廃するも恬として知らざるを為さんとす吾輩は之を目して実に地方の害虫なりと言ふに憚らす」と主張した（「府県会議員と党人」『山陰』一八九九年七月一二日）。政党政派に基づいて地方議員が行動することは健全な地方自治を侵害するとする根強い批判が存在しており、政党内閣が中断・崩壊する過程で繰り返し主張されていくのである。

このように選挙粛正運動は、官僚勢力・町村長会・メディアでたびたび主張されていた政党排除論を、官製運動の中で明確に打ち出した点で画期的なものであったと言えよう。

なお、田澤は「両党妥協などと云ふ裏面に事情を伴ひやすい方法をも徹底的に止めて市町村会議員選挙に党派など云ふ介在を許さぬと云ふ所まで行くやうに努力しなければならん」というように、無投票選挙を批判していることに注意したい。現に田澤の無投票選挙に対する懸念は的中することとなる。

なお、「政党排除論」を考える上で政党の地方組織が県議を中心に構成されていたことを見落としてはならない（第2章）。地方議員の政党離脱が仮に実現すれば、政党の地方での影響力が減退することは避けられなかっただろう。現に、政党批判の立場を強めていた『山陰新聞』は「選挙粛正の真意義」という連載社説の中で、政党による地方自治への悪影響に言及した上で、県会を空にして「政党支部に集合して態度を決定するといふが如き奇怪を演じる」県会議員の姿を「醜状」と難じている（「選挙粛正の真意義（四）」『山陰』一九三五年五月七日）。「近代政党」として組織整備を図っていた政党側にとり「政党排除論」は否定されるべき考えであった。同時に「政党排除論」が主張された背景には、地方組織を背景とした政党の論理が地方の政治にも大きく影響していたことを物語っている。

### 県議選の結果——続発する汚職・不正

県議選の結果は、民政党二二議席、政友会六議席、中立一議席という結果であった（『大朝島根版』一九三四年三月七日）（表4－2）。ここで注目すべきは新人議員が九名当選していることである。無投票選挙もあったものの、県議の世代交代が進みつつあったのである。『大阪朝日新聞』も「多少新鮮味を出すものと期待されている」と報じている（『大朝島根版』一九三四年三月七日）。新人待望の傾向は後の総選挙や県議選にも継承されることとなる。

しかし、この選挙では八束郡の候補者調整をめぐって大規模な不正がなされたことが発覚し、関係者が取り調べを受けることとなった（『大朝島根版』一九三四年三月一〇日）。この事件によって当選した議員四名が全員辞職し、一九三五年に二度にわたる補欠選挙が実施されたのである（『大朝島根版』一九三五年六月二九日、九月一〇日）。そして第二次補欠選挙において民政党の新人候補が開票日前日に逮捕されたばかりか（同前）、選挙違反に関わったとして警察署で取り調べを受けていた区長が署内で自殺する事件まで起きた（『大朝島根版』一九三五年九月二一日）。こうした続発する選挙違反を受けて、郷土人雑誌の『島根評論』は「県議補選の無要」と題して「島根県会開設以来の醜態を演じた」ことに「憤慨を禁じ得ず」、両陣営から「多数の容疑者を出し、甚しきは獄中から当選承諾書を出すなどの喜劇を演じ、或は留置場で自殺を遂げたものもあり、中には粛正委員会の解散を唱ふるものもある」とした。その上で「八束郡民は更に補欠の補欠をなさねばならぬ負担を課せられ、年中選挙に没頭」しなければならず、「われらはその苦境に同情するとともに、このまま欠員として満期を待つべしと主張したい」と訴えた（『島根評論』

表４－２　1934年県議選当選者一覧

| 氏　名 | 党　派 | 当落 | 選出郡・市 | 前職/元職/新人 | 経　歴 | 得票数 |
|---|---|---|---|---|---|---|
| 田中源一 | 民政党 | 当 | 松江市 | 前職 | 陸軍三等主計、商工会議所議員 | 3,381 |
| 土谷連之助 | 民政党 | 当 | 松江市 | 前職 | 呉服卸商 | 2,507 |
| 桜井文三郎 | 中立 | 落 | 松江市 | 新人 | 松江高校教師 | 971 |
| 石川長之助 | 民政党 | 当 | 八束郡 | 前職 | 教員、酒造業 | — |
| 青山善一郎 | 民政党 | 当 | 八束郡 | 前職 | 海産物商 | — |
| 奥名佐蔵 | 政友会 | 当 | 八束郡 | 元職 | 川津村長 | — |
| 山田律之助 | 民政党 | 当 | 八束郡 | 新人 | 県職員、郡是製糸 | — |
| 天野種三郎 | 民政党 | 当 | 能義郡 | 前職 | 郡会議員、会社経営、民政党島根支部総務 | — |
| 中原　清 | 民政党 | 当 | 能義郡 | 前職 | 医師 | — |
| 堀江理之助 | 民政党 | 当 | 仁多郡 | 新人 | 島上村在郷軍人会分会長、農会議員 | — |
| 藤原竹次郎 | 民政党 | 当 | 大原郡 | 前職 | 村会議員 | — |
| 安部栄重 | 民政党 | 当 | 飯石郡 | 新人 | 教員 | — |
| 宮崎　實 | 政友会 | 当 | 飯石郡 | 新人 | 中野村長 | — |
| 石橋正彦 | 民政党 | 当 | 簸川郡 | 前職 | 平田町長 | 5,524 |
| 森山茂太郎 | 民政党 | 当 | 簸川郡 | 前職 | 農会議員、民政党島根支部総務 | 4,844 |
| 江角興義 | 民政党 | 当 | 簸川郡 | 前職 | 陸軍三等主計、農会副会頭 | 4,409 |
| 今岡　栄 | 民政党 | 当 | 簸川郡 | 新人 | 小学校校長、江南村長 | 3,579 |
| 吉田省三 | 民政党 | 当 | 簸川郡 | 前職 | 教員、高松村長 | 3,549 |
| 森田準一郎 | 民政党 | 当 | 簸川郡 | 前職 | 大社町長、島根県町村会長 | 3,055 |
| 川上惣右衛門 | 政友会 | 落 | 簸川郡 | 元職 | 砲兵中尉、教員（※１） | 2,327 |
| 森山與八郎 | 民政党 | 当 | 安濃郡 | 新人 | 佐比売村長、産業組合青年連盟会長 | — |
| 加藤惣太郎 | 民政党 | 当 | 邇摩郡 | 前職 | 郡会議員、温泉津町長、大森町長、県水産会長 | 3,237 |
| 吉田武一郎 | 政友会 | 落 | 邇摩郡 | 新人 | — | 2,174 |
| 日高武夫 | 政友会 | 当 | 邑智郡 | 新人 | 田所村長 | 3,904 |
| 田邊茂人 | 民政党 | 当 | 邑智郡 | 新人 | 都賀行村職員 | 3,552 |
| 有福民雄 | 政友会 | 落 | 邑智郡 | 前職 | 川本町会議員（※２） | 2,238 |
| 前田重義 | 中立 | 落 | 邑智郡 | 新人 | — | 264 |
| 中西淳亮 | 民政党 | 当 | 那賀郡 | 前職 | 新聞記者、黒松村会議員 | — |
| 寺戸光次 | 民政党 | 当 | 那賀郡 | 前職 | 酒造業、三隅町長 | — |
| 中村峯一 | 政友会 | 当 | 那賀郡 | 前職 | 下府村会議員、酒造業 | — |
| 山崎定道 | 中立 | 当 | 那賀郡 | 前職 | 今市村会議員、那賀郡蚕糸組合長 | |
| 横山正造 | 民政党 | 当 | 美濃郡 | 前職 | 教員、真砂村長 | 4,670 |
| 大谷　茂 | 民政党 | 当 | 美濃郡 | 前職 | 会社取締役、酒造業 | 3,627 |
| 越智獅次郎 | 民政党 | 落 | 美濃郡 | 前職 | — | 1,850 |
| 前原友喜 | 政友会 | 当 | 鹿足郡 | 新人 | 七日市村会議員、七日市村在郷軍人分会長、医師 | 3,294 |
| 大河原義治 | 民政党 | 落 | 鹿足郡 | 前職 | 騎兵軍曹、木部村長（※３） | 2,989 |
| 斎藤貞太郎 | 政友会 | 当 | 隠岐島 | 元職 | 磯村長 | 2,633 |
| 若林通照 | 民政党 | 落 | 隠岐島 | 元職 | 磯村村長（※４） | 2,500 |

出所：『松陽新報』1934年３月４日、５日、５日夕刊、６日より作成。
※１：川上の経歴は『大阪朝日新聞山陰版』1926年２月20日より作成。
※２：有福の経歴は『松陽新報』1931年８月８日より作成。
※３：大河原の経歴は『松陽新報』1930年３月５日夕刊より作成。
※４：斎藤の経歴は『松陽新報』1930年３月５日より作成。

第一二巻第一〇号、一九三五年一〇月)。続発する選挙違反を受け、メディアは選挙粛正運動への疑念と選挙無用論を公然と主張するようになった。このように、島根県下での粛正選挙の滑り出しは決して順風満帆ではなかった。

では、運動を主導していた島根県はどのような認識であったのだろうか。『島根県選挙粛正運動総覧』は当時の八束郡県議補選について、局地的な選挙であったために運動が高揚しなかったと認めて「こうした結果が県内全般に与える影響は大いなるものがあり、一部の粛正運動悲観論者を除」いて「悲しむべき事実が刺激となって益々県下一般の粛正運動に気魄と情熱を注ぎ込む契機ともなった事は転禍為福の効果というべきである」とした(『島根県選挙粛正運動総覧』一七～一八頁)。選挙粛正運動の意義を強調することで運動の継続を主張していたのである。

## 3 政党政治家による政党擁護論——俵孫一と島田俊雄の言説

第3節では、五・一五事件以後の政党政治家の政党論を地方と政党の関係を中心に検討したい。政党へのメディアの評価が厳しい中で(茶谷 二〇二〇)、政党政治家の中には自ら政党政治の意義やあり方を積極的に論じる動きが生じていた。結論から言えば、当時の政党政治家はたんなる政党の自己弁護にとどまらない一定以上の水準を備えていた。ここでは有力政治家として知られていた俵孫一と島田俊雄の議論に注目したい。いずれの政治家も中央での政治過程に深く関与しており、彼らの政党擁護論は政党の側に、政党の信頼回復と政党内閣復帰に向けた論理が構築されつつあった事実を物語るものとなっている。

### 俵孫一「地方自治と選挙」

俵孫一は一九三三年(昭和八)に『民政』誌上で「地方自治と選挙」という論説を発表した(『民政』第七巻第五号、一九三三年五月)。俵は内務官僚を経て憲政会・民政党に所属した政治家であり、従来の研究では親軍的態度をとった政治家として評価されている(井上 二〇一二：一七七～一七九)。井上敬介によれば、俵は「反英論者にして立憲政治の擁護者」という特異な立場にあった（井上 二〇一三：一九四）。ここからは立憲政治・政党政治の理論的擁護者としての俵の側面がうかがえる。

俵は五箇条の御誓文の「万機公論に決すべし」を引用しつつ、一八九〇年の大日本帝国憲法制定に先立つ一八八八年に市制・町村制が施行された事実を指摘して、「我々は立憲政治の発達を期するに、必らず先づ自治制度の進歩から謀らねばならぬ」として以下のように続けた。

今日の「立憲政治の運用が今日甚だ思はしからず、それに関する政党の行動は甚だしく世の指弾を受け」、「政党否認の声」が上がっており「自治制度の運用」についても批判が上がっている。「立憲政治に就いても、自治行政に就いても、その弊害の由来する根源は」「権力欲、勢力争」や「他の勢力を排斥して自己の勢力を専にせんとする私心」である。「地方有志が各々の仲間を作」って互いに排斥する「朋党比周」の結果、「怨恨」を互いに抱えている状況である。これが「抗争的気分の根本原因であると思ふ」。ここには「何の誠意も何の真面目さも無い」。「世間では此気分を以て政党の醜悪なる抗争より伝播したものだ、党弊が中央より地方に浸潤したものだと一概に政党を悪罵し、党弊を非難するものが多」く、こうした「不合理なる抗争気分は地方至る処に潜在し、是が郷党の静謐平和を破り其の不真面目なる朋党比周の結果が、施いて地方政党の醜劣なる対立抗争とな」っている。このような地方の争いは「主義主張の正しい政策の争では無い」ため、「党派は何党にても宜いのである」。

このように、「政党の弊が地方に及ぶと云ふも、其実地方の勢力争が主体で、寧ろ政党の争は其の客体である」。つまり、「政党がその弊害を地方に齎すものではなく、其反対に地方の勢力が互に政党を利用して、自己の勢力争の利器とな」しているのが実態である。こうした状況を是正するためには「市町村住民が此際自ら奮起して自治団体の監督に当るべきである」。「市町村の自治に政党の勢力を容れることは悪いと云ふ論があるが、政党が不合理なる勢力を以て遮二無二自治団体の正当なる行動を妨害し、自治団体の平和静謐を破壊する」ことは「不都合千万」であるが、「政党が其政策に示すが如き立憲政治を強く、明るく、正しくせねばならぬとの理想を以て、市町村（マ）民（マ）自覚を促す運動は決して悪い事ではな」い。「自治制の弊害の現状に鑑みて、其革正を計るが為に政党人が正当の努力をする事」も問題視すべきではない。

要するに、「自治団体の為に尽す誠意の有無如何の問題であつて、特に其選挙の候補に立つ者が、政党員であると否とは固より問題」ではない。世間には政党に弊害があるのだから排斥すべきとする者もあるが、「政党員に非る者が必らず公平無私の人物なりと断定することは何人か能く之を為し得るか」。そもそも候補者の枠が埋まっている等の事情で所属できる政党がないために中立候補を名乗らざるをえないような人物がいる以上、「政党人に非るの一理由を以て、必ずしも市町村の自治に誠意ある者と断ずる訳にはいかない」。よって、有権者が「選挙の回を重ねる毎に自治制の弊害革正の決心を持」って官庁とも連携しながら厳重なる監督監視を続けることが重要である。明治天皇の「万機公論」の精神に基づき、政党や自治の弊害を「除去すべき最も有効にして且つ根本的の方法は、選挙権の自由公正なる行使に在ることを忘れてはならぬのである」。

## 俵の主張の特徴

俵の主張は政党の弁明という側面はあるものの、地方自治からの政党排除論に対する反論としては一定の説得力があるように思われる。以下、注目すべき論点について言及していきたい。

まず、俵は政党に対する厳しい批判の声が上がっていたことと、地方自治制にも政党による弊害が露呈していることを認めている。その上で、政党が私利私欲のために地方行政に介入し、地方での抗争の原因となっているとの批判に対し、もともと存在する地方の対立が、政党の党派的対立を利用していると反論する。さらに「政党排除論」についても、政党を排撃すれば地域間対立や買収が無くなるわけではないし、政党に属さない人物が地方自治にとって好ましい人物とは限らないと反論している。清水唯一朗は、「初期の政党は旧来からの地域勢力の集合体であり、政策によって分かれたものではなかった」としている（清水 二〇一八：一五九）。こうした初期の政党のあり方が、昭和期にも継承されていったと考えられる。たとえば昭和恐慌期において、行政村を構成する集落レベルにおいて、道路開発などの強行事業の展開をめぐって地域間対立が激化した事例が確認できる（大石・西田 一九九一：四九三〜五〇一）。こうした地域間の感情的対立が党派的対立となって継承されていったと考えれば、俵の指摘には一定の説得力があるように思われる。

残念ながら、島根県で地域対立が党派的対立に結び付いていたという事例は確認できない。しかし、俵は自身の選挙区である島根県の状況を踏まえて当該論文を発表したと考えられる。従来の研究はこういった地方の対立を政党の対立と読み替えた証言を無批判的に踏襲した可能性が高い[5]。また、後述するように島根県では政党排除がいくら叫ばれても、県議会から政党政派が消滅することはなかったのである。くわえて、俵が主張する通り、政党員でなければ公平無私であるとは断定できない。この点で「政党排除論」は理論的な限界を抱えていたと見るべきである。このように、「政党排除論」は政党への反発を反映した主張ではあったものの、現実は政党なくして当選することは難しかったのであり、現実の政治を変革する力を持ち得なかったのである。

### 島田俊雄『現代政党論』

次に島田俊雄の議論を見ていきたい。島田は弁護士を経て政友会に入党した人物であった。斎藤実内閣の打倒を企図した政民連携運動に関与し（井上 二〇一三：一三九〜一四一）、岡田啓介内閣を偽装的な挙国一致内閣であると批判していた（菅谷 二〇一九：一八四）。島田は政友会を中心とする内閣の組閣を目指していたのである。そのような島田が一九三五年に慶應義塾大学で「現代政党論」という講演会を行った[6]。

島田は松岡洋右（一八八〇〜一九四六）が唱えた政党解消論に言及する。島田は松岡とは交流があると前提した上で以下のように続けた。松岡の言い分は、「既成政党、現在ある所の政党に色々の弊害がある、因縁情実がある、これを一度清算して出直したら宜からう、出直さねば駄目だ」というものだ。しかし、第三者的目線で政党解消論を考えると、「結局理屈としては左様なことも言ひ得るが、事実に於てはそんなことは出来ぬではないか」。また、自分も若い頃に「政党否認論」を展開したことがあったが、「政党を否認する議論の人々が集つて一団となれば、それが亦一つの政党になるといふことになるのではないか」と思うようになった。「政党解消論」も「既成政党を解消し清算するとの主張を持って居る一つの新しい政治団体、政党が出来るといふに過ぎない」のではないか。現実として政友会と民政党の二大政党が多数の議席を占めている。事実に基づかない議論は長続きしないのである。議会政治の運営は現実としては多数決で行うことが最も合理的であり、共産主義のような「空理空論を以て世の中を治めることは出来ない」。

このように島田は政党政治の正当性を主張し、政党解消論を牽制した。ここで重要なのは政党と地方の関係についてである。島田は次のように政党と地方の関係を論じていった。「政党の悪口を言ふ人は、よく政党人は党勢拡張といふことばかりに没頭して居るとい」い、「どんな問題でも選挙の方へ引き付け」、たとえば自分の選挙区の人間の依頼とあらば、学校の入学への口利きなどを行っているという。しかし、実際は政治家の話を聞いて支持を決めたという事例も多いのである。そもそも、政党人が地域の要望を聞くのは、子供の結婚先を考える「人間の情」と変わらないのではないか。鉄道や道路の整備にしても、「自分の郷里にあり、自分の見る所にあるからして、この見る所のものを先づ解決して行かうといふ、それが所謂人情の当然で、又事理の当然である」。その意味から考えれば、「或人が尽力をし」て橋や道路や鉄道が出来て「便利を得た」とする。「これは何某の世話で出来た、その人は何の団体に属して居る。さうすればその何某を通じて、何の団体の努力で、これが実現するに至ったかといふことの意味で、そのものに対して、斯様な能く仕事をして呉れたものを後援する」すること自体は「何等怪しむに足らぬことではあるまい」。「或人が運動し尽力をした学校は出来たとなると、その学校付近の人は、あの人が学校の為めに尽力して呉れたからだと誉める人もある」が、「選挙の運動の一部としてやったのだ、人気取りにやったのだ」と批判する人もいる。しかし、「出来た学校は、一度出来れば先づ永遠に存続する」のであり、選挙運動に学校建設を利用した人間の心情は「陋劣なりとして唾棄すべきものがあるかも知れないけれども、地方問題を解決した所のその余得、余慶といふこと」を考える必要がある。

かつて島根県に「恒松隆慶といふ人が」おり、「非常に地方問題に熱心で、鉄道に殊に熱心に尽力した人で」あったが、「この恒松の鉄道運動といふものは、運動はするけれども」、「余りに早く付て解決してしまふと投票がなくなるから、付けるやうな運動をして実は遅れる様にやるのだといふて、悪口をせられる程」であった。「当時の憲政会の人達はこれを政友会全体に対する批判として、政友会は地方問題を利用して党勢拡張の具に供」し、「それで地盤を開拓しているではないか、といって攻撃した」。それに対して自分は「反対党の諸君は何かといへば恒松攻撃をやるが、その恒松攻撃をやる人達は遥々東京からどうして来たのか。まさか歩行いて来たのではあるまい。やっぱり銘々が攻撃しつつある所のその鉄道を利用して、それに乗って来て攻撃演説をしているのではないか、それ程地方は便宜を得ている」と切り返した。恒松の通した鉄道は今も島根県の発展を支えており、恒松が亡くなって一五年ほど経つが、恒松の「運動の結果貫通した所の山陰線―固有鉄道の恩恵といふものは長く今日に伝はって、恒松君勢力の余徳が地方民を潤ほして」おり、「ここに我々は個人の生命というものと、団体の生命というものの関係を見なければなら」ず、個人と違い「団体の生命は永遠であ」り、「個人個人が団体の一員として」、「自分の小さい目的の為に働いたその働き方がよければ、団体としての全体の方向がよくなって行くのである」。

### 島田の主張の特徴

このように島田俊雄は政党解消論を牽制しつつ、政友会が展開した地方利益誘導の肯定を試みていた。その後、島田は積極財政を政友会が一貫して主張していたこと、人口増加や外交政策の関係上適切なのは積極財政であると訴えていた。

講演の内容を読むと、島田が非常に気さくに学生に語りかけていたことが分かる。中には「これから話せばなんぼでも話はあるが、これ以上やると諸君は政友会になってしまふ。（笑声）今日は私は入党の勧誘に来たんぢやないから話さない。これ以上やると党員の勧誘演説会になってしまふ」というように、学生に向けて冗談交じりに話して会場は聴講している学生の笑い声に包まれることがしばしばあったようである。島田は政党の意義を硬軟織り交ぜて若い学生たちに語っていた。島田の主張は一見すると地方利益誘導を進めてきた政友会の立場を弁護する開き直りとも読める。しかし、今日の政党論と照合すると高い水準を持つ政党論であることが分かる。以下、注目すべき点について検討を加えたい。

島田は政党解消論が本質的に矛盾を抱えていたことを指摘する。政党解消という政治的目的を達しようとすれば、必然的に政治的組織を伴うためである。後に政党解消の延長線上の組織として大政翼賛会が成立するが、それが綱領も宣言も持たない組織となり、結局政治勢力の中心的存在とはならなかったことを踏まえると（赤木 一九八四）、政党解消論には島田が指摘した問題にとどまらず、より多岐にわたる問題を内包していたと考えられる。政党を解消したとしても、その先にどういった議会運営や政治構想を展望するか、あるいは明治憲法体制下における幕府的存在を許容しない政治理念とどう整合させるのかなど、課題は山積していたのである。島田の指摘する通り、政党の存在なくして議会政治・立憲政治の運営は困難を極めるものだったと言えよう。

次に利益誘導についてである。まず、前提として確認しておきたいのは高久嶺之介が指摘するように、「地域の有力者が、府県の補助、その工事が大きい場合国の補助を要求することは悪い方向とはいえないし」、「『地域利益』『地方利益』が噴出される状況は、決して悪い状況とはいえない」ということである（高久 二〇一一：八八～八九）。高久の指摘は自然災害への対策や、政治的権利の行使の文脈でなされているものだが、地域間格差を克服するための利益要求についても当てはまると思われる。すでに指摘されているように、島根県は裏日本の中でも後進性が色濃い地域であった（古厩 一九九七：六九～七一）。こうした背景もあって、沼本龍が明らかにしたように、明治期から島根県では自分たちの地域の後進性に対する意識から鉄道敷設運動が展開しており（沼本 二〇一〇a・b）、その民意に応える形で政治家は行動していたのである。そして、明治期の帝国議会で山陰地域の格差是正を訴えた政治家こそ、島田が挙げた恒松隆慶（一八五三～一九二〇）その人だったのである（阿部 一九九七）。つまり、島田は恒松を再評価することで、政党の信頼回復を図るとともに、政友会が地域振興に寄与した役割を強調して政党政治の正当性と成果を訴えていたのである。島田は恒松を政党と地域の関係の象徴的存在として言及することで、地方における政党の活動のあるべき姿を提示するとともに、それを批判してきた憲政会（民政党）への反論をも展開していたのである。

注目すべきは個々の利益追求こそが全体（団体）の利益となるという島田の議論が、多元主義的な政党論として成立していることである。今日の政党論でも全体の利益を追求すべきであるという考え方は全体主義につながるもので望ましくなく、各々が利益要求を続けて、競争関係や抑制関係が生じた上に穏健な政治が機能するという多元主義的な考え方が望ましいとされている（待鳥 二〇一八：一八～二〇）。このように島田の議論はたんなる政友会の自己弁護にとどまらない、水準の高い政党論となっていたことが分かる。

興味深いのは、恒松の鉄道敷設運動について、鉄道を「余り早く付て解決してしまふと投票がなくなるから、付けるやうな運動をして実は遅れる様にやるのだといふ」という「悪口」が当時からあった事実である。現代政治学では戦後の自民党があえてインフラ整備を遅らせることで支持を繋ぎとめていたという研究成果が存在するが、その事例として挙げられているのが島根県である（斉藤 二〇一〇）。当時から戦後の自民党に代表される利益誘導政治の本質を見抜く批判があった事実は、利益誘導のあり方を客観的に分析する見方がすでに存在していたことを意味する。

ここで見逃せないのは、島田の一連の議論が政友会の機関誌『政友』に掲載されたほか（島田「現代政党論」『政友』第四二一号～第四二二号、一九三五年八月、九月発行）、『山陰新聞』紙上では「ざっくばらんに現代政党を語る」と題してほぼ同内容が連載された事実である（『山陰』一九三五年八月一六～二三日）。島田の政党論は地域の有権者にも発せられており、来る総選挙に向けた政友会への支持を広める狙いもあったのである。島田と政友会がこうした発信を試みたことは、政友会も広く有権者を説得するための論理を発信する「近代政党」としての側面を強めていたことを意味する。

以上の内容を要約すると、俵と島田の政党論は政党批判に対する有力な反論になっていた。しかも、こうした反論は「近代政党」として他の政治勢力による政党排除論に対して現実の政治情勢に基づいたものであった。当時の政治家は政党と地方のあり方を再検討し、自分たちの統治の正当性を主張できる論理を構築していたのである。

一九三六年に総選挙が執行され、島根県では民政党が五議席を獲得する一方、政友会は一議席にとどまった（第3章）。ここでは、選挙における選挙粛正運動に対する県当局とメディアと政党人の評価を確認する。『選挙粛正運動総覧』によると知事による講演会や映画会、変わったところでは一九三五年に選挙粛正安来節がラジオ放送されている（『島根県選挙粛正運動総覧』二五～三四頁）。聴覚メディアであるラジオを活用した啓蒙活動が展開していた。

運動の主体となったのは「県下二百七十三市町村の選挙粛正委員」であり、「市町村指導者、青年有権者」らと彼らが開催した座談会であった。この座談会には延べ一万人以上が参加した。これを踏まえて各集落で懇談会を開催し、延べ一〇万人近くが参加したのである。さらに警察官の「再教育」のための「警察官選挙法特科講習会」を開催した。選挙期間中は「市町村当局、学校教職員、全警察官、粛正員は勿論、各種団体関係者、官公衙、銀行、会社、工場関係者、新聞記者、経済当局職員に至るまで一斉に動員された」。ポスター、パンフレット、リーフレット、ビラなどを配布したほか、「県内に起つた粛正美談を素材とした粛正浪曲を県下約六十ヶ町村に巡回口演せしめた」。こうした取り組みの結果、投票率は八割を超える好成績を収めた。「我等は粛正運動の効果を棄権率乃至犯罪検挙数のみを以て判じようとするものではな」い。「選挙粛正運動は一面国民愛国運動であり文化啓発運動であり同時に国民精神作興の運動であ」り、「選挙粛正を第一着手として、国民精神の作興、国礎の強化、皇威の宣揚を策する事が最高の目標」である。今回の選挙で「選挙の意義に対する正しき国民的認識を高め、選挙権の貴重なる所以を会得せしめ」、明治天皇の「御聖旨を体認せしめ、更に我が国体の尊厳無比なる所以を開明して、国民の愛国心公共心を益々深く且熱からしめた事は最も偉大なる功績と云はねばならぬ」（『島根県選挙粛正運動総覧』一八～二〇頁）。

県当局は精神運動や愛国心を高める運動としての選挙粛正運動の意義を強調していた。また、ソフト面では地域の構成員である指導者層と青年層をターゲットにした座談会、ポスターやビラなどのメディアを動員した活動に加え、選挙民になじみ深かったであろう浪曲を動員するなど、有権者の関心をつかもうとする取り組みを進めていたことが分かる。県当局にとっては、選挙粛正運動は一定以上の成果を上げたものと評価されていたのである。

## 選挙粛正運動とメディア

それではメディアの評価はどうであったのか。地方紙については『松陽新報』が選挙粛正運動を選挙が公正になされたと評価する一方（「想起す前回の総選挙」『松陽』一九三六年二月二五日）、『山陰新聞』は選挙粛正運動が官製運動であると批判し、民間による運動の必要性を訴えていた（「所謂粛選の跡を顧て」『山陰』一九三六年二月二五日）。背景には『松陽新報』が民政党系であったのに対し、『山陰新聞』が政友会系であったことから、運動を推進する岡田内閣の支持と不支持をめぐる政党対立が、メディアの評価の差として現れたと思われる。

次に郷土人雑誌『島根評論』である。『島根評論』は「吾人が今回の選挙に於て感じたことは過去の因襲状勢を打破することは、特に島根地方に於て困難ではあるが、粛正選挙の結果は、舌戦の力が今後の選挙情勢を動かすに偉大なるものがあるであらうことと、その主義主張を選挙民に徹底させるのには、選挙に直面せざる平時に於て之が準備の極めて緊要であることだ」と評価した。その上で「一片の選挙公報などによって候補者を判別することは困難事であり、演説会も聴衆の多寡は、ただその際の偶然に依るものが多く、珍らしい人物が来援すれば、その人の顔を見るくらいが関の山であるが、しかもそれは殆んど市部に限られている」とした。最後に、「舌戦の勢力は侮るべからざるものはあっても、聴集（ママ）が少なければ効を見ないのだから、何うしても平時に於て政策の優劣を一般民に承知せしめておかなければ、戦を見て矢を矧ぐのやり方では当選は出来ないのである」と結んだ（『島根評論』第一三巻第三号、一九三六年三月）。

このように、『島根評論』は選挙粛正運動が旧来の選挙に係る因襲を打破することを期待していた。また、選挙演説についても客寄せのイベント的側面があることを指摘した。くわえて、客寄せの側面が市部に限られているということから、農山村部の状況は演説会に有名人も来なければ人も集まらないという状況だったことを示唆している。重要なのは平時における舌戦、すなわち候補者の主義主張や政策を日頃から周知浸透させる必要性を指摘していることである。今日でも共通のことではあるが、選挙期間のみに政策論争が交わされ、選挙が過ぎると政治への関心が下がるという状況は当時から問題視されていた。選挙粛正運動を通じて政策論争を活性化させるべきであるという、政党政治の充実化に不可欠な前提を求める言説が登場したことは明記すべき事実である。

次に政党人の選挙粛正運動に対する評価を見ていきたい。すでに官田光史が指摘している通り、政党人の評価は「選挙粛正運動の利便性は一定認めるが、官憲の苛酷な取締りや人権侵害は許せない」というものであった（官田二〇一六：四九）。そして、政党人の中からは実務レベルでの改善を求める意見も出ている。選挙後に県議や県当局関係者が集まって選挙粛正運動の感想を話し合う座談会が開催され、その席上で県会議長の天野種三郎は次のように述べた（『島根県選挙粛正運動総覧』五九一頁）。天野は櫻内幸雄の選挙に関わっており、政治的行動も櫻内と連動するなど、島根県民政党の中では政友本党系に属する人物であった（第2章）。

> 現在の選挙法によって選挙委員、労務者の人数の少かった事には非常に困った、演説会の開催、交渉、あと始末、立看板、ポスターの掲出等すべて選挙委員でなければ出来ぬ事になっているが、かかる仕事は労務者にさせられる様にして貰ひ度いものです。又第三者の運動に対しては実費の外に相当の報酬を出してもいいと思ふ。一演説会員が、或村に出掛けて無一文で困った話、演説会場で委員がコップを借りて整へる話、演説会場に警官の臨監席がなく、お巡りさんから苦情が出た話等、笑へないナンセンスが出たが、選挙の公費に付てもう少し融通のある解釈を下して欲しい。

天野の意見は、自身も選挙運動に関わる身として出た率直な政党人の意見として興味深い。天野が不満として挙げたのは、官権や軍部などの圧力などではなく、労務者の減少による現場の不便さ、選挙の公費の融通など実務レベルでの問題点であった。当時の政治社会の雰囲気は、こういった細部の事務手続きに関する要望が公然と出るような状況だったことを確認しておきたい。

選挙粛正運動については、その必要性は政党人やメディアが認めていたが、運動のあり方をめぐっては様々な意見があった。県当局は運動の成果を評価し、『島根評論』も一定の評価を与えた。一方で、県議の天野は選挙粛正運動によって選挙活動が制限されることに率直な苦言を呈した。政党は信頼回復のために運動の意義を認めつつ、その改善を図ろうとしていた。選挙粛正運動は官製運動であり、愛国心の高揚や日本主義の強調といった国粋主義的側面と、政党政治の充実化と改善を図るという二つの側面を有していたのである。

## 4　後期選挙粛正運動の展開とその特徴——一九三七〜三八年

### 第二〇回衆院選での異変——新人議員の当選

本節では、今回の選挙における選挙粛正運動の動向と選挙結果をめぐる言説を確認したい。この選挙でも知事による講演会やラジオ放送、ポスター・ビラ・パンフレットの配布、スライドの送付など啓蒙活動が中心であった（島根県編『島根県選挙粛正運動概要』一〜六頁）。重要なのはこうした啓蒙活動が翌年開かれる県議選にも継承されていくことである。

この総選挙では民政党と政友会が三議席ずつ獲得する結果となった（第3章）。この総選挙で注目したいのは、一九二四年（大正一三）の総選挙以来五回連続当選を続けていた木村小左衛門が第一区（出雲部）において落選したことである。木村の落選については、『島根評論』の理事の一人である川上繁一が「島根政界の異変（一）——民政王国遂に覆る」で論じている。

すなわち、「第一区は何と云っても若槻王国、民政党の金城湯池であ」り、櫻内、木村、原が当選し続けてきた。今回の選挙では三人とも「断じて高橋君は立候補すまいと見当をつけて、無投票区となるに違ひないと安心し切って居られたやうである」。しかし、結果として高橋は立候補した。「虚を突かれては、巨豪と雖もたぢたぢとならざるを得ないのである」。「最近の情報に依れば第一区にも既に時代の目覚めがやって来て居て青年乃至壮年級の人々の自覚と奮起を来して来て」おり、「唯だ事大思想的にのみ事を決することが出来なくなったことが、此の度の選挙で明らかに」なったのである。櫻内が民政党県議で「松江の少壮弁護士和田珍頼氏」を選挙の「総指揮官に」起用したことは、「確かに此の時代的推移を物語って居ると共に、流石は世故に通じた櫻内氏だけあって、時代の流れにそふたものと云はねばなら」ないだろう。一方、「木村派では相も変らず」民政党県議の「古老森山茂太郎氏の総指揮と来ては、時代錯誤」であると言わねばならない。「殊に森山氏は病後で気力も衰えて、往年の元気は全くないにも拘らず、斯る人物を頭に此の非常時日本の今日の選挙に望んだことは、全く木村氏一期の大不覚である」。さらに「今回木村派に取って非常な大打撃は」、「出雲製織の宍道政一郎氏が前回は木村氏の為めに推薦状を出したり職工に早引きさせたりして大変に力を添えて居られたものが、今回は何故か全く無関心的な態度を取られたことであ」る。「兎も角、一般大衆が目覚めたのである。そして此の目覚めた大衆の支持を受けたものが勝利者となるのである。木村氏が落選の悲運に遭遇せられたのも、其の一因は確かに茲に存する。木村氏が今後充分に時代に目覚めて大衆の中の真に真裸体となって飛び込んで大衆の支持を受けぬ限り、同氏の将来は誠に心細いものがある。好漢木村氏の若返りを熱望して止まない」。

川上の分析によれば、木村落選の背景には選挙準備が整っていなかったことや、旧態依然とした選挙態勢で臨んだこと、出雲製織の支援が受けられなかったこと、一般大衆が目覚めたことなどが挙げられている。

記事に登場する出雲製織は一九二〇年に創立された会社であり、山林大地主として知られた絲原武太郎ら地域の有力者からの出資によって設立された。昭和恐慌で大きな打撃を受けたものの、一九三七年には従業員四八三三名を抱える大企業に成長し、戦前期の企業の中で従業員数ランキング六〇位に入るほどであった（北山 二〇一四：九八～一〇二）。

なお、木村落選の背景については菅谷幸浩が重要な事実を示しているので紹介しておきたい。菅谷によれば、木村は実業家で民政党横浜支部顧問の地位にあった中村房次郎に、選挙資金が不足している旨を訴える書簡を書き送っている（菅谷 二〇二三：三二）。『島根評論』の分析が正しければ、出雲製織の支援を受けられなかった木村は、横浜の関係者の支援を募らなければならないほど逼迫していたものと思われる。川上の指摘が事実かどうかは不明だが、木村落選の背景には選挙資金の不足があったことは間違いない。

しかし、本書が重要視したいのは川上の指摘が事実であったかどうかではなく、こういった分析がなされ、『島根評論』誌上に掲載されていた事実である。そもそも、木村は立憲青年党や若槻の後援会である克堂会の支援を受ける中で当選した政治家であり、当時のメディアでは憲政会勢力の伸長が政治的な目覚めであると評価されていた（第1章）。この事実は、「政治的な目覚め」や青年層の活躍などのメディア表現は、時代の変遷によって変化することを示している。木村のようなベテラン議員の落選という選挙結果に対してこのような分析がなされたことは、新人議員当選の気運を高めたものと思われる。実態と語られ方は相互に作用しながら、地域政治構造をも転換させていったと言えよう。より具体的に言えば、新人議員の待望を求める民意をより高めるきっかけとなったと考えられる。

## 第一一回県議選における選挙粛正運動

一九三八年には島根県議会議員選挙の改選が予定されていた。一九三七年の年末の『松陽新報』は、「総選挙期日が三月早々である関係上一夜明けて昭和十三年の春を迎へたならば早くも各地には選挙風雲の影が動き出すことは必然であるが明朗にして新鮮な県政を熱望する県民としては相当新人輩出を期待するに相違ない」というように（『松陽』一九三七年一二月二三日）、新人議員を待望する政治的な要望が生じつつあったと報じている。こうした動きは別の地域でも見られる（小南 二〇〇〇：一二三）。

一九三八年に県議選が執行される中で選挙粛正運動も展開していた。この中で注目すべきは有志が結成した島根県郷土愛護同盟の活動である。理事長は弁護士の草光義質であり、彼はラジオ放送で次のように訴えた。

島根県会議員は県全体のために働くべきであるにもかかわらず、「県会議員の職にあつた人の行動を顧みて、唯自己の選挙地盤の利益の擁護にのみ血眼になつて居」る。「議員は其選挙区や其の人を投票した選挙有権者の代理人でも代表者でも」なく、選挙は「天皇のみ持たせらるる行政権の一部を国民中有権者に御委託賜はり、其の選挙区中で最も其の地方自治行政に参与して適当なる人格高潔なる人士を選挙せよとの有難き思召に出でたるものであ」る。従来は「県民の多くが政党に入党するか入党の形式をとらなくても自分の好きな政党の反対党の人には親の仇にでも会つた様な感情を持つて行動する人」がいただけでなく、「県会議員も濫りに党派心に捉はれ県全体の利益を無視する様な傾向が甚し」く、「県民一部または全体として幾何の損失をして居る」か分からない状況である。「元来政党は県会や町村会にて存立すべきものではなく、殊に外国と違ひ日本の国家は天皇御一人の御考で政治を行はせらるる国柄である関係上、又事実上国民の間に根本的に利害の相違のあるものがない国では、政党の主義綱領に根本的な差異がないのが当然であるから、其の政党を誤解して政党に執着することは全然間違ひであ」り、「衆議院にこそ政党があつて一利一害であるが県、町、村会に政党があれば弊害のみで誠に由々敷き大事であ」る。また、金権や情実で左右されるような人物が議員となることで「県政を傷け毒すること多大のものがある」。こうした状況を打破して、「我等県民は郷土を護る為め、皇軍将士の忠勇なる行動に対し銃後の当然の責務として、廉直公明の人、過去に於て忌はしい風評のない人、県政に対し相当の識見を有する人、公事に熱意を以て当る人を吟味して」当選させる必要があると。

先に見た田澤の主張にも通じる、典型的な「政党排除論」である。選挙粛正運動では「政党排除論」が一貫した論理の一つであったことは明らかである。このほかには産業組合青年連盟が「青壮年の選出」「党臭のない人」を選出するべきであるとの記事を『組合新聞』に掲載した（『島根県選挙粛正運動概要』二三六〜二三八頁）。新人待望論と政党排除論が渦巻く中で県議選は執行された。

### 県議選の結果——新人議員の台頭

県議選の結果は民政党二四名、政友会三名、中立三名（内一名は民政系）であった（表4－3）。この県議選の特徴は大きく三つある。まず注目されるのは無投票選挙区の激減である。前回は一四の選挙区のうち、七つの選挙区が無投票だったが、今回は仁多郡、大原郡、飯石郡の三つにとどまった。前回は八束郡での候補者調整において違反が続出した反省からか、多くの選挙区で激しい選挙戦が展開されたのである。『大阪朝日新聞島根版』はこうした

表4－3　1938年県議選当選者一覧

| 氏　名 | 党　派 | 当落 | 選出郡・市 | 前職/元職/新人 | 経　歴 | 得票数 |
|---|---|---|---|---|---|---|
| 田中源一 | 民政党 | 当 | 松江市 | 前職 | 陸軍三等主計 | 3,318 |
| 土谷連之助 | 民政党 | 当 | 松江市 | 前職 | 商工会議所議員 | 2,507 |
| 桜井文三郎 | 中立 | 落 | 松江市 | 新人 | 呉服卸商 | 1,222 |
| 和田珍頼 | 民政党 | 当 | 八束郡 | 前職 | 弁護士 | 3,553 |
| 福原二郎 | 民政系 | 当 | 八束郡 | 新人 | 小学校長 | 2,959 |
| 佐藤忠次郎 | 民政党 | 当 | 八束郡 | 前職 | 会社役員 | 2,858 |
| 香川敏徳 | 民政党 | 当 | 八束郡 | 前職 | 会社役員、畜産組合長 | 2,569 |
| 石川重太郎 | 民政党 | 落 | 八束郡 | 前職 | — | 2,362 |
| 天野種三郎 | 民政党 | 当 | 能義郡 | 前職 | 民政党島根支部長 | 3,080 |
| 仙田伸一 | 民政党 | 当 | 能義郡 | 新人 | 山佐村長、山林会長 | 2,913 |
| 黒田幸治 | 中立 | 落 | 能義郡 | 新人 | 農業 | 2,032 |
| 富田要造 | 中立 | 当 | 仁多郡 | 新人 | 農業 | — |
| 黒田興吉 | 民政党 | 当 | 大原郡 | 新人 | 公吏 | — |
| 安部栄重 | 民政党 | 当 | 飯石郡 | 前職 | 農業 | — |
| 伊藤栄一郎 | 中立 | 当 | 飯石郡 | 新人 | 農業 | — |
| 山田金右衛門 | 民政党 | 当 | 簸川郡 | 新人 | 商工会長、酒造業 | 5,529 |
| 石橋正彦 | 民政党 | 当 | 簸川郡 | 前職 | 農会副会長、産業組合島根支会長 | 5,312 |
| 江角興義 | 民政党 | 当 | 簸川郡 | 前職 | 会社役員、農会副会長 | 3,855 |
| 今岡　栄 | 民政党 | 当 | 簸川郡 | 前職 | 小学校長 | 3,799 |
| 本多常吉 | 民政党 | 当 | 簸川郡 | 新人 | 朝鮮総督府事務官、大社町議会議員 | 3,242 |
| 森山茂太郎 | 民政党 | 当 | 簸川郡 | 前職 | 今市町長 | 2,399 |
| 雲藤空善 | 政友系 | 落 | 簸川郡 | 新人 | 住職 | 1,249 |
| 児玉勝之助 | 中立 | 落 | 簸川郡 | 新人 | 無職 | 264 |
| 森山興八郎 | 民政党 | 当 | 安濃郡 | 前職 | 佐比売村長<br>産業組合青年連盟会長 | 3,051 |
| 松下源次郎 | 政友会 | 落 | 安濃郡 | 新人 | 農業 | 1,313 |
| 吉田直方 | 民政党 | 当 | 邇摩郡 | 新人 | 町村会副会長<br>産業組合長 | 2,436 |
| 木島経之 | 中立 | 落 | 邇摩郡 | 新人 | 医師 | 1,635 |
| 白井定光 | 中立 | 落 | 邇摩郡 | 新人 | 農業 | 1,217 |
| 日高武夫 | 政友会 | 当 | 邑智郡 | 前職 | 田所村長 | 3,559 |
| 田邊茂人 | 民政党 | 当 | 邑智郡 | 前職 | 都賀行村職員 | 3,058 |
| 野田秀次 | 政友会 | 落 | 邑智郡 | 元職 | 農業 | 2,600 |
| 尾原俊男 | 民政党 | 落 | 邑智郡 | 新人 | 農業 | 945 |
| 寺戸光次 | 民政党 | 当 | 那賀郡 | 前職 | 酒造業、三隅町長 | 3,527 |
| 山崎定道 | 民政党 | 当 | 那賀郡 | 前職 | 今市村会議員、那賀郡蚕糸組合長 | 3,305 |
| 小川孝祐 | 民政党 | 当 | 那賀郡 | 新人 | 浜田町議会議員、米穀商 | 3,176 |
| 佐々木弘明 | 中立 | 当 | 那賀郡 | 新人 | 所得調査委員 | 2,781 |
| 山根左中 | 政友会 | 落 | 那賀郡 | 前職 | 水産業 | 2,223 |
| 中西淳亮 | 民政党 | 落 | 那賀郡 | 前職 | 新聞記者、黒松村会議員 | 1,349 |
| 増野　正 | 政友会 | 当 | 美濃郡 | 前職 | 農会長、益田町長 | 3,734 |
| 佐々木進之助 | 民政党 | 当 | 美濃郡 | 新人 | 警察官、匹見上村長 | 3,264 |
| 横山正造 | 民政党 | 落 | 美濃郡 | 前職 | 教員、真砂村長 | 2,678 |
| 財間　淳 | 中立 | 当 | 鹿足郡 | 新人 | 酒造業、津和野町長、畜牛改良組合長 | 2,971 |
| 宮崎弥三郎 | 政友会 | 落 | 鹿足郡 | 前職 | — | 2,349 |
| 若林通照 | 民政党 | 当 | 隠岐島 | 元職 | 学校教員 | 2,383 |
| 今崎半太郎 | 民政党 | 落 | 隠岐島 | 新人 | 農業 | 1,813 |
| 斎藤貞太郎 | 民政党 | 落 | 隠岐島 | 前職 | 磯村長 | 1,140 |

出所：『大阪朝日新聞島根版』1938年2月25日、3月5日、『松陽新報』1938年3月4日、3月5日、同夕刊、3月6日より作成。

状況を「事変下にふさはしい立候補陣を形成した」と評価した上で、選挙戦の模様は概して低調であり、演説会は二人しか集まらないという状況さえあったものの、投票率は八割近くあったことから選挙民は冷静に選挙に臨んだと評価した（『大朝島根版』一九三八年三月八日）。二つ目は、新人議員が一二名当選している点である。前回は九名の新人議員が当選しているが、そのうち五名は無投票当選であった。重要なのは、中西淳亮や横山正造ら当選を重ねてきたベテラン県議が落選している点である。中西は俵の後援会の会長を務めていた人物であり（第2章）、俵の地盤が動揺していた証左となる。県議の入れ替えは地域政治構造が日中戦争下の中で、変革を求める民意のもと変容しつつあったことを意味している。三つ目はこれら新人議員の多くが既成政党に所属していた点である。地方議員の党派離脱は選挙粛正運動の中で唱えられ続けたが、それでもほとんどの議員が既成政党に所属していたのである。政党政派を離脱して地方議会で活動するのは非現実的であり、中立候補の多くは泡沫候補にすぎなかったのである。

以上、本章で明らかにしたことをまとめると、第一に第二〇回衆院選は準備がままならないままの選挙であったこともあり、議員の流動化を促した。解散を断行した林内閣は政党への懲罰を解散理由としていたが、政党勢力への懲罰という目的自体は、議員の流動化という点に注目すれば、一定程度果たせたとは言えるのかもしれない。また、新人議員を求める民意が生じており、メディアもそれを「政治的な目覚め」であると好意的に評価した。これらの実態としての新人を求める民意と選挙結果、そしてそれを評価するメディアは相互作用しながら、地域政治構造にも変容をもたらしたのである。

第二に、こういった総選挙の結果を受けて、県議選では多数の新人議員が当選することとなった。これらの議員のほとんどは既成政党に所属しており、政党勢力の弱体化が起きていたわけではない。一方で日中戦争という特異な状況が新人待望の声や政界の刷新を求める民意をさらに押し上げ、既成政党に新陳代謝を促したと言える。これらの新人議員は当選後の県議会では県会議長の選考をめぐって主流派と対立し、最終的には新人議員らが推す山崎定道が議長に就任する事態が起こっている（『山陰』一九三八年三月二九日）[7]。新人議員の当選は県会の運営にも影響を及ぼしたのである。

## 5　選挙粛正運動がもたらしたもの

本書では政党内閣制崩壊前後の地方政党の状況を明らかにしてきた。以下、まとめと今後の課題を示したい。

### 選挙粛正運動の評価

第一に選挙粛正運動の展開と当該期の評価についてである。一九三四年（昭和九）の県議選は後に控える第一九回衆院選と選挙粛正運動の前哨戦と位置づけられたにもかかわらず、違反者が続出し再選挙が繰り返されることとなった。これに対して『島根評論』は県議選無用を説くなど、政治不信が助長される結果となった。この県議選では強引な候補者調整が違反を招いたと考えられた。選挙粛正運動の関係者であった田澤義鋪は無投票を批判していた。一方で、立候補を辞退した県議の錦織彦太郎は候補者調整による無投票が非常時における粛正選挙のあるべき姿であると述べていたように、粛正選挙のあるべき姿とは何かがこの時点では定まっていなかった。一九三四年の県議選の混乱は粛正選挙がどうあるべきかを問い直す契機となったと考えられる。

こうした反省もあってか、一九三六年の総選挙は一定の成果を上げたと好意的に受け止められた。『島根評論』からは今後は選挙以外の時機での政策論争の活性化に期待する論説が発表されるなど、政党政治の発展に必要な観点からの議論もなされるなど、政党にとってもプラスとなる側面があった。すなわち、当該期の選挙粛正運動には官憲や軍部勢力による抑圧という側面と、政党政治を充実・発展させる二つの側面があった。さらに、選挙に関係していた県議の中からは実務レベルにおける選挙粛正運動の見直しを促す発言も飛び出していた。政党にとっては、選挙粛正運動を前提としつつも、その中で自分たちの立場を確保しようとする思惑があった。政党とメディアと県当局が相互に発信し、選挙粛正運動を深化させていくことが展望されていたと言えよう。

### 選挙粛正運動をめぐる言説

第二に選挙結果をめぐる言説についてである。一九三七年の総選挙ではそれまで民政党が議席を独占してきた第一区において、政友会の高橋円三郎が初当選した。民政党の木村の敗因は選挙準備の不足などが考えられるが、重要なのは木村の敗因を島根県の政治的目覚めによるものだと位置づける言説が登場したことである。かつては立憲青年党の支援を受け、政治的目覚めの象徴的扱いを受けた木村が、今回は目覚めによって敗者となった存在として扱われたのである。こうした言説は選挙民の今後の投票行動にも影響し、一九三八年の県議選における新人議員の当選の民意を補強したものと考えられる。一九三四年の県議選と違い、多くの選挙区で選挙戦が展開され、新人議員が当選したことは、戦時下の中で既成政党の中からも新人を待望する民意を受けた新陳代謝が起こっていたことを意味している。既成政党が多数を占める状況でも、政治的変化を求める「民意」は新人議員の当選という形で結実していったと言えよう。こうした政治的状況が一九四二年の翼賛選挙の前提となっていくのである。

### 「政党排除論」の限界

第三に地方からの「政党排除論」についてである。従来ほとんど注目されてこなかったが、選挙粛正運動を貫く一貫した論理の一つに、地方自治からの政党排除というものがあった。これ自体は決して新しい主張ではなく、明治期以来メディア等でたびたび繰り返されてきたものだった。しかし、中立候補の多くは泡沫候補でしかなく、地方議員は政党に所属する人物が一貫して過半数を占めており、まったく現実性のない言説にすぎなかった。政党排除を訴える人々よりも政党政治家の方が地方政治の現実を理解していたと言える。俵が指摘した通り、政党が地方での対立を激化させた側面だけでなく、もともとの地域的対立に党派的対立が加味されたというのが正確だったのではないか。さらに島田が述べた通り、政党が個々の利益を追求することによって最終的に全体の利益につながるとの考え方の方が現実的であったし、現に多くの地域がそうした考えのもとで発展していったのである。これは今日の政党論に当てはめれば「多元主義」に近いものであり、その水準の高さは評価すべきであろう。これは戦前の政党が「近代政党」として有権者の広い支持を受ける一方で、数々の反発を招く中で、自らの正当性を主張できる説得的な論理を有していたことを意味する。あえて選挙粛清運動に勝ち負けを求めるとするなら、この二つの立場（政党と政党排除）の直接対決は、政党側の「圧勝」といってよい結果に終わった。広く有権者に根差して長年にわたって地盤を構築した政党は、県当局や選挙粛正運動で活動した弁士たち、あるいは政党を批判的に論じてきたメディア人よりも、より深く当時の地域社会を理解していたのである。これこそ戦前の政党が「近代政党」として政治社会に深く浸透しつつあった証左であった。

なぜ地方自治からの政党排除が出来なかったのかについてはなお検討を要するが、一つには全体の利益の規定など不可能であり、個別利益を代表する政党でなければ支持を獲得できなかったのではないかと考えられる。その点では、島根県郷土愛護同盟が主張したような島根県全体の利益などというものは曖昧模糊としており、規定することは不可能であった。地域に根差した活動を行える基盤を持ち、かつ議会で自らの選挙区や支持者の要求を通すための政党によらずに当選することは困難だったのである。先に政党に関する言説が実態にも影響を与えたと論じたが、選挙粛正運動に連なる地方自治からの政党排除の言説は、あまりにも地方の現実を無視した言説であったため、実態にほとんど影響を与えることがなかった。ここに選挙粛正運動の限界を見出すことができる。

では、なぜ「政党排除論」が主張されていたのか。背景には政党の地方組織の問題もあると考えられる。政党の地方組織の多くが地方議員によって構成されていたことは既に見た通りである（第2章）。仮に地方議員が政党から離脱した場合、地方組織の形骸化は不可避であっただろう。この主張の狙いは政党の地方組織に立脚して活動する議員を政党から引きはがすことで、地方組織の弱体化を図る狙いもあったと考えられる。この点については地方組織をめぐる言説も含めてより具体的な検討を要する。一方で、田澤や島根県郷土愛護同盟に代表される政党排除論の多くは、衆議院での政党の必要性を認めていたことを踏まえれば、あくまでも地方政治限定の主張だったことは明らかである。それらの主張の背景には、地方の政治は政党党派によって妄りに混乱させられるべきではなく、一貫して地域社会の発展に寄与するためにあるべきとの思想があったと思われる。しかし、衆議院での政党と県会での政党は不可分的に結びついていた。「政党排除論」はその存在自体が矛盾をはらむ論理だったのである。この矛盾が解消されなかったことが、政党排除が達成されなかった理由の一つである。

以上のことから、選挙粛正運動とは、島根県に限って言えば、既成政党内での新陳代謝を促す役割を果たしたと結論づけたい。

最後に本章の課題を示したい。一つは島根県の地域政治構造の問題である。本書で明らかにしたように、県会議員は郡レベルで選出されており、それぞれの郡の利害関係を代表していたと考えられる。また、民政党と政友会の県会議員の多くは町村長や産業組合役員などの地域の要職を経験した人物であり、経歴には大きな違いがないように思われる。それは島根県の民政党が憲政会に加えて旧政友本党系の人物が多く加わったためでもあると考えられる。そういった県議たちが代議士の集票ルートを担っていたとすれば、やはり両党の支持基盤に大きな違いはなかったと理解すべきであろうか。また、いかに政治・経済的な関係による支持基盤を固めたとしても、一九三七年の総選挙で木村が敗れたように、支持基盤なるものも絶対的なものではなかったと理解すべきである。この点については島根県という地域の特性と今回明らかにした当時の選挙の特徴とをあわせて検討すべき点であろう。

## 注

(1) 室井の研究は選挙粛正運動にどういったメディアが活用されたかを視覚的に検討したユニークなものだが、いくつか指摘すべき点がある。まず、選挙粛正運動に関する先行研究についてである。室井は「不思議なことに、これまでの歴史学研究における同運動の扱いや言及は些少なものであった」(一五八頁)などとしているが、本書が挙げているように選挙粛正運動に関する研究は枚挙に暇がないほどを存在する。

なぜ室井がこうした初歩的な事実誤認を犯したかについては注記を見れば分かる。室井は「二〇一二年に、現代の代表的な三名の近代政治史研究者による著作」として井上寿一(二〇一二)、筒井清忠(二〇一二)、坂野潤治(二〇一二)らの研究を挙げ、「いずれにおいても選挙粛正運動に関する言及は見られない」(一九一頁)としている。また、粟屋憲太郎(一九九四、二〇〇七)を参考にしたと主張しているが、他の研究には言及していない。著者が一方的に決めている「代表的な」研究者の一般教養向けの新書だけを持って研究がないなどと断じるのは、あまりに乱暴な先行研究整理である。

室井は本来学術論文や学術書を発表する上で当然行うべき先行研究を渉猟する作業を怠ったために、こうした事実誤認を犯したのである。非常に厳しい評価になるが、室井の選挙粛正運動の研究は、先行研究を全くといっていいほど参照できていないために、実証研究の水準を満たしていないと言わざるをえない。

こうした背景があるためか、室井の研究は先行研究の知見を新たに発見した史料を踏まえて乗り越えるというものではなく、自身が収集した視覚史料をもとに、推断と印象批評を繰り返す手法をとっている。

室井は運動を主導した選挙粛正中央連盟が作成したポスターや絵葉書と政党候補者の絵葉書を比較して「それぞれの主張の広宣手段のインパクトという観点から見ると、中央連盟側の勝ちであったと言えるのではないか」と評価し、その理由として「清き一票」などの標語が定着したことと、投票が権利ではなく義務と認識されたこと、選挙に関わることへの恐怖を植え付けたことなどを挙げている。そして、最終的に大政翼賛会が成立したことで、選挙粛正中央連盟の描いていた構想が実現したとしている（一八九頁）。しかし、実際の選挙結果をみれば、こうした評価は誤りである。既成政党の地盤は動揺しなかったのは周知の事実であるし、投票率低下も選挙への恐怖や政党不信が強調されてきたが、一九三七年の選挙については構造的問題を無視することはできない（第3章）。大政翼賛会成立についても複雑な政治過程が存在していたのであり、それを選挙粛正運動の終着点であるかのようにみなす議論は正確さを欠く。主張のインパクトという曖昧な基準で勝敗を判断することにも無理がある。また、論文の観点上やむをえないとはいえ、政党側の立場や主張を葉書のみで評価するのは拙速というほかない。すでに検討した通り政党側は選挙公報などを通して政策を訴えていただけでなく、選挙粛正運動に対しても率直な批判も展開されていた。また、選挙で有権者に向けて発せられた葉書の文言を「悲愴の一言に尽きる」、「土下座をも辞さないような口調で訴えかける」「平身低頭に徹した」などと評しているが（一八四～一八五頁）、これは印象批評の域を出ない。

室井の見解への反証として、ここで民政党候補である櫻内幸雄が一九二八年に発した葉書を見ておきたい。この葉書は有権者・支援者に向けて発せられたと思われ、宛名には島根県簸川郡の住所が記載されている。年代については櫻内の肩書に「民政党総務」との文言があり、櫻内が民政党総務を務め、かつ、選挙期間であったのは一九二八年のみであることから、この葉書が発行されたのは一九二八年の第一六回衆院選であったと結論できる（民政党の役員履歴については遠山茂樹・安達淑子編『近代日本政治史必携』岩波書店、一九六一年、一四一頁）。次に葉書の内容を見ると裏面は櫻内の写真が一面を飾り「清き貴き御一票を」という文言が櫻内の自筆と思われる文字で印字されている。室井は「清き一票」という標語が選挙粛正運動を契機に定着したことを強調するが、以前から近しい意味の標語は政党側でも慣れ親しんで使われていたものであり、それを選挙粛正運動側がそのまま利用したのではないだろうか。また、表面には「此度の選挙につき皆様の厚き御同情を衷心から御礼申上げます」、「私は我党の選挙委員として全国の選挙に干与致して居ります関係上甚だ心ならずも選挙区各地に演説を致す時間がなく申訳なき事と恐縮して居ります」、「従って投票意外に少なき模様にて通信に堪えません」、「何卒事情御高察くださいまして特別の御援助賜り我党公認候補二名共当選する様御願ひ申上げます」、という文言が並んだ上で「明るき正しき政治！」「根底ある景気回復！」「国民生活の安定向上！」というスローガンが並んでいる。一九二八年の総選挙で第一区の民政党候補者が完勝したことはすでに述べたが（第2章）、そのような民政党にとって有利な選挙であっても櫻内は平身低頭に有権者に訴えていたのである。

そもそも、選挙期間中に候補者が平身低頭で時に悲愴感も漂わせて選挙に臨むのは常識的なことであり、選挙に対する政治家の態度は選挙粛正運動とはほとんど無関係であるといっていい。有意義かどうかは置いておくとして、どうしても選挙粛正運動で「悲愴」さが高まったと「実証」したいなら、選挙粛正運動以前の葉書などの史料を取り寄せて比較するのが適切であろう。そうした比較をせずに印象批評のみで選挙粛正運動と政党側の「勝敗」を決めるような手法は実証研究とは呼べない。

室井の議論は、自らが収集した史料のインパクトに引きずられ、選挙粛正運動の影響や意図を針小棒大に捉えてしまっている。メディア史料を用いる手法自体は重要であるものの、そこには史料批判の視点が無ければならない。室井にはそうした史料批判の視点が欠落している。なお、櫻内の葉書は筆者の私蔵である。

（2）錦織は一八七四年八束郡佐太村の出身（現松江市鹿島町）。一九二六年の県議選に憲政会から立候補して初当選した（『大朝山陰版』一九二六年二月二一日）。民政党系の人物としては珍しい元陸軍砲兵少佐という軍歴の持ち主で、在郷軍人会八束連合分会長を務めていた（『松陽』一九三〇年二月六日）。

（3）『島根県選挙粛正運動総覧』二一〇～二二〇頁。以下、田澤の講演内容の出典は上記による。

（4）池田の研究は都市問題と農村問題をめぐる全国町村会の動きを考察したもので、「政党排除論」の経緯や背景を検討した重要な研究である。ただし、「政治的働きかけの客体から主体へと転化し、一時期は政党との距離を縮めた町村長らが公然と反政党姿勢を打ち出したとき、政党は有効な説得手段をもたなかった」（四〇頁）との評価には留保が必要である。これから見るように、政党政治家も政党排除論への対抗言説を展開しており、決して地方からの政党排撃に無為無策だったわけではない。何より、こうした「政党排除論」が現実の政治への影響力が限定的だったことを重視したい。

（5）筒井清忠は大分県の事例を紹介しつつ、政党ごとに警察や消防団、暴力団といったあらゆる組織が系列化されていたとした上で、「政党政治の時代には日本社会は分極化しており、政党政治が終わり『天皇』を中心にして『警察』（さらに広くいえば『官僚』）のような中立的と見られた勢力によって社会が統合されることが、地域から、国民の側から望まれるような社会構造が存在していた」とする（筒井 二〇一二：二七一～二八一）。しかし、筒井も認めているように、事例の典拠となった史料を叙述したのが警察官僚であることから、記述内容が誇張されている面は否定できない。一方で、大分県が政争の激しい地域であったことも確かなようである。傍証として熊本県選出の政治家の安達謙蔵の証言を紹介したい。戦前の聞き取りの中で大分県選出の木下謙次郎による「選挙は買収に依らないで勝てるものぢやないと言つて居る」という発言についてインタビュアーから見解を問われたところ、「あれはさう思うて居る。大分と云ふ所は特にさうだ。木下ばかりぢやない大分の人は勝たんが為には有ゆることをしたものだ」と答えている（『憲政史編纂会旧蔵　政治談話速記録第1巻』ゆまに書房、一九九八年、一一五頁）。同じ九州人の安達にも、大分県の政争の激しさは伝わっていたようである。こうした点を踏まえれば、がんらい存在していた地域間対立が、党派対立と相俟って激化したというのが正確ではないだろうか。その中でも大分の事例は対立が激化した事例の一つと見るのが妥当ではないか。こういった地域間対立の原因を政党にのみ求めることには慎重になるべきであろう。

（6）島田俊雄『現代政党論』（東京講演会出版部、一九二五年）。以下、島田の論説は上記の出典による。

（7）『山陰』は民政党支部内の旧憲政系と旧本党系の対立が伏流にあることを指摘し、新人議員の動きを「県会浄化革新の動きが大勢をリードした」と評している。

# 第5章　政党政治家のイメージ形成

——若槻礼次郎に見る政治家のイメージ形成——

## 1　政治家のイメージを考えるという試み

### イメージ形成を考えるということ

本章では、戦前の政党政治家のイメージ形成について扱う。戦前の政党政治が政権獲得のために、敵失を暴きあうスキャンダル合戦を繰り広げ、結果的に政党は国家と社会の媒介になりえず、政党政治の崩壊につながったことはすでに数多くの研究によって指摘されている（粟屋 二〇〇七、筒井 二〇一二、宮崎・高橋 一九八五）。

しかし、政党側がなすすべなく崩壊したわけではなく、広範な民意を汲み取り、統治能力を高めるために質的転換を図ろうとしていたことも指摘されている（井上 二〇一三、横関 一九九九）。メディアや言論人からの政党批判は当時から存在しており（茶谷 二〇二〇、山室 一九九三）、そうした議論は政党が凋落したこともあって広く注目されてきた。一方で政党を擁護し、批判を克服するための取り組みには関心が集まらなかったのである。こうした中で政党の取り組みとして本章が重視するのは、政治家のイメージ戦略である。

季武嘉也は、男子普通選挙実施に伴い、道徳性を代議士に求める意見が憲政会幹部から表明されたことと、道徳性の強調が反政党勢力によって利用されたことなどを指摘している（季武 二〇一〇）。近年では川口暁弘が、政党政治家で内閣総理大臣を務めた浜口雄幸に「道徳政治家」としての側面があったとしている（川口 二〇一七：七二～七五）。この指摘をさらに掘り下げれば、当時の政治家にしても汚職やスキャンダルによる政党批判は承知しており、率先して道徳や理念を提唱することで、政党政治の正当性を社会に訴えていたと理解すべきであろう。そこで本章では、政党政治家のイメージ形成の取り組みが、政党に対する批判を克服し、「近代政党」として国民に定着する意義を持っていたことを踏まえて、さらにその政治家のイメージ戦略が結果として社会にどのように浸透していったのかを明らかにしたい。一九二五年に男子普通選挙が実現すると、不特定多数の有権者に支持を訴えるために、イメージ戦略は従来とは比較にならないほどの重要さを帯びていった。たとえば玉井清は、ポスターが急速に普及したことを指摘しているが（玉井 二〇一三）、これもイメージ戦略の一環であると言えよう。こういったイメージ戦略は当時の政党政治をめぐる課題と期待を読み取る重要な視座を与えるものとなろう。

## 若槻礼次郎のイメージ形成

本章では、二度にわたり内閣総理大臣を務めた若槻礼次郎の伝記と、出身県である島根県における若槻のイメージがどのようなものであったかを検討する。すでにいくつかの政治家の研究ではこうしたイメージ形成や政治家の語られ方が議論されている（有馬 二〇〇八、清水 二〇一二、萩原 二〇一二）。

ここで戦前の内閣総理大臣の伝記について簡単に記したい。戦前の日本では内閣総理大臣に就任した人物の伝記が数多く発刊され、『歴代総理大臣伝記叢書 全三二巻・別巻一巻』（御厨貴監修、ゆまに書房、二〇〇五〜〇七年）としてまとめられている。同書では伝記の解説が収録されており、若槻の伝記の一つである尼子止『平民宰相若槻礼次郎』（モナス、一九二六年）についても若月剛史による解説が書かれている。若月は、「若槻に何が期待されていたのか」を検討することは「戦前日本の政党内閣制を考える上でも大きな意味を持つ」として、伝記史料を検討することの意義を見出し、伝記は「その性格上脚色も多いため、史料として利用しにくいのは否めない」としつつも、「若槻周辺が彼をどのように売り出そうとしていたのか読み取れるものとなっている」と評価している（若月 二〇〇七：一四四）。そして伝記全体の検討を通して「〝正義の景仰者〟、〝堅実〟、〝責任政治家〟、〝達弁家〟、これらの点が若槻に期待されていた」と結論づけている（若月 二〇〇七：一四七）。若月の研究は『平民宰相』の内容を適切に要約しているだけでなく、伝記研究の意義を明らかにしている点で重要であるが、解説という性格から内容要約にとどまっている。後に見るように若槻は当時の政党政治の抱えていた問題点を解決する人物として描かれており、政党内閣制を正当化する手段の一つが伝記だったのである。

ここで若槻の伝記二冊について概略を述べたい。いずれの伝記も若槻が首相に就任した一九二六年に発刊されているものである。まずは尼子止『平民宰相若槻礼次郎』（モナス、一九二六年。以下『平民宰相』と略記）である。同書は若月が指摘する通り「新首相たる若槻の宣伝として書かれて」おり、「若槻周辺がどのように彼を売り出そうとしていたか読み取れるものとなっている」（若月 二〇〇七：一四四）。著者の尼子は若槻と同じ憲政会・民政党の政党政治家で首相を務めた浜口雄幸の伝記を書いている人物で[1]、大日本学術協会を設立し、教育評論家、教育ジャーナリストとして活躍した人物であった（橋本 二〇一五：五六）。

次にもう一つの伝記である島根県教育会編『若槻大宰相』（六盟館、一九二六年）についてみてみたい。この伝記は島根県教育会の機関誌である『島根教育』の特集号として発刊された「若槻首相号」（第三七二号、一九二六年）を書籍化したものである[2]。発刊経緯については、編者である永迫藤一郎が郷土人雑誌『島根評論』で述べている。

永迫によると、一九二六年二月の島根県教育会臨時総会の際に、「首相が今日ある事歴には教育上参考になるべき事が多々あろう」とのことから、『島根教育』誌上で若槻に関する特集を組むことが決まり、「先づ当時の新聞雑誌を調らべ（ママ）、尚故老旧友旧師などを歴訪して出来得るだけの調査を」した上で雑誌発刊にこぎつけたという。その後配本の申し込みが多数あったことから、書籍化の運びになった。永迫は書籍化に際して、雑誌編集時にはできなかった若槻との面会を実現させ、「若槻首相号」の誤りについて逐一修正を受けたと述べている。その際に若槻は「こんな事はどうでもよいのだけれども、訂正するというなら、間違っている点だけは御話ししよう」と語ったとのことである。『若槻大宰相』は「教育上参考になるべき事」があるとの狙いから元となる雑誌が編集され、若槻自身による校正を受けたのである。先述の『平民宰相』は「本書は立志伝であり、成功物語であって、新日本の青年の好き読ことを読物であることを疑わぬのである」（四頁）と述べており、いずれも教育的効果が期待されていることが分かる。

以上、簡単に二冊の伝記の概要を述べた。いずれの伝記にも共通して言えるのは、若槻イメージを世間に形成することを目的とした点である。そして、先述の通り本章では二つの伝記によるイメージ戦略として位置づけるのに加え、そのイメージが浸透した場として若槻の出身地である島根県の地方紙を分析する。ここから、政党政治家のイメージ戦略とその結果が明らかになろう。

## 2 若槻礼次郎の伝記と政党政治家のイメージ形成

ここでは二冊の伝記の中からとくにイメージ形成に関わる記述を取り上げ、若槻のイメージ形成を検討していく。そこからは、当時の政党政治の抱えていた課題と、それに対する解決する人物として若槻が期待されていたことを明らかにする。

### 『平民宰相』の描く若槻イメージ

『平民宰相』の章立ては次のようなものとなっている。

緒論
故郷の十九年（1）
故郷の十九年（2）
上京―学生時代―
主税局長
大蔵次官
大蔵大臣
政党生活
内務大臣
憲政会総裁
内閣総理大臣
結論

図5-1　尼子止『平民宰相若槻礼次郎』（モナス、1926年）

章立てから分かるように、同書は若槻の一生を丹念に追っていく内容となっている。すべての内容を要約するのではなく、ここではイメージ形成に関わるものを中心に論じたい。

まず「緒論」では、「二度目の平民宰相！」という書き出しから始まり（二頁）、若槻が原敬に次ぐ二人目の平民宰相であることを強調している。注目すべきは若槻が内務大臣として成立に関わった男子普通選挙が、第一次若槻内閣で初めて実施されることが予測されていたことである。「普通選挙の立案者が平民宰相として普選一次の総選挙に干与すると云ふのは、最も会心のことであり、似合はしきことでもあり、更に絶好の試金石でなければならぬ」（五頁）としているように、若槻＝平民宰相・普通選挙といった政治の新時代到来にふさわしい政治家であるとのイメージが同書では繰り返し強調されていくこととなる。あわせて「若槻氏も亦次の総選挙には郷里から立候補し、衆議院に議席を勝ちえる決心であると伝へられる」、真偽は不明だが「大政党の総裁として衆議院に議席を占めることが自然であ」ることから「恐らく風説は確実性を具象することであらう」というように、若槻の衆議院議員への出馬に期待していた（三頁）。仮に若槻が出馬していれば、浜口雄幸や犬養毅と同様に、衆議院に議席を持つ政党政治家として首相になった可能性もあっただけに興味深い。そうなれば憲政会・民政党内での若槻の政治的立場も変わっていたかもしれない。

次に重要なのは同書が若槻を「正義の景仰者」と称し、「力の信者」であった原敬と対比させている点である。「我国の政治家は極端に力の信者であり、勝つことに腐心し過ぎ、正義の念が希薄であり、無神経になってしまって」いる（一二～一三頁）。その批判の対象は政友会の政策にも向けられている。「積極政策てふ大多数の国民と没交渉の美名に藉口し、党勢の拡張、党員の結束には巧みに成功してもその施設の跡が国家の為に有利であり、有効であつたか、一時的に人気に投じても、将来に深い禍根を残しつつあつた」という記述は原に代表される政友会の積極政策への批判にあたる。その上で、若槻やその前任者である加藤高明は「力の信者」ではないとする。「若し加藤が力の信者であったならば、十余年の苦節を忍ぶ必要もなく、少数党の総裁として悩む愚劣さを笑われるようなこともなかったに相違ない」（一四頁）。若月はこの点について、「政党内閣期において『力』が必ずしもプラスイメージではなく、同様に『正義の景仰者』に徹することが戦略の一つとして政治の世界でも認識されていたことは確かである」（若月 二〇〇七：一四五）としている。こうした正義を強調する若槻の政治的姿勢を「場当たり式の心理からではな」く、若槻個人の人格によるものだと評価している（二四〜二五頁）。

次の「郷里の十九年」では島根県での暮らしについて述べているが、興味深い指摘としては、若槻が当時すでに英才として知られていた岸清一（一八六七〜一九三三。松江市雑賀町出身。東京弁護士会会長。国際オリンピック委員を務めるなど、スポーツ振興にも尽力した）の上京に刺激を受け、彼の「競争心」に火がついたというものである（一三九〜一四〇頁）。当時の地方の若者にとって、東京で最先端の教育を受け、官僚や軍人として名を馳せていくことは、典型的な出世コースでもあった（清水 二〇一三）。同書には青少年に若槻や岸のように東京へ出て活躍するように促し、教育者にはそのような人材を地方から輩出するように導く狙いがあると思われる。以後、学生時代に東京帝国大学法学部を首席で卒業し（一九二〜一九三頁）、大蔵官僚として頭角を現し、桂太郎や西園寺公望の知遇を受けた様子が描かれている（二二八頁）。

イメージ形成において注目すべき記述としては、若槻が大蔵大臣に就任した第三次桂太郎内閣の時に行った演説の評価が挙げられる。この時の演説について同書は「左して精彩あるものではなかった」としている。後年の「名演説」と比較した際に、若槻の政治家としての成長を印象づけるエピソードとなっている（二五九〜二六〇頁）。

桂は退陣後まもなく死去するが、その後の記述は、桂の後継者として同志会を率いた加藤との関係を記している。若月が「加藤高明との新たな信頼関係の形成に重点を置」き、「加藤の後継者としての側面が強調されている」と指摘する通りである（若月 二〇〇七：一四六）。

### 大蔵大臣就任から野党時代へ

次に若槻が大蔵大臣として再び政治の表舞台に立つのは、一九一四年の第二次大隈重信内閣成立時である。イメージ形成において重要と考えられる記述は、蔵相を辞任した時の評価についてである。辞任のきっかけは第二次大隈内閣の内務大臣大浦兼武が関与した疑獄事件であり、加藤外相をはじめ複数の閣僚が辞任し、若槻もそれに続いた。この件について「責任政治家の好典型」と題して、若槻の辞任を「政治家としては完全に其の存在を鮮やかにした」と論じた上で、若槻を次のように評価する。「唯だ地位にのみ恋々たるものであるならば、この場合強ひて桂冠する必要無しと自分から弁護して慰留に応じたであらう。併し責任を解し、純理の上から判断する若槻氏は、完全に政治家として行動した。我々は政治家として一歩を若槻氏が力強く踏出したのは、この時からであると断定する。かかる断定は誰も惜しまぬであらう」（二八四～二八五頁）。若槻が実直かつ誠実な人物であるというイメージ形成を図る狙いがあることが分かる。

次の章である「政党生活」では若槻が一九二四年の一〇月に内務大臣として松江に錦を飾った場面から始まり、決してその道のりが平坦ではなかったことを強調する（二八八～二八九頁）。在野時代の若槻を「松江駅に出迎へたものは寥々であつた、道行く人も気付かぬ位であつた。そして島根県から擁立すべき憲政会の候補者の人選や謀議に若槻氏も参与したが、作戦上のことから有力な某の激怒を買ひ、為に旅館の皆美館の一室で、座にも殆んど堪へぬやうな熱罵を浴びせられ」た。しかし、若槻本人は「羊のやうな態度で」怒らずにそれを聞いていたという。若槻の在野時代の不遇な状況を強調する描写である。

そして、与党の時には歓迎し、野党の時には冷遇する人々の態度が「革新のない政治屋」を生み出してきたとする（二八九～二九〇頁）。若槻はこうした「政治屋」とは異なることが同書では繰り返し強調されていく。

野党時代の若槻が「政治家」として「世間に承認」されるきっかけとなったのが「二時間四十分の大演説」であった。それは一九二三年に貴族院で行った陪審法案に対する貴族院における反対演説であった。ここが「財政家としての若槻」が「政治家としての若槻」としてもその地位を確立するに至った転換点であったと強調する（三〇〇～三〇二頁、三四六～三四七頁）。「若槻氏は表面に起つて人気を煽らうとか、機略を弄して政権を握らうとか、さう云ふ覇道を歩むことを排斥し」、「何処までも政治家として王道を往くのみであつた。陪審法に反対した大演説を対照しても、小細工法の跡寸毫もない。堂々の陣、正々の論、今日に於て披閲するも、猶ほ清新に感ぜられ、如何にも生きてをる」、「場当たり式の演説でなく、学問的にも、実際的にも、輿論に察し、革新立脚して語つたものであるからである」。若槻が言説に基づいた、輿論に立脚した政治家であることが強調されている。

若月は、「こうした観察は、同時代的に議会に出入りしていた著者のものだけに、ある程度真実を衝いているであろう」とした上で、「若槻は『財政技師』から政治家に脱皮したのである」としている（若月 二〇〇七：一四七）。若槻が演説によって政治家としての地位を確立したと強調することは、来るべき政党内閣期における首相として若槻がふさわしい人物であるとのイメージを印象づけることにつながっていく。

## 内務大臣時代の評価

「内務大臣」の章では、第一四回衆院選における勝利によって、憲政会をはじめとする護憲三派による加藤高明内閣が成立し、若槻が内相に就任した後のことが書かれている。内相として初めて地方長官会議に臨んだ若槻の演説は「威圧しようとする風の微塵もない紳士的な態度」であり、「政党出身でありながら政党臭がなく、地方長官が政党的の色彩を帯び、与党に偏するの断じて不可であると」するものであった。このことについて同書は、若槻が「心から国運の進展を図ろうと熱望」しており、「正義の景仰者には政党の利害の如き眼中にない」としている。そして従来なら政権交代に伴って行われる地方長官交代がほとんど行われないことを若槻の「公平」な態度の証明であると主張する（二七二〜二七四頁）。政党による地方長官交代が、選挙干渉や地方自治の混乱を引き起こす土壌となったことはよく知られている（河島 二〇一七：四六〜四七、黒澤 二〇一三、古川 二〇〇五）。同書は若槻の「正義の景仰者」肩書きが空文ではなく、政党政治の問題点を解決するための行動として実践されていることを具体的に指摘しているのである。

ただし、この内務大臣の時の対応については補足が必要である。若槻にとっても、自身の公平・公正な知事への対応は印象に残っている点であった。一九四〇年に行われた憲政史編纂委員会による聞き取りで、若槻は内務大臣の時の知事に関する取り組みについて次のように述べている（広瀬順皓編『憲政史編纂会旧蔵　政治談話速記録　第8巻

男爵若槻礼次郎談話速記』一八四〜一九一頁）。

「当時政党員が内閣を取つて政党内閣が出来ると、其の政党の便宜の為に地方長官を大変使つたもので」あり、「選挙干渉だとか何だとか多く地方長官に働かせて選挙に便利を得ると云ふことを頼りにやつた」。一方で、自分の立場は「憲政会の党勢拡張のことは何処までも自分でやるのだぞ」というものであり、地方長官会議でも政党に遠慮しなくてよいと訓示した。党員の不満は大きく「地方長官の更迭をやつて呉れと云ふ希望がもう非常なもので」あった。若干の更迭は行ったが「仇討ち」をやらない自分への不満は大きかった。ただ、「私の目的は今の地方官を濫用して党勢拡張の弊を改めようと云ふのが私が内務大臣になつた時の心持であつた」。「私の代だけは確かに役人を利用せぬと云ふことは守つた積りでありますが、次の時代から崩れてしま」った。今日（一九四〇年時点）、官吏の身分保障が問題となっているのはこうした背景があると考えている、と。

若槻によれば、若干の知事の更迭は行ったものの、原則として大規模な人事異動はしなかったこと、それに対する憲政会の党員の反発がすさまじかったこと、そして知事を介した党勢拡張の禁止は自分の代だけであり、後の内務大臣のもとでは覆されたこと、知事を党勢拡張に動員しなければ官僚の身分保障令は不要だったとのことである。『平民宰相』も若槻の方針に対しては「与党には少なからず不満であつたであらう」としている（三七四頁）。若槻の方針に対する憲政会党員の反発は強かったことがうかがえる。清水唯一朗によれば、「党派化が進展し、政党と官僚が接近する政友会スタイルによって大正期の政党政治が導かれてきた以上、両者の関係を断ち切ることは少なくとも短期的には困難であ」った。また、「地方官淘汰を行わなかったとする若槻も、自らが首相となり内相を安（マ）達（マ）[3]に譲った際には、我党勢力拡大と政友会系淘汰の必要性を認め、大幅な地方官更迭を了承している。若槻のいう自分一代の『あと』は、続く政友会・田中義一内閣の鈴木喜三郎内相ではなく、自らが組織した内閣のことを指すのである。政務・事務の区別を明示した護憲三派内閣も、政党内閣ゆえに徹底することは出来なかった」という（清水 二〇〇七：二五七〜二五八）。事実、後年の民政党内閣である浜口内閣では安達内相のもとで大規模な知事更迭が行われている（有泉 一九八四：二三三、伊藤 一九六九：八〇〜八一、酒井 一九八九：二七〇〜二七一）。こうした政権交代による知事の異動は「党弊」とみなされ、政党内閣制崩壊後には知事の身分保障が必要な制度改革だと主張されていくこととなる[4]。若槻の目指した改革は結局竜頭蛇尾に終わってしまったのである。憲政会の後進政党である民政党が官僚の身分保障を政策体系に組み込むのは、一九三五年の基本国策制定の時であった（第3章）。

加藤内閣の重要政策の一つが男子普通選挙の実現であった。同書は若槻が内相としてこの男子普通選挙の実現に尽力したとして、これを実施するための衆議院議員選挙法の改正演説を取り上げ、先の陪審員法案への反対演説と並ぶ名演説であるとした上で次のように主張する（三九六頁）。「我が普選の立案者、責任ある当局者―内務大臣としての若槻氏は永遠に記憶せられて、この大法典を議会に提出して試みた演説も、共に不朽に伝へられるべきである」。若月が述べるように、「本書の後半部分では演説が多数引用されている」一方で、先述した第三次桂内閣の演説のように省略されているものもあり、「こうした取捨は目前にせまった普選を意識したものであると言えよう」（若月 二〇〇七：一四七）。

ちなみに、この時にあわせて成立したのが治安維持法である。若槻は内相としてその成立にも関わっているが（中澤 二〇一二）、同書がどう記述しているかについて、同時代の評価を考える上でも興味深いので見ておきたい。治安維持法の制定は若槻にとっては「苦痛であったかも知れぬ」としつつ、「普選と云う国民の大多数の要望を充たすため」の「一二の小さな犠牲」は致し方ないと述べている（三九七〜三九八頁）。治安維持法が後年苛烈な弾圧のために使用されたことを鑑みると、あまりに危機感のない評価であるが、弁明がなされること自体、治安維持法への懸念の声を意識したものと言えよう。

次に若槻が内務大臣として着手したのが行財政改革であった。同書はここに「財政家としての若槻」がその辣腕を振るったとして次のように強調する。すなわち、「地方行政を政党的のサムシングが支配」することで、「党略上から不急の諸事業をも企図」し、「地方財政は膨張」している。このような事態を正すには「若槻氏のような傑出した財政家」が必要であり、それには「政党臭味の排斥者であり、公平私なき人物」が必要であると（四一八頁）。地方利益誘導は政党が地域に影響力を強めるための重要な手段であったが、利益誘導を克服する政治家としての若槻の役割が期待されているのである。

### 内閣総理大臣としての若槻への期待

最後に、『平民宰相』は首相として政権のかじ取りを展望している。若槻が「金のできない総裁」であることは本人も認めるところであったが[5]、実はこうした見方は当時から存在していた。同書は若槻が「財閥をバックとせず、閨閥なく、藩閥と何の因縁がないので、憲政会の前途に少かなからず暗影が投げかけられたと観察するもの」があり、過去の首相の方が「威望」と「重味」があったことを認める。そして普選の前にそのような肩書は党首には不要だと断言する（四四七頁）。その後、新聞の社説や貴族院議員の若槻評を次々と引用していき、若槻が加藤内閣の政策を継承することに期待する。そして、同書は結論として次のように日本のこれまでの政治を振り返る。

すなわち、これまでの政治家には「表裏が余りに多過ぎ」た。そして政治家を選ぶ国民もまた、そうした政治家の生活に無関心であり、「非紳士の行為があっても咎めない」ばかりか、「手腕家」として評価してきた。こうして「政治家と道徳とは無関係」なものと見なされ、政治への「嫌患」を生み出していった。そして「政治は俗中の俗のものであると認めつつも、「国民の実生活を基調として考えなければならぬ政治は、決して不純の政治家の私議に」委ねてはならない。現在の政治は「完全に国民化したと」言ってもよい状況にあり、「政界革新」を進める必要がある。そして、政治の堕落の事例として、選挙における買収行為を取り上げ、こうした政治腐敗を撲滅するためには若槻の信条である「正義」を基調とするべきであると主張する。なぜなら「正義こそ偽りなき永遠の勝利者の左券であるからである」と（四九六～五〇〇頁）。

また、若槻が資金的スキャンダルを引き起こしていないことを以て、いわゆるクリーンな政治家であることを高唱する。そもそも若槻は「党費の捻出者として十分に資格がある」ために首相に就任したわけではなく、党員も「党費を巧みに捻出し得ると打算した」わけでもない。すぐに政治と金の問題は解決しないであろうが、政党の指導者がすなわち「党費の捻出者」に結びつかなくなった事実を以て、若槻が指導者として不適格であるとする批判に反論する（五〇四〜五〇九頁）。最後に「政治屋無用の時代へ」と題して、若槻は内政・外交の問題や党費の問題を必ず解決できると主張し、「政治家が完全に独立人として言論を」武器とする時代が到来すると予言する。その時代に誘導するのが若槻なのであると同書は述べる。そして、「政治家が勇敢に正義を唱え、政党の統率者が党費の捻出者たる必要なしと云う時代を迎えるならば、唯だ政策を以て公明に争う以外には、政党と政治家のなすべきことはな」くなり、「真剣に実生活を基調とする政治が考えられ」、「政治屋は無用になる」とし、若槻がこの「大使命」を遂げるために出現したと期待して同書は終わっている（五一〇〜五一一頁）。

ここで同書が主張した若槻イメージについてまとめたい。若槻は「正義の景仰者」であり、言論を重視する普選を実施するにふさわしい公正かつ実直な政治家であることが述べられている。また、そうした性格を持つ若槻という政治家によって、当時問題となっていた政党による知事異動や利益誘導といった個別具体的な問題点が解決されることが期待されていた。若槻は改革者であり、クリーンな政治家であるとのイメージを若槻周辺が形成しようとしていたのである。

### 『若槻大宰相』の描く若槻像

次に『若槻大宰相』の検討に入る。『若槻大宰相』の章立ては次の通りである。



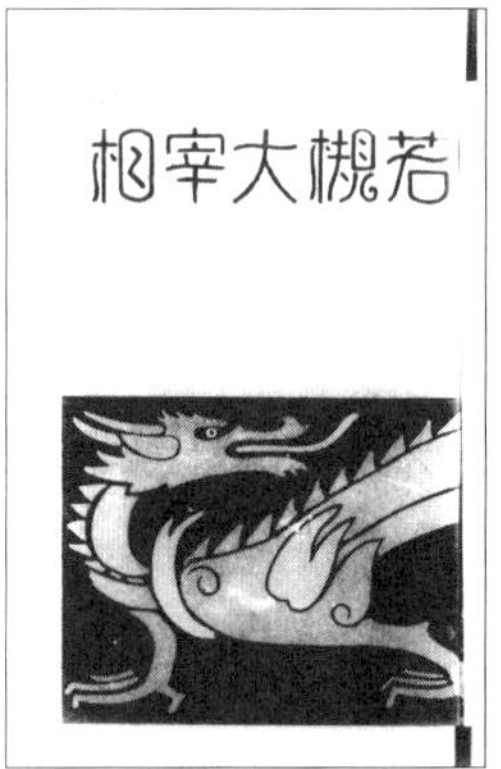


図5-2　島根県教育会編『若槻大宰相』（六盟館、1926年）

章立てから分かるように、同書は若槻の人格や家庭での生活にまで言及がなされている。先述の通り同書は教育色の強い内容となっていることが章立てからもうかがえる。前節と同じく、イメージ形成に関わる記述を中心に取り上げていきたい。

「第一編　緒言」では若槻の旧友や若槻を教えた教師の、まさか若槻が総理大臣になるとは思わなかったという反応が取り上げられ、若槻がこれまでの英雄的な非常人とも言えた歴代首相とは異なる「平凡宰相」であることを強調する（二頁）。

学生時代の若槻は苦学生であること、東京帝国大学法学部を首席で卒業したエピソードに加え、生来虚弱なところがあった体質も、柔道やスポーツで鍛えられたことが紹介され、若槻が「大器晩成」型の人間であり、努力の結果「外柔内剛の性格」を培ったとする（七二〜七四頁）。

その後大蔵省に入省した若槻は省内で頭角を現し、主税局長に就任する。同書は若槻が議会における答弁で他の追随を許さなかったとしている（七九〜八二頁）。こうして若槻は桂や西園寺公望に評価され、やがて第三次桂内閣で大蔵大臣に抜擢されることとなる。第三次桂内閣は短期間で瓦解するが、若槻の蔵相としての最初の演説について、同書は後に大蔵大臣となった高橋是清の演説と対比させて「他日政友会の所謂積極的放漫なる財政政策と憲政会の所謂緊縮政策との依って相分るる所以は早くもここに明に其端緒を開い」たとしている（九一〜九八頁）。先の『平民宰相』では演説が精彩を欠いているとして引用が控えられているが、こちらでは政策的な対比を強調するために演説が引用されていることを指摘したい。

「第二編　経歴　第六　政治家時代」では日本の政党史を概説し、若槻が桂に安定した政策を実現するためには議会に基盤を置く政党の結成が必要であると説き、桂の死後は同志会と憲政会にとどまり政党政治の発展に努めたことを次のように評価する（一〇二～一〇三頁）[6]。「世間では若槻氏が政党組織に与ったのは、決して政党に興味を有していたからではなく、唯功利的に桂公を助ける積りで入党しただけものだといふやうに観察するものあるけれども、事実は決して然うではない」。同志会から憲政会への転換の中で多くの人物が離れたが、「若槻氏は飽くまでも憲政会に踏み止」ったことからも、「唯桂公を助ける為に入党されたといふが如き観察は浅薄で」ある。若槻自身によれば「政策といふものは白いとか黒いとか一貫した特色のあるべき筈のものである。然るに議会に味方を有たないで政局に当れば、野党の為めに政策を種々に変更しなければならぬ事になつて白でも黒でもない鼠色の政策を行はねばならぬから、政治家としては甚だ不満足であり、且つ甚だ苦痛を感ぜざるを得ぬ。そこで議会に多数味方の議院を有つ必要があるので、此事を桂公に進言した事があ」ったという。「之によつて見ても氏は夙に政党組織の必要なる事を痛感していられた事が分かる」。

若槻が桂に政党組織を進言したことと、桂との関係のみで同志会に参加したのではなく、信念を持って政策を進めるために同志会に参加したことが強調されている。

続いて第二次大隈内閣で蔵相に就任した時に草稿を持たずに演説を行ったことを高く評価した上で（一〇六頁）、大浦事件によって若槻が辞職したことを「英国の美風である責任政治に私淑し」た「正義公道に従う紳士的態度」によるものであり、「無責任なる政治家の多き我国に於いては珍らしい事実として伝えられている」とする（一一四頁）。あわせて若槻が大隈の慰留を固辞したことが取り上げられており、若槻が「正義感」と「責任感」ある政治家であるとのイメージが強調されており、『平民宰相』と同様の評価が下されている。

### 野党時代の若槻

ここから憲政会の「苦節十年」に話が移る。『若槻大宰相』でも陪審員法に反対した大演説のことが触れられているが（一一八〜一一九頁）、同書は政治家として必要な条件として「弁論」を挙げている（一一九頁）。同書によれば、若槻の「弁論」とは「能弁」「達弁」ではなく、「少し錆ある渋い音声で、一歩一歩底力強く堅実に論旨を進めて行くといつた風であつて、而も用語は頗る丁寧であり且つ用意周到であ」り、「其紳士的にして論旨の堅実なる点に於いて優に議政壇上に於ける弁論の雄たり闘将たり得る資格を十二分に具備して」いる。このように、若槻が演説で大衆を煽動するようなタイプではなく、堅実に政策を進める政党政治家として最適な人物であることが描写されている。

若槻が堅実な論理で演説を行うことを高く評価する同書は、苦節十年について次のような評価を下している。すなわち、「苦節十年の在野時代は若槻氏にとって政治家として実に好個の修養時代であ」り、「辛苦に耐え艱難に打克つことによって初めて人格の円満なる完成が期し得らるるのである」。「在野当初は」「多少官僚臭味あったようで、党人間には陰口をいうものもあったけれども、近来はスッカリ官僚臭味を脱して頗る平民的とな」り、「立派なる政治家として押しも押されもせぬ貫録を有せらるるようになった。これ全く苦節十年の賜であるといわなければならぬ」と（一一九〜一二〇頁）。

### 内務大臣としての若槻の評価

同書は早々に憲政会が政権を獲得した後の若槻の動きへ話を進めていく。ここでも、内務大臣として内閣の中心的存在となり、普選成立に尽力したことが強調される（一二六〜一二七頁）。また、内務省内での評判についても、「至公至平なる事で、従来の大臣は中央地方とも対外自分の子分を引入れて随分片手落ちの処置を執つたのであるけれども、若槻氏は決して然る事なく、子分なども作らず適材適所主義で至極公平に人事を処置されたから、一同敬服している」というように、高い評価を得ていたと述べている（一四六頁）。

そして加藤首相急死の後、若槻が総裁を引き継ぎ首相に就任したことについて述べる。若槻新総裁については「前総裁に比して金力の点で、三菱のごとき背景を有しない事が欠点である」との指摘があるが、「新時代の党首としては金力よりも其識量と人格とを必要条件とするのである」(一五〇頁)。

次に同書は今後の政党のあるべき姿について力説する。すなわち、「従来の政党は総裁専制であ」り、総裁の強い統制下にあった。なぜなら、「党費」や「選挙運動費」を党首が工面していたからであり、「政党ほどデモクラチカルなものはない筈」なのに、多くの「悪弊醜態」が露呈してきている。それに対して「政界の革新運動」が起こるようになってきた。「今後の政党は金力よりも人材が必要であ」り、「人材さへ集まれば選挙運動に多額の費用を要するが如きことは決してな」く、従来のような選挙運動では有権者の数が数倍になっているので、たとえ金力を背景としても、とうてい費用のすべてを調達することはできない。それならば、「今後の政党は主義政策」によって結集し、「党費は党員が負担し選挙運動費は有権者が之を支出して自己の代議士を選出」するべきである。したがって新総裁の若槻が不安視されることは全くないのであると(一五一～一五二頁)。

そして、若槻が貴族院との交渉に優れ、社会問題にも理解があることを指摘し、「政治は力である」という原敬とは異なり、「政治は正義である」というモットーに基づく政治を行うことを期待する(一七二頁)。同書は一方で、若槻内閣が少数与党であることを弱点だと指摘するが、それでも重要法案を相次いで成立させた若槻の手腕を高く評価し(一七二～一七四頁)、今後の政権運営が盤石であると述べている。

### 教育者としての若槻

また、『平民宰相』には見られない特徴として、若槻と教育の関係を論じている点を指摘しておきたい。最後の「雑俎」で義務教育費国庫負担増額に取り組む若槻の姿勢を取り上げ、若槻こそが「教育の尊重者」であるとして『若槻大宰相』は終わっている(三一八～三一九頁)。義務教育費国庫負担金増額は、憲政会・民政党の地方政策の目玉であったが、同書は教育関係者が出版に関わっていることもあり、そうしたイメージを訴えることが有効であると判断されたのだろう。

　最後に同書が主張した若槻イメージをまとめていきたい。『平民宰相』と同様に若槻にクリーンで、言論本位の来るべき男子普通選挙の時代にふさわしい政治家としてのイメージが形成されている。ちなみに、同書では普選によって選挙浄化が行われることが期待されているが、同様の見解は吉野作造のような知識人も示しており（山室 一九九三：四〇～四二）、当時の普選への期待の広がりが分かる。また、若槻によって政党が改革され、これまでの金権政治から脱却できるという理論が展開されていた点が重要である。これは、いわば当時理想とされる政党像にほかならなかった。言うなれば望ましい「近代政党」としてのあり方がこれらの伝記では示されており、その中心的人物が若槻なのである。このように、若槻を通してあるべき政党像の姿が描かれていることが、二つの伝記の特徴である。

　若槻こそが普選を行うのにふさわしい人物であるとのイメージは、伝記というメディアを通して形成されていった。

## 3　メディアが作った政治家イメージ

　第3節では若槻のイメージがどのように社会に浸透したかを見るために、若槻の島根県における評価、いわゆる地元評を検討する。今までみてきた伝記におけるイメージ形成が、たんに伝記による評判だけでなく、地元である島根県におけるイメージ形成と連動しながら形成されていったことを指摘する。本節では、一九二〇年に結成された若槻の個人後援会である克堂会と、島根県の二つの地方紙である『松陽新報』と『山陰新聞』における若槻評から島根県において形成されていった若槻イメージを明らかにする。ちなみに、『松陽』が憲政会・民政党系であり、『山陰』が政友会系である（杉谷 二〇一八）。

## 克堂会結成から第一次若槻内閣期まで

若槻の島根県におけるイメージ形成の先鞭をつけたのは、一九二〇年に松江で結成された克堂会である（第1章）。克堂会の設立要旨にはまず「克堂君三個信条」として「忠孝の大義を本とする事」「正義の観念に合致する事」「進歩の常道に順応する事」を挙げている[7]。この忠孝、正義、進歩の理念は若槻の島根県におけるイメージ形成に重要な役割を果たしていく。そして続く設立要旨は次のように述べている。すなわち、「君の師表的経歴を宣伝して教育上に資し、以て後進を提撕誘掖せば、必ずや感奮興起して、先輩に対する尊重私淑の美風を養成し、以て将来我地方より更に絶大なる材能を発揮（ママ）して、各方面に活躍し、国利民福を企図するもの、彬々として輩出するに」至るだろうと[8]。

注目すべきは政党政治家の後援会であるにもかかわらず、政策的話題が一切記載されず、教育的側面が強調されている点である。若槻は貴族院議員ではなかったため、克堂会は選挙活動を行う後援会としてだけではなく、教育的目的も兼ねていたである。

次に地方紙に登場する若槻イメージの検討に移る。若槻が地方紙に頻繁に登場するようになるのは首相就任前後の頃からである。一九二六年に若槻が首相に就任すると、『山陰』は特集を組んで若槻を取り上げた（『山陰』一九二六年一月二九日夕刊）。松江では克堂会が中心となって祝賀会が開催され、直後の県議選では憲政会が大きく躍進した（第1章）。このほかに郷土人雑誌『島根評論』でも若槻の特集が組まれているが、その内容は若槻に多くの期待が寄せられているものとなっていた（杉谷 二〇一八）。

地方紙の若槻への強い関心は、第一次若槻内閣総辞職後も変わらなかった。『松陽』は一九二七年（昭和二）に若槻が島根に帰郷した時に「若槻前首相を迎えた効果」と題した社説を二日間連載した（『松陽』一九二七年一〇月二五日、二六日）。『松陽』は若槻について、今までの首相（伊藤博文、大隈、原、加藤）と違い、「諄々として能く総てを屈するのが我若槻氏の特色で、首相級の人物中では実に第一の弁論家だ」としている。さらに『松陽』は、「県市人の男女老幼の最も感銘したことは、前首相が随所に於て陳述された言説だ」というように、若槻が県内の学校で行った訓話の内容に注目する。中学校では卒業後に与えられた職分に対して努力し、誠実であることを訴え、小学校では人としての勤めや身のため、家のために尽すよう訴えて、「正義を踏みて」「邪路に入らぬよう注意した」として聞く者は前首相の訓話に感動しただろうと述べている。くわえて若槻が一般の聴衆に対して「進歩」の観念を強調したことも指摘し、次のように述べている。

要するに前首相の主旨は、努力と進歩とで、然も忠孝正義を基礎とせねばならぬというふうに帰着する。而して其排する所は浮誇と軽薄とだ、前首相が其立志伝的な体験から、之を切言し剴説（ママ）したのは、我県市人男女老幼に取つて、実に価値多い金言だ、前首相を歓化（ママ）し得た効果茲にありとせば、其収穫やまた偉なりと言わねばならぬ

このように若槻は島根県に帰った時には学校を回って訓話を行っていく。克堂会で述べられた教育の規範としての姿を演じたのである。このことは、島根県教育会の『若槻大宰相』の「教育の尊重者」とのイメージとも関連する。若槻は政治的権威ではなく、習うべき模範としてのイメージを定着させていく。

## ロンドン海軍軍縮条約以後から政権下野まで

若槻が次に政治の表舞台に登場するのは、ロンドン海軍軍縮条約全権に任命された時である。『松陽』は「我郷土の誇るべき政治家」と題する社説で、「我主張を貫徹し、且仮令（たとい）会議決裂するも、其責を我国に負はしめざらんとするに於て、我全権の苦心や実に深く且大なることを諒とせねばならぬ、然も若槻氏が敢て此大任を引受けられたのは、実に悲壮の極である」とした上で、若槻を次のように高く評価した。

聡明なる若槻氏が首席全権を引受けくらるる（ママ）までには、実に人知れぬ深き苦心があらう、世間の一部では、氏が能くこれを打算さるるのみか、更に之を推挙した閣臣の心事にも純ならぬものありとして、任を辞謝されるであらうと揣摩されたのに、竟に敢然として引受けらるるに至つたのは、蓋し大いに期する所であつてのことたるや言を待たない。

然も我首席全権を専門の軍事家とせず、頭脳明白な政治家に求めんとすう輿論は、幾んど全て我若槻氏に帰向した、民衆を背景とする立憲政治家たる氏の起たれたのも蓋し偶然ではない、吾人は氏が君国のため竟に挺進されたその心事を高しとして、推重禁ぜぬものがある、君国の為に一身を捧ぐる政治家の公心は氏に於て極めて瞭然看取されるからだ（「我郷土の誇るべき政治家」『松陽』一九二九年一〇月一五日）

一方、『山陰』は当時の若槻がスキャンダルを抱えていることを指摘し、「忌むべき疑雲と共にこの重大任務に当るの止むなきに至つた若槻氏の今の心境には、我等は郷人として潔き同情を捧げざるを得ないものがある」として、全権としての資格があるか疑問を投げかけつつも（「若槻全権の出発を前に」『山陰』一九二九年一一月二五日）、「よくその重大任務を果たして雄々しく帰来するの日を待とう」とした（「若槻全権を送る」『山陰』一九二九年一一月三〇日）。ちなみに、若槻にかけられていた「疑雲」は「某疑獄事件」への関与が疑われていたことであったが、間もなくこれは濡れ衣であったことが判明する（関 二〇〇七：七八～七九）。

ロンドン海軍軍縮条約が締結されると、一九三〇年一〇月に若槻は島根県へ帰県した。『松陽』は特集を組んで若槻の帰県と県民の歓迎会の様子を伝えた。「若槻氏の帰郷を迎えて」と題する社説は次のように述べた。ロンドン海軍軍縮条約は「一国の優越を認めざる中正妥当なる協定」であり、「何人が当ってもこれ以上な協定は出来まじく、今日の世界では国際平和への最大限度の貢献と解して過言でない」。各国代表も若槻の手腕とその努力を認めており、無事に条約を締結させた若槻は「世界に於ける最高級の政治家として認識されたのである」（『松陽』一九三〇年一〇月二日）。『松陽』は若槻を「平和の使ひ」「文官の海軍大将」としてその功績を讃えた（『松陽』一九三〇年一〇月二日夕刊）。

島根に滞在中の若槻はゆく先々で熱烈な歓迎を受けたことを、『松陽』は詳細に伝えた。やはり注目されるのは、若槻が地元の学校に時間を割いて訪問し、訓話を行っていることである。かつて代用教員を務めていた大津村の小学校では「ロンドン会議に於て正直で進んだ例をひき将来世に立つ時は必ず正直にしなければならない」と訓話した（『松陽』一九三〇年一〇月六日夕刊）。また松江高等学校では、自分は「座右の銘として忠孝、正義、進歩を心掛けて」おり、それらが日本の国体に必要であること、「自分の運命は努力によって開拓すべき」であると説いた（『松陽』一九三〇年一〇月七日夕刊）。若槻は訓話の中で自身の信条として掲げた忠孝、正義、進歩の意味を繰り返し説いている。くわえて、ロンドン海軍軍縮条約の締結と関連してまごころの重要性を説いているのも興味深い。浜田小学校でも自らの政治信条である忠孝、正義、進歩を訴えたのに加え、ロンドン海軍軍縮条約の経験から「まごころ」をもって人と接すれば外国の人とも分かり合えるという趣旨の訓話を行った[9]。若槻はたんに各地で歓迎を受けて演説や集会をこなしていただけではなく、自ら教育的規範としての役割を地域で演じてみせた。こうした試みが若槻自身による発意のもとだったのか、それとも学校側の働きかけであったのかは判然としないが、ここでは当時の政治家が学生に対して道徳的訓話を発し、教育的規範を示そうとしていたことを指摘しておきたい。このように若槻自身の県内での活動を通して島根県内での若槻イメージは政治的な権威を超えた模範となるべき人物像として定着していったのである。

その後、若槻は浜口首相遭難に伴い、一九三一年に再び首相に就任する。このことを『松陽』は「第二次若槻内閣を祝す」と題して次のように歓迎した（『松陽』一九三一年四月一五日）。

「若槻男が民政党総裁として、また内閣首班として、最適任者であることはもはやくり返す必要はない」、「お手のものの財政方面における手腕はもとより、政治一般に対するその抱負、力量は人多き民政党中」抜きんでている。若槻は自らを総裁には不適切だと言うが、「客観的には男の存在の偉大を信じ、男を総裁とし、内閣首班とするの最適なるを認めて」おり、若槻が固辞した場合は民政党の動揺は収拾不可能になっていただろう。若槻は「二年前に決定した政策を今日そのまま行ふことは考へ」ておらず、新情勢に対応し、かつ、民政党の基本方針に立脚した新政策を樹立しようとしている。「われらは浜口内閣の一大功績であった金解禁の善後措置が最も適任であり、また権威である、若槻首相によつて充分講じられているであらうことを信ずる」。そして、若槻が健康であることも先の浜口の遭難とその後の病状の悪化を踏まえれば、喜ぶべきことである。「正義、忠孝、進歩は、若槻男の信条である、が同時にこれは民政党の根本方針と一致するものである、正義といひ、忠孝といひ、進歩といふ、悉く今日の政界、思想界、財界が切実に要望するところの根本基調であつて、若槻男を主班（ママ）とする新内閣が、この基調に立つて新政策を実現することは、時代が時代だけにその歴史的意義極めて深きものありとせねばならぬ」。

このように若槻の政治信条である忠孝、正義、進歩が強調されたのに加え、急速に悪化する昭和恐慌の影響に対応するための新政策の実施が期待されていたのである。

松江では第二次若槻内閣の誕生を祝う提灯行列がなされ、松江市長の名前で祝電が発せられた[10]。若槻も『松陽』の紙面を通じて島根の支持者に謝意を伝えた（『松陽』一九三一年四月一九日）。『松陽』は民政党系であったため、概して若槻に対する好意的な記事が多いが、そうした党派性を差し引いても、島根における若槻人気は根強いものがあったと言えよう。

### 寿像建設に見る若槻イメージ

第二次若槻内閣が総辞職し、政友会の犬養毅内閣が成立すると、一九三二年に第一七回衆院選が行われ、与党の政友会が圧勝した。この選挙戦では若槻が民政党総裁として選挙戦の中心となったが、『松陽』は若槻を中心とする民政党を支持する社説を掲載した[11]。これに対し『山陰』は、「個人若槻男に郷党の大先輩として崇敬を捧げると共に、之を郷党の誇とするは好いとしても、政党に対する帰依は一にその持する主義政策」が適切かどうかで判断すべきであり、島根が「民政王国」などと呼ばれるのは「恥」であると述べた。『山陰』は党派上民政党を批判していたが、そのような『山陰』であっても若槻への「崇敬」は否定できなかったのである[12]。

しかし、五・一五事件の衝撃の中で非政党内閣が登場すると、地方紙の論調はそれまでの党派的な主張が徐々に薄まっていく。その中で、地方紙の若槻評がどう変わったのかを見ていく。

政党内閣の中断が長期化したことで、地方紙はこれまでの激烈な党派的対立路線から変化しつつあった。その中で注目すべきは一九三五年に若槻の寿像が床几山（しょうぎさん）（松江市上乃木）に建設された出来事である。この時期は既に政党内閣が中断され、日本は若槻ら民政党が目指した国際協調路線から、自らの権益をなりふり構わず拡大する膨張

昭和十年四月三日（水曜日）　松陽新報　第一萬一千九百四十五號　（五）

# 春空に仰ぐ巨人の偉容

## 思出の丘に立つ 若槻男爵の壽像
郷黨の宿願こゝに成って　けふ晴れの除幕式

## 赤誠の寄附金 全國から集まる
制作を藤川勇造氏に依嘱　常設委員會の活躍

眞剣に

建設地

除幕式　次第と執行順

## 郷土の後人 薫化の資
石倉委員長は語る

## 力強く…市民に呼掛ける
壽像のポーズは　"演壇に立てる若槻男"

首相時代の若槻男

けふ除幕する壽像

図5－3　若槻礼次郎寿像建設を報じる記事（『松陽新報』1935年〔昭和10〕4月3日）

路線へと変わりつつあった。

若槻の寿像の建設自体は一九三〇年に発起人が協議を行い、次いで松江市長の石倉俊寛が発起人会委員長となって計画が進められた（『松陽』一九三五年四月三日）。寿像完成に際しては、島根県選出の民政党代議士や渡部ら若槻にゆかりのある地元人が『松陽』にコメントを寄せたほか、[13] 除幕式には若槻本人も参加した（『松陽』一九三五年四月三日号外）。『山陰』はこの若槻の寿像建設について次のような社説を掲載した（「若槻男寿像の建設」『山陰』一九三五年四月三日）。

若槻が「国家に貢献したる功績、或はその出世振りについては、今更あらためて説くまでもないこと」であるが、政治上の主張は違いがあるのは当然であり、若槻の主張に全面的に賛同するものではないが、「いづれにしても至誠を以て国家、社会のため粉骨砕身の努力を惜まない純情に至っては即ち一であり、我が若槻氏の如きは、実に稀れに見る政治的偉才として之を推賞するに敢て人後に落ちないものである」。若槻は郷土の誇りであり、「斯くの如き傑出せる人物の功績を顕彰し、永く後世に紀念することは、之によつて一は感謝の念を表明するものであると共に、他面郷土教育の上に少からぬ変化を与へるものと信ずる。即ちこの意味に於て若槻氏寿像建設の価値は十分である」。「石倉市長をはじめ之が建造に寝食を忘れて奔走したる発企人諸氏の熱意に対して満腔の祝意を表する次第である」。

政友会に近い新聞であった『山陰』だが、当該期の地方紙は徐々に政党色を薄めていた。それを差し引いても、政治的主張とは別に若槻を高く評価し、寿像建設に教育上の意義を見出している。いかに地域における若槻の名声が高いものであったかが分かる。

他方で『松陽』は「郷土に仰ぐ偉人の寿像　若槻男寿像除幕式を祝す」と題して次のような社説を掲載した（『松陽』一九三五年四月二日）。「郷土が生める我若槻男爵の功業、声明赫々として、押しも押されもせぬ世界的巨人である事を今ここに繰り返す事のそれは贅筆の誇りを免れないものであるから省く事とするが、併しそうした偉人と郷党を同じくし又こうした大きな先輩を島根県人として持つ事に於て我等は衷心之を欣策とし又大に快心禁ぜ得ない次第だ。殊に我等の最も欽仰且礼賛に堪へないのは、苦学力行、遂に一国の大宰相として輝く印綬を帯べること前後二回今や国家の重臣として朝野の信望を双肩に一意孜々、君国の為め奉公至誠の一路を邁進し又居常絶えず『忠孝』『正義』『進歩』を不断なる信条として信奉遵守しつつある男爵の尊い心事は以て学ぶべく以て又大に範とすべく、我等が男爵に啓示され指導される点は又ここにも甚大なる意義を存する。此意味からしても『われらの若槻さん』の寿像をこの地に仰ぎ永久にその功績を讃しその高懐をたたえ後進が発奮精進の対象として日夕之を仰ぐこと、況んや男爵を生める其郷土である丈けに更に更に感銘は倍加する。此方面から云つても寿像の建設は真に近来の快挙と云ふべきだ」。寿像建設の構想は若槻が一九一四年に内務大臣に就任した時からあり、「建設委員又は発企人諸君の斡旋努力の下に此建設資金を全国より募る事となし事業着々進捗、県下は勿論全国各地より喜んで資を寄するもの潮の如く」あり、滞りなく建設に至ったのである。このほか、別の記事では寿像建設に関して若槻が「立志伝の好標本」であるとする評論が掲載された（『松陽』一九三五年四月三日）。

『松陽』の記事は若槻の功績を讃えるとともに、若槻を顕彰することが後進の育成につながるという展望を描いていた。克堂会が発した、若槻が教育的な見本となるとの理念は、寿像建設によって一つの帰結を見たというべきである。この時点で若槻は民政党総裁を退任しており、政治の表舞台からは退いていた。しかし、それでもなお地域の関係者は若槻の功績に惜しみない賛辞を送った。具体的な寿像建設は政党内閣の絶頂期の一九三〇年に計画されたが、それから五年の間に大きく情勢は変化していた。若槻の功績であったロンドン海軍軍縮条約から日本は離脱し、若槻ら当時の民政党の指導者たちが目指した協調外交を基本とする国家構想は過去のものとなりつつあった。しかし、それでも地域が若槻を顕彰したのは、若槻が地域の「立志伝」であり、目指すべき存在であるとのイメージが定着していたからであろう。

もっとも、この寿像建設に至る過程は『松陽』が主張するように円滑にはいかなかったようである。『島根評論』は一九三〇年に「若槻氏寿像問題」という社説を掲載している（『島根評論』第七巻第一二号、一九三〇年一二月）。それによると若槻寿像計画は、⑴建設場所、⑵原型製作者、⑶寄付金問題があった。⑴については市内の南部か北部のいずれに建設するかについて、⑵については地元人を設計に起用しなかったことについて、それぞれ議論があるとした。とくに問題なのは⑶で、約五万円を要するところ、五千円程度しか集まっておらず、小学校児童や職工から集めたわずかな寄付金しか集まっていないという。その上で『島根評論』は「極度の不景気風に襲はれておる昨今」において、寄付を強要することは避けるべきだと主張した。建設時の報道を見ると、寿像の建設費は二万円とのことで、当初予算の半分以下に圧縮されていることが分かる（『松陽』一九三五年四月三日）。資金面の収集にはかなりの苦労があったのではないか。若槻の名声だけでは多額の寄付を集めるのは難しかったのかもしれない。いずれにせよ、建設過程での金額の変更があったものの、寿像は無事に建設された。ただし、後にアジア・太平洋戦争下において寿像は金属供出され、現在はその姿を見ることはできない。現在はそれに代わるものとして戦後に建てられた胸像が島根県庁前に建てられている。

## 4　政治家のイメージ形成が意味するもの

本章では二冊の伝記と島根県における若槻の活動を通して、若槻イメージの形成について明らかにしてきた。以下、明らかになった点を整理していきたい。

まず二冊の伝記が論じた若槻イメージについてである。両書とも若槻が藩閥などのバックボーンを持たずに首相にまで上り詰めたことを評価する。そして、若槻が普選成立に尽力したことを指摘し、若槻こそ新時代にふさわしい政治家であると主張した。この点は、若槻がスキャンダルとは無縁のクリーンな政治家であるとの主張とも関連してくる。当時から若槻に資金面での不安を主張する声があったことを認めた上で、それがむしろ新たな政治家の象徴としてふさわしいと肯定的に評価されたのである。藩閥や財閥などと無縁であったことは、金銭的スキャンダルのリスクと無縁であることを証明するものとされた。また、若槻が掲げた「正義」「忠孝」「進歩」の概念が強調されていることも重要である。当時の政治家に道徳的規範を求める状況があり、政治家もまた道徳的理念を強調して自らの正統性を主張した。両者とも若槻のような「公平」な政党政治家の登場と、男子普選実施によって政治をめぐる汚職や不正が無くなることを期待していた。汚職などのマイナスイメージが定着しがちな政党の中で、若槻のようなリーダーの存在は、政党のマイナスイメージを打ち消す狙いもあった。

もっとも、若槻の伝記に政党関係者がどこまで関わっていたかは不明であり、政党自体のイメージ戦略に伝記を当てはめることは留保が必要である。しかし、これら伝記からは政党をめぐる強い肯定的なイメージを確認できる。憲政会自体も機関誌『憲政公論』で「若槻内閣号」を組んで積極的に新首相若槻を売り出していたことを考えれば（『憲政公論』第六巻第四号、一九二六年四月）、これらの伝記は政党関係者の意向をある程度踏まえているか、そうでなくとも憲政会関係者にとっては歓迎すべき内容であったと考えられる。重要なのは、若槻の伝記が発表された時点では、政党の問題点が政党自身の更生と男子普通選挙の実施によって乗り越えられるとする主張がまだ広くなされており、政党内閣制の正当性を担保する論理として展開されていたことである。このことは男子普通選挙を前に、多くの有権者の支持を糾合する必要があった中で、イメージ戦略が重要な位置を占めていたことを示している。「近代政党」への転換を図ろうとしていた政党にとって、政治家のイメージ戦略によって多くの有権者に政党の統治の正当性を印象づける狙いもあったと思われる。だとすれば、「近代政党」への転換は政策整備や地方組織成立といった面だけにとどまらず、イメージ戦略の展開などの広報面での取り組みにも表れていたとみるべきであろう。伝記の作者の本来の意図がどこにあったにせよ、若槻を評価することは政党を評価することにつながった。その意味で意図せずにしても伝記は政党のイメージ戦略の中に組み込まれていったとも考えられる。

いま一つは二冊の伝記が描く理想的な政党像は、社会が望んでいた政党のあり方でもあった。いわば社会が望む「近代政党」のあり方である。その理想像とは、金ではなく言論が重視され、若槻のような党費の捻出者ではなくクリーンな人物がリーダーとなり、党費を党員が負担するというものである。民政党は後年党費の公募を訴えることになるが（第3章）、ここには政党とそれを取り巻く社会が目指すべき政党の姿が描かれている。

逆説的ではあるが、こうした政治家をめぐるイメージと理想となる政党像に対する期待が裏切られた時、政党政治は崩壊の道を辿っていくのである。

次に若槻の島根県におけるイメージについてみていきたい。若槻の後援会である克堂会は後進育成が目的であることが強調されていた。若槻のような人物こそ地方の青少年が目指すべき目標であると伝記やメディアで繰り返し宣伝された。若槻は帰県した際に多くの学校で訓話を行っていたが、内容は自らの理念である忠孝、正義、進歩を強調するものであった。ロンドン海軍軍縮条約締結後はその成功の理由に「まごころ」や誠実さを主張した。伝記で描かれたような「立志伝」、道徳政治家としてのイメージは若槻自らと島根県の教育関係者によって補強されていったのである。一九二五年の寿像建設においても教育的な効果が期待された。寿像建設は、島根県におけるイメージ形成の一つの帰結と言える。伝記というメディアを通して形成されたイメージは、島根県という出身地を舞台に、地方紙を通して定着したのである。このことは、地域と政治家の関係性が政治的なものにとどまらなかったことを意味する。

最後に、「近代政党」の要素の中にイメージ形成をどう位置づけるかを指摘する。伝記にどこまで憲政会側の思惑が入り込んでいたかは分からないが、こうした政治家の経歴や学力、能力を評価しようとする動きは「近代政党」にとって重要な要素となったと思われる。『憲政公論』で新首相若槻が積極的に売り出されていたことを踏まえれば、イメージ形成が重要な戦略となりつつあったことは間違いない。また、若槻を後援する理由は経済政策に対する識見などの能力を期待されていたことも重要である（第1章）。こういった専門性に加えて若槻は従来の政党が抱かれていた汚職や不正を行うというマイナスイメージを克服する象徴としても評価されていた。革新的な政治家イメージは広く有権者を糾合する手段として定着していったものと思われる。若槻の事例は後に、政党が政治家に関する宣伝を打ち出す先駆的なものとなった。若槻をめぐるイメージ戦略は、「近代政党」が社会により接点を持とうとする典型的な事例として位置づけられる。



注

（1）尼子止『平民宰相浜口雄幸』（宝文館、一九三〇年）。
（2）永追藤一郎「『若槻大宰相』の編纂に就て」（『島根評論』第三巻第一一号、一九二六年一一月）。以下、『若槻大宰相』発刊の経緯については、断りのない限りこの記事による。
（3）第一次若槻内閣の内務大臣は浜口雄幸であり、安達謙蔵に譲ったとするこの記述は誤りである。
（4）「断乎地方官を淘汰せよ　挙国内閣の重大使命」（『松陽』一九三一年五月二九日）。政党内閣制崩壊後の島根県の地方紙は、それまでの党派性に依拠した論調から政党批判を強めていった。
（5）若槻礼次郎『明治・大正・昭和政界秘史』（講談社学術文庫、一九八三年）二八八頁。
（6）今津敏晃は、後年に若槻が語ったこととして、若槻は政党を「民意判定機関」であると捉えており、桂の「政策遂行の基盤作りの政党観とはややずれる」としている（今津 二〇一七：四〇）。
（7）「克堂会設立要旨並規約」『渡部文書六―一三―九―二』。
（8）同様のことが克堂会の設立趣旨書にも書かれている（『渡部文書六―一三―九―四』）。

（9）『松陽』一九三〇年一〇月九日夕刊。同様に、松江の女学校や師範学校、中学校などの生徒を相手にして同じ趣旨の訓話を行っている（『松陽』一九三〇年一〇月八日）。
（10）『松陽』一九三一年四月一六日夕刊、一七日、一七日夕刊。『松陽』四月一六日によると、克堂会員による仮装行列が松江で行われたほか、若槻の旧居保存会によって若槻の旧居が解放され、ゆかりの品が展示され、渡部寛一郎をはじめ克堂会の幹部が解説にあたったという。
（11）「堂々たる若槻総裁の演説」『松陽』一九三二年一月二二日。選挙戦で島根入りした若槻の動きを『松陽』は詳しく伝えた（二月一九日夕刊）。
（12）『山陰』一九三二年一月二二日。別の社説では「若槻男に問う」と題して第二次若槻内閣は政策の行詰りによって総辞職したのであると述べた上で、緊縮財政を批判し、ロンドン海軍軍縮条約などの協調外交政策を「追従主義外交」であるとした。それだけの批判を掲げた上で若槻が自らの地盤である「民政王国」「若槻王国」を守ろうとすることは同情するが、「徒らに空漠なる名辞を羅列して反対党の攻撃を見ると云う態度は若槻男の偉大さを傷つけるものとして残念に思う。夫れよりも率直に失敗は失敗として謝り他日の成功を盟うことに依りて郷党の支持を請うべきではないか」と結んだ（一九三二年二月一九日）。反対党の総裁とはいえ、島根における若槻の名望に配慮した社説となっていると言えよう。
（13）『松陽』一九三五年四月三日。コメントを寄せているのは、絲原武太郎貴族院議員、島根県選出の民政党衆議院議員であった原夫次郎、俵孫一、櫻内幸雄、木村小左衛門、石倉松江市長、佐藤喜八郎克堂会会長、川崎卓吉民政党幹事長、土谷連之助松江市議会議員、渡部寛一郎、岡崎国臣らであった。

# 終章　「近代政党」の経験をどう見るか

## 戦後の島根県政界

本書を終えるにあたって、戦時・戦後の島根県政界の動きについて言及しておきたい。一九四二年（昭和一七）にいわゆる翼賛選挙が執行された。第一区の当選者は山林大地主田部家出身の田部朋之（後に二三代目田部家当主、島根県知事などを歴任）、櫻内幸雄、原夫次郎であった。高橋円三郎は落選し、木村小左衛門は立候補していない。田部は三七歳で候補者中最年少であった。第二区からは恒松家の当主であった恒松於菟二、島田俊雄、田中勝之助（元陸軍軍人、後に戦時特別刑法法案に反対したため召集され、広島に赴任するも原爆により死亡）であった。落選者は俵孫一、沖島鎌三らであった。一九二四年の総選挙から当選を重ねてきた俵が落選した背景には、一九三八年の県議選で後援会長だった県議の中西淳亮が落選するなど（第4章）、かねてからの地盤の動揺があったものと思われる。一九三八年に多くの新人県議が誕生していた島根県における新人議員台頭の波は、総選挙の結果にも影響を及ぼしたのである。

アジア・太平洋戦争が日本の敗戦で終結すると、島根県下の政界は新たな時代の到来を迎える。ここからは本書で取り扱った島根県の政治家たちのその後を簡単に見ていきたい。

若槻礼次郎は一九四九年に静岡県の伊東市で死去した。八四歳であった。一九四六年に極東国際軍事裁判（東京裁判）で証人として出廷したのが最後の表舞台となった（『極東国際軍事裁判速記録』第二一号）。一九四九年に若槻のもとを訪問した元民政党衆議院議員の斎藤隆夫は日記に、「若槻氏を伊東温泉別荘に訪問、久しぶりに面会す。夫婦共健在なれども主人八十四、夫人七十八才、老来訪問者も少く、さむしき生涯を送らる。二回首相たりし政治家も老ゆれば此の如し」とその晩年の様子を綴っている。[1] しかし、どうやら若槻の晩年は、必ずしも斎藤が書いたような「さむしき生涯」ではなかったようである。

戦後日本を代表する哲学者の一人である鶴見俊輔は、自らが携わる雑誌『思想の科学』の企画の一環で、晩年の若槻に出会っている。その時の様子を後に鶴見は、上野千鶴子と小熊英二からのインタビューで次のように語っている。[2]

若槻さんには人間の大きさを感じたな。あれこそ、日露戦争以前の明治の知識人、自分をつくる知識人だった。彼は捨て子で小学校しか出ていない。小学校を出るとすぐ校長にされた。学校が終わってから川で魚を取ったりしていると、周りの人が「あんなに優秀なんだから、東京に送り出してやろうじゃないか」と言ってお金を出してくれた。そして図書館に通って自習して大学に入って、首相まで行くんだ。私が訪ねて行ってもまったく威張りもしないし、見えも張らない。夏だったんだけど、裸同然みたいな恰好で出てきて、「両親の顔も知りません」とか平気で言うんだからね。それまで私が知っていた日本の知識人とか政治家とかとは、まったく違う日本人がいると思った。インタビューしたあと、「談話の整理とかは、全部おまかせします」と言ってくれてね。

飾らない若槻の姿とその振る舞いや言動を前に、若かりし日の鶴見は「人間の大きさ」を感じたという。晩年の若槻は回想録である『古風庵回顧録』の元となった取材も受けており（伊藤 一九八三：四一四～四一五）、「さむしき生涯」とは必ずしも言えないように思われる。若槻は鶴見が行ったインタビューで次のように語っている。

私の思想は、あっちこっちまわり道して、ここに来たのだけれども、大きな変り目というような状態を一度も経験しなかったのです。むしろ、頑固で来たのです。私どもは、漢学をやったものですから、節を守るということを重く考えているのです。思想をかえるということは、なにも節をかえることではないかも知れないけれども。

頑固という状態を、ぜがひでも守って、「彼は頑固だったな」と人から言われることを、むしろ望むほうで

す。(若槻礼次郎「始まりを知らず」思想の科学研究会編『私の哲学』中央公論新社、一九五〇年、一〇八頁)

若槻にとって、渡部寛一郎から学んだ漢学は人生の哲学として強く根付いていたのである。もっとも、若槻の晩年の活動は不明な点も多く、今後の課題でもある。若槻死去を報じた『島根新聞』の記事は、元衆議院議員の桑原羊次郎の談話を載せたが扱いは小さいものだった(『島根新聞』一九四九年一一月二二日)[3]。地域で絶大な名望を誇った若槻は過去の人となっていた。

その他の人物もみていこう。櫻内幸雄は枢密顧問官に就任した後、戦後に公職追放処分を受ける。一九四七年に六八歳で死去した。その後息子の櫻内義雄が自民党の衆議院議員として当選を重ねていくこととなる。

原夫次郎は一九四七年に初の民選島根県知事として当選した。しかし、一九五一年の県知事選挙では、元衆議院議員の恒松隆慶を祖父に持つ恒松家出身の恒松安夫に敗れる(『島根新聞』一九五一年五月一日)。その後、原は一九五三年に死去する。

木村小左衛門は戦時中に議員ではなかったことが幸いし、公職追放を免れる。日本進歩党に所属した木村は、一九四六年の総選挙で当選すると早々に議員に復帰し、衆議院副議長、農林大臣(第一次吉田茂内閣)、内務大臣(片山哲内閣)、地方自治庁長官(第三次吉田内閣)などを歴任した。また、改進党幹事長、総務会長、最高顧問など要職を務めた。一九三七年の総選挙で落選の憂き目を見た木村だったが、皮肉にもそのことが公職追放の回避と迅速な政界復帰への道を開いたのだった。中央政界で活躍した木村だったが、一九五二年に六四歳で死去した。

高橋円三郎は一九五三年に衆議院議員に当選を果たすものの(『山陰新報』一九五三年四月二〇日)、一九五五年の総選挙で落選している(『山陰新報』一九五五年二月二八日)。その後体調を崩した高橋は一九五六年に死去した。

翼賛選挙で落選した俵孫一は戦時中の一九四四年に死去した。

島田俊雄は戦時下の小磯国昭内閣で農商大臣を務めるなどしたが、一九四六年に公職追放となり、一九四七年に死去した。

沖島鎌三は政界から引退し、県立江津工業高校に私財を投じて「沖島文庫」を設置するなど、後進育成に力を注いだ。

このように、島根県では戦前期に活躍したベテラン議員が一九五〇年代初頭には軒並みその姿を消すこととなった。

こうして島根県の政界の中では、有力議員と言える人物が不在となる状況が続いた。そのような中で、一九五八年の総選挙で三四歳という若さながら、島根選挙区で最高得票を得て当選した新人議員が現れる。後の内閣総理大臣となる竹下登である（『島根新聞』一九五八年五月二三日）。掛合村の青年団長などを務めていた竹下は、早くから政治に関心を持っており、一九五一年の県議選において二七歳で初当選を果たしている。竹下家は田部家の「中番頭」ともいうべき地位にあり、竹下の立候補を田部長右衛門は制止したというが、その制止を振り切って県議に初当選していた[4]。そして、その七年後に国政に転身したのである。県議になった後も竹下は国政進出の機会をうかがっており、高橋の健康状態悪化の情報を得て準備を進めていた。そして高橋の死後その地盤を継承する形で立候補して当選したのである[5]。

竹下当選は「若さの勝利」を意味しており、選挙を振り返る記者の座談会では「これまでのいわゆるボス的な選挙ではなく、人と人とのつながりからこれを動員していた。今度の選挙は従来の選挙に転換期を感じさせる要素を持っている。これを機会に新しい選挙の方程式が生れるのではないか」と評されたように、新たな政治の到来を予感させるものだった（『島根新聞』一九五八年五月二四日）。選挙のたびごとにメディアが政治の転換点を見出し、「若さ」「目覚め」などの言葉を用いて選挙を意義づける光景は戦前から現代まで繰り返されていくこととなる。やがて竹下は自民党有力議員となり、島根県政界でも絶大な影響力を発揮していくこととなる。それに伴って島根県は自民党一強の「保守王国」として多数の有力議員を輩出する選挙区となっていく。

## 「保守王国」への展望

戦後の島根県下の自民党が民政党や政友会の地盤をどう継承したのか。あるいは継承しなかったのか。それを検討するには別稿を期する必要があるだろう。

## 各章まとめ

以下、本書で明らかになったことをまとめたい。

第1章では、島根県の憲政会・民政党勢力を対象に、男子普通選挙に対応する「近代政党」への質的転換を図るための取り組みが進められていたことを明らかにした。その原動力となったのは政策に精通した大蔵官僚出身の若槻礼次郎であり、彼の後援会として発足した克堂会であった。克堂会には若槻のような「優秀」な後進を育成する教育的役割も付加されていた。克堂会は青年党などの他の支持勢力とも連携しながら、島根県下の憲政会・民政党勢力を支える有力な支持組織となっていった。『松陽』は憲政会・民政党勢力系列の地方紙だったが、『松陽』が主催した青年連盟大会は、広く有権者に政策を訴える取り組みであり、「近代政党」への転換を示す一事例である。「近代政党」への転換は、男子普通選挙実現以前から始まっており、政党内閣期から政党内閣制崩壊後も続いていくこととなる。

第2章では、民政党の地方組織の特徴と展開について明らかにした。島根県の民政党地方組織は、政治家の個人後援会と党支部が同一的な展開を見せた。構成員は地方議員もしくは地域の有力者であった。発会式が同時に開催されたことや、党支部と後援会の事務所が同じ住所にあったことから、これらの組織は同一的なものであったと理解できよう。二つの組織が両立していた理由は、候補者ラベルと政党ラベルの両方を並べることで、より多くの有権者の支持を集める狙いがあったためと考えられる。両者を対立的、もしくは並列的に捉えようとする見方は、戦後の自民党の組織形態に影響を受けた見方であると考えられるが、戦前の政党の場合は両者の同一性を念頭に置く必要がある。

また、島根県の選挙区はそれぞれに異なる特徴があることも判明した。出雲部を中心とする第一区は、個人後援会を主体とする政治活動が展開していた。木村の後援会が大原郡内に三つあったことは、後援会組織による集票が第一区において重要だったことを物語っている。石見部を中心とする第二区は党主体の集票構造が確立していたと理解できよう。第二区の候補が一九二八年の総選挙で立候補した山崎定道を除き、一九三〇年と三二年では「輸入候補」を立てている。これは石見西部を中心に得票していた俵との地盤割りを調整できる候補者が必要だったためである。一九三〇年に第二区の最高得票数で当選した民政党島根支部長の佐藤喜八郎は、松江出身であり、自身の第二区における地盤はないに等しいものだった。にもかかわらず、最高得票で当選を果たした。第二区の政党組織の集票機能がフル稼働した結果であろう。ここから導き出される結論は、当時の選挙区は候補者とその後援会が集票機能の中心となっている選挙区と、政党組織が中心となっている選挙区に類型化できることである。今後の研究は各選挙区の特徴を踏まえて分析する必要がある。こういった組織の整備は「近代政党」として政党が社会に定着するのに重要な役割を果たした。

第3章では、「近代政党」への転換を果たしつつあった民政党の行動が、政党内閣制への復帰を遠ざける逆説を生じさせていたことを明らかにした。一九三六年の総選挙で、民政党候補者たちは、党が策定した基本国策に則った政策を訴えていた。一九二八年の総選挙では、それぞれの候補者が自身の関心に沿った主張を訴えているか、木村小左衛門が政権批判に終始していたことを踏まえると、党が体系的な政策を整備し、各候補者が共有して訴えていくという、男子普通選挙に対応した政策中心型の政党としての体裁が整いつつあったことが分かる。基本国策の内容も、半年間にわたる政策調査の結果策定されたもので、国民生活や対外関係を論じた充実した内容だった。しかし、基本国策の第一に掲げられた「日本民族生存権の確保」は対外関係の緊迫化を決定づけるものにほかならず、政党内閣の存立基盤たる協調外交の前提を切り崩すことにつながった。木村は、日本民族生存権の確保を、満洲国と日本海側地域の交流による発展という「日本海湖水化」構想と結びつけて訴えていた。満洲国を通じた島根県の発展は地域的期待の高いものであり、それを政党として無視することは困難であった。民意に立脚した「近代政党」への転換を果たそうとした結果、対外強硬政策の色が強まり、かえって政党内閣制復活が遠ざかる逆説が生じたのである。

林内閣による衆議院解散をめぐっては、各候補者が反林内閣の立場を示した。本来ならこの選挙は他の政治勢力に対する政党の優位性を確立するはずであった。しかし、全政党が反林内閣で一致した結果、選挙の争点が不在となり投票率は低下した。また、こうした政局を招いた責任は政党にあるとする意見も展開され、政党不信を緩和することにはならなかった。政党が自らの立場を確立するはずが、政党不信を高める結果となったことが、政党が陥った第二の逆説であった。

従来の研究は、一九三六年と三七年の総選挙を社会民主主義勢力の伸長や、対外強硬策の抑制といった側面から論じてきたが、これらの見方は政党の政策や候補者の立候補宣言（挨拶）を等閑視した評価であり、正確なものとは言い難い。また、当該期の政党を軍部に圧倒されるばかりで、軍部に対する「反撥」と同調を繰り返すことで政界に影響力を保持するしかなかったなどとする見方は、当該期の政党の評価としては誤っている。これらの評価は、概して軍部に対する過大評価か、政党に批判的なメディアの言説を無批判的に取り入れたことによるものである。

むしろ問題だったのは、政党が無力だったことではなく、政党が自らの政治的立場を回復させるために起こした一連の行動が、すべて裏目に出たことにあった。そうした逆説が生じたことは、政党の置かれていた困難な状況を示しているのである。

第4章では、選挙粛正運動の特徴を明らかにした。選挙粛正運動は、当初その手段は必ずしも明確ではなく、一九三四年の県議選では運動を展開させるためだと称して、無投票を実現すべく候補者を取り下げる動きが起きた。しかし、結果的には候補者と取り下げをめぐる疑獄事件を引き起こした。そのため一九三八年の県議選では複数の選挙区で選挙戦が展開されることとなり、多くの新人議員が当選した。選挙粛正運動下におけるあるべき選挙像は、無投票による競争しない選挙像が否定されたことで、競争が正当化されて新人議員が当選する政治結果に帰結したのである。このことは選挙粛正運動のあり方が、運動側にしても政党側にしても自明ではなかったことを意味している。選挙粛正運動はその展開過程において、社会におけるあるべき選挙像を変化させていったのである。

選挙粛正運動の中では、地方議員は政党から離脱すべきという政党排除論が広く展開されたが、新たに当選した新人議員にしてもそのほとんどが既成政党に所属しており、影響力は皆無であった。なぜなら、政党や地域の利害を代表しない限り、当選することは困難だったためである。島田俊雄が主張したような、部分的利害を代表することによってこそ、地域の発展が期待できるという論理が現実に即していたのである。また、地域の対立関係を激化させたとの評価にしても、俵孫一が主張したように、かねてからの地域間対立が政党間対立と結びついた側面があった。従来の議論は政党に批判的な言説に依拠してきたために、こうした政党側の反論を顧みなかった。しかし、現実の地域政治の展開を踏まえれば、より地域の実情を正確に理解していたのは政党政治家の方であったと言えよう。政党政治家が地域政治に対する正確な認識を運動側よりも持っていた理由は、「近代政党」として政策・組織を整備し、地域の実情を把握していたからにほかならない。政党支部への批判的言説が見られたのも政党の影響力の高さを逆説的に物語っている。ハード面としての組織・政策の整備はソフト面としての政治家の育成と政党批判への反論を形成する効果をもたらしていた。

第5章では、若槻礼次郎をめぐるイメージ形成を明らかにした。若槻には「立志伝」、教育上の手本といったイメージが、伝記や地方紙を通じて流布されていった。伝記では若槻がクリーンな政治家として、政党の問題点を改善することが期待されていた。このように、政党政治家にとってイメージ戦略は、男子普通選挙への転換というより多くの有権者の支持を獲得するための重要な手段として位置づけられていった。伝記は若槻の関与しないところで発刊されたものであっても、若槻やその周辺が伝記を通じて発信されたイメージを存分に利用して活動した。くわえて言えば、憲政会も新首相若槻の人格や能力を積極的に売り出すイメージ戦略を打ち出しており、伝記によるイメージ形成と連動的に展開していた。また、伝記はクリーンな若槻によって従来の金権政治から言論を中心とする政治に代わり、政党も更生されると展望していた。伝記には理想像としての政党が描かれたのである。

地方紙では若槻の功績が讃えられた。ロンドン海軍軍縮条約の「成功」は、若槻の名声をいっそう高めるものだった。寿像建設はこうした若槻の島根でのイメージを決定づけるものであったと言えよう。従来の研究は、政治家と地域の関係を、地域での政治指導や利益誘導といった観点から叙述してきた。しかしながら、男子普通選挙の実現以降は、メディアを通じたイメージ形成は政党の支持をめぐって無視できない要素になっていった。とくに、若槻のような選挙地盤を持たず、永く野党の地位にあった人物の場合は、こうしたイメージ戦略は理にかなっていたと思われる。地域と政党の関係はより多角的に検討されていく必要がある。「近代政党」はあらゆる手段を用いて社会への定着と自身への支持を広げることに腐心した。伝記は必ずしも政党側のみの発意で登場したものではないにせよ、政党側のイメージ戦略と相互に連関しながら地方紙や雑誌など様々な媒体を用いて展開していったのである。

## 序章の課題への応答

序章で定義したように「近代政党」の特徴とは、(1)不特定多数の有権者に支持を訴えられるような、高い専門性に裏打ちされた政策を準備し選挙で主張する、(2)多くの有権者を糾合する手段を展開する、(3)政治活動を支える組織網を整備する、(4)政党批判に対して自らの正当性を社会に訴える言説を展開する、などである。それぞれの項目と対応する章を当てはめれば、(1)第1章、第3章、(2)第1章、第5章、(3)第2章、(4)第4章、となる。ここからは「近代政党」の意義と課題について述べたい。

戦前の政党は着実に「近代政党」として地域社会に浸透しつつあった。政策能力も向上し、地域社会の意向を汲み取り政策に反映させ、地盤を安定させるための地方組織も拡充されていた。これだけを見れば政党それ自体としては確かな発展の中にあった。しかし、それは社会や他の政治勢力からの政党への反発を引き起こす原因となった。政党が反発を受けた理由は、政党が自らの党勢拡張のためになりふり構わない手段を講じた結果、汚職やスキャンダルが続発したためであったとされてきた。これらの反発から官僚勢力を中心に選挙粛正運動が展開する。選挙粛正運動では、従来からの党弊批判の流れを汲む政党と地方自治の「分離」が主張された。そのためには、地方議員が党籍を離脱することが必要であるとされた。このことは地方議員を主体とする地方組織の解体をも意味していた。しかし、地方議員の党籍離脱は実現しなかった。俵や島田に代表される政党政治家の反論が物語るように、現実の地域政治は政党なしには存続しなかったのである。汚職やスキャンダルは深刻であったが、それはいつの時代にも見られるものであり、結局は政党の改善以外に解決策はないのである。以上のことから、メディアの報道や反政党的言説を捉えて汚職やスキャンダルが政党内閣制崩壊の原因だったとする議論では、政党の語られ方や実際の政党の影響力、そして政党の数々の取り組みや内部における質的転換を見落とすことになる。それらの言説も当時の政治社会を考える上で重要な意味を持つが、過大評価はできないのである。(6)

政党内閣制崩壊に至る決定的要因の一つは、政党内部に生じていたことを見逃してはならない。「近代政党」たらんとする政党は、さらなる「民意」の糾合と政策体系の整備に励んだ。それは政党として当然の行動だったが、その中で対外強硬策を盛り込んだことが、政党内閣制の前提となる協調外交の可能性を失わせた。政党は「民意」の選択を誤ったのである。そして、政策体系を見直す時間も政党には残されていなかった。「近代政党」の悲劇とは、より社会に入り込み、より「民意」を向き合おうとした結果、解体の道を辿ったことにあった。

## 島根県の地域政治研究の意義――裏日本の政党デモクラシー

本書は島根県の政党勢力を明らかにしてきた。ここで島根県を事例にした意義を述べていきたい。古厩忠夫は著書『裏日本』の中で「裏日本イデオロギー」と題して裏日本側の知識人らの言説を分析した。それは時には対外強硬論に、時には自由主義・平和主義に共鳴する多相性を持ったものであった（古厩 一九九七：九四～一三〇）。

今回の分析では、「裏日本イデオロギー」が島根県の政党にも大きく影響したことが明らかとなった。横関至が示したように、政党勢力が拡張した要因は現状改善を求める民意の受け皿となったためであった。若槻の克堂会の設立には島根県の後進性への強い危機感に裏打ちされた設立理念が強調されていたが、まさしくそこに表出したのは「裏日本イデオロギー」といって差し支えない。貴族院議員でありながら克堂会のような後援会が島根県下で最大規模の政治勢力に成長した理由も、裏日本という立場に追いやられた島根県民の危機感によるものところが大きかったのである。裏日本における政党デモクラシーは地方利益誘導にとどまるものではなく、地域から日本を背負って立つ政治家を輩出し、地域としてその人物を後援する構図を作り出すことにも表れた。このように考えれば、古厩が指摘するように、日本の対外侵出が本格化する一九三〇年代以降の「日本海湖水化」構想は、裏日本の人々が後進性から脱却できるという強烈な「裏日本イデオロギー」の発露の一つであった（古厩 一九九七：一四八〜一五三）。克堂会結成に見られるように、島根県の政党デモクラシーを起動・展開させた原動力の一つが、「裏日本イデオロギー」とその背景にある後進性に対する現状改善を求める「民意」であったことを踏まえれば、島根県の政党政治家もメディアも対外侵出に賛同したのは当然であった。

あわせて、立憲青年党が石川県の永井柳太郎を中心に活動を展開し、やがて一九二五年に日本海側地域の青年を中心とする日本海青年党の結成という形に結実していった事実を改めて確認したい（古厩 一九九七：一一八）。従来の研究では既成政党に収斂したため、既成政党に与しないという青年党の当初の立場は失われたとの見方がなされてきた（小林 二〇一〇：六六）。しかし、青年党が既成政党に収斂されたとしても、青年党に見られたような強力な現状改善を求める「民意」が行き場をなくしたことにはならない。政党は一定程度現状改善を求める民意の受け皿として機能し続けたのである。

島根県において憲政会・民政党勢力が優位に立った理由とは、地方利益誘導では糾合しきれない幅広い現状改善を求める民意を糾合する理念を積極的に提起し、さらに「裏日本イデオロギー」を絡み合わせながら、政党デモクラシーを実現させたからであった。一方で、名望家を主体とする名望家政党としての性格も色濃く残っていた。政友本党熊野村部会が集団で民政党に合流した事例はその一つである。単純に名望家政党から「近代政党」へとただちに切り替わるわけではない。戦前期の政党は名望家政党と「近代政党」の要素がモザイク的に入り交じりながら展開していたのである。

ここまで述べれば島根県を事例にすることの意義は明白である。戦前期の政党の活動を正確に評価し、日本海側を中心とする後進地域の政治史の再検討を行う上で、島根県は重要な事例である。島根県のような地域では、後進性に対して現状改善を求める民意が根強く存在し、政党にも絶えず影響を与えていた。従来の研究では、既成政党と呼ばれる勢力は静的・保守的な存在であると捉えられがちであったが、実際は現状改善を求める民意に積極的に呼応し、地域社会に浸透し、理念や政策を訴える「近代政党」としての精力的な活動を続けていたのである。

以上のことから、利益誘導が中心であり、「マス・デモクラシー」的な動きは乏しいと見なされがちだった日本海側地域において、利益誘導だけにとどまらない積極的な政党デモクラシーの活動が展開していたことを指摘したい。あわせて今後の研究では、日本海側を中心とする後進地域を捉える視座を改める必要性があることを提起したい。島根県は戦前期における政党デモクラシーの先進的な事例なのである。

## 政党と地域の関係

次に政党と地域の関係について述べたい。従来の地域と政党の関係はともすれば利益誘導や支持基盤、地域政治への関与、後援会、選挙活動などといった、選挙を中心とする論点に回収されがちであった。これは、政党を「公器」ではなく、「選挙互助機関」として捉える傾向が強かったためであろう。たしかに、政党と選挙をめぐる研究は非常に重要である。本書も政党の選挙と地方組織について検討を加えている。しかし、多くの政党と地域と選挙をめぐる研究は概して分析対象の地域を普遍化して位置づけようとする傾向があり、全国的な位置づけや類型化が不十分であった。本書では島根県第一区と第二区という二つの異なる特質を持つ選挙区の構造を明らかにすることで、今後の研究において必要な類型化の前提を築くことができた。今後は地域ごとの特性と類型化を踏まえた議論が求められる。

いま一つ指摘しなければならないのは、政党の地方組織と地域社会の関係である。島根県の憲政会・民政党の組織内では役員の選出をめぐって、出雲・石見間での調整が行われていたことが明らかとなった。これは、政党組織の中に地域社会の利害関係や感情的な関係を調節する機能が求められていたことを意味する。ここからも地域政治を支配した地域の論理の一端が見出せる。政党の地方組織研究について、地域史研究の視座を組み合わせた検討を行うことの重要性が改めて示されたと言えよう。

## 政治家の言説

本書では「近代政党」の条件として、政党が自らの正当性を主張できることを掲げていた。というのも、政党批判はメディアや言論人からそれこそ「嵐のように」展開されていた。そのピークの一つが選挙粛正運動にあったことは間違いない。運動に関わった人間の一定数が、政党排除論を唱えていたためである。しかし、政治家側は理性的にこうした政党批判に対する対抗言説を展開していたことが明らかとなった。従来、当該期の政党への評価は低く、政治家の言説は軽視されがちであった。しかし、考えてみれば政党への批判は明治期以来絶え間なく続いていた。にもかかわらず、政党がこれほどまで力を持った理由の一つには、政党という存在をたえず正当化し続けた政治家たちの活動があったためである。島田や俵が自らの立場を明確化できたのも、地域社会で確固たる基盤を築いた経験とそれに基づく自信があったためであろう。言ってしまえば政策・組織を十分に整備してきた政治家だったからこそ、「嵐のような」政党批判の前にも「泰然自若」として時局に対処できたのである。その意味では「近代政党」の四つの条件は相互連関的関係にある。

## 理想化された政党像

若槻のイメージ戦略で読み取れたのは金権政治と決別し、言論を中心とするクリーンな政党こそあるべき理想像であるとの見方が常に存在していることと、にもかかわらずそれが実現できていないという事実である。若槻への期待を高めるために政党の改革とあるべき政党像が喧伝されればされるほど、その理想とはほど遠い現実を見せつけられるたびに、政党への期待も信頼も失われていったのである。いわば理想化された「近代政党」は今日でも実現していない。おそらく今後も実現する見込みはないだろう。もちろん、そこを目指す取り組みは否定すべきではないが、高すぎる理想を持っていると、そのぶん実現しなかった時の失望も大きい。日本の政党政治とは、高い理想を抱き続け、それに届かない現実を前に裏切られ続けた歴史だったとも言える。いかにして理想化された政党像が生まれたのかという問いを立てることで、社会と政党の関係もより鮮明になると思われる。

## 政党の専門性と正当性

ここからは「近代政党」の構成要素である(1)の政策と専門性の問題について考えてみたい。

結論から言えば、政党政治失敗の大きな要因は専門性ゆえの政策体系の硬直性にあった。若槻の後援会である克堂会の発会式において渡部寛一郎が挨拶で述べたのは、元大蔵官僚である若槻の有する経済に関する高い専門性への期待であった。近年の研究では、第一次若槻内閣が総辞職するきっかけとなった金融恐慌をめぐる枢密院による緊急勅令案否決について、従来指摘されているような、枢密院と政党勢力間の政治闘争ではなく、枢密院が緊急勅令案の内容である経済政策を修正しようとしたことに対して、若槻ら「トップエリート」が率いる憲政会政権がその修正を受け入れられなかったことによるものとする説が提唱されている（宮地・西尾 二〇一九）。民政党政権（第二次若槻内閣）の行き詰まりも、幣原喜重郎外相と井上準之助蔵相がそれぞれ主導する協調外交と、金解禁を主軸とする経済政策の修正を認められないことによるものだった[7]（増田 一九九九：一八一～一八二、小林 二〇一〇：二二六～二二二）。これらの点を踏まえれば、「責任感と専門知識」（村井 二〇一四：四二五）を有していたからこそ、政党内閣は政策修正が困難となり、政治衝突を繰り返し、ついには国民生活を破壊する経済政策を続けるほかなかったのではないか。政党にとって、高い専門性とそれに基づいた政策体系は自らの統治の正当性の証明にほかならず、それを選挙で訴えて勝利した以上、政策を修正することは政権の否定を意味したのである。

第一次若槻内閣の事例で言えば、枢密院という非選出勢力の容喙を受けて政党内閣が政策を修正することは、憲政会にとって専門性の否定であり、統治の正当性を毀損することを意味しただろう。第二次若槻内閣についても同様である。満洲事変をめぐる協力内閣運動の中で、経済政策と外交政策の変更が受け入れられなかったことが、内閣総辞職のきっかけとなった。すなわち、政党は他の政治勢力に対して無力であったわけでもなければ、政策能力が劣っていたわけでもない。むしろその高すぎる専門性と、相互に高い連関性を見せていた政策体系を有していたがゆえに、政策の硬直性を招いたことに大きな問題があった。政党は自らの政策体系を統治の正当性としていたため、なおのこと修正が困難となっていた。政党の陥ったジレンマとは、高い専門性を有するが故に水準の高い政策体系を準備して選挙で訴えることができた一方、政策が行き詰まっても修正が困難だった点にあった。政党は統治能力や政策能力の低さゆえに政権から退いたのではなく、高い専門性と政策能力を有し、かつ、その専門性と政策能力を政治社会から期待されており、その政策が破綻したことで、政党の統治能力への評価に決定的なダメージを与え、政党内閣制を崩壊に導く重大な要因となったのである。くわえていえば、経済失策による政権陥落とテロによる政党内閣制の中断が、対外強硬策の台頭を招き、政党は政権を担う可能性を失っていったと結論づけられる。

### 本当の教訓

戦前の政党政治の教訓は果たして今日においてどこまで共有されているだろうか。近年の政党政治史研究は、二大政党制の教訓をどう活かすかという点を中心に論じられてきた（茢部・小川原 二〇一六）。二〇〇〇年代から二〇一〇年代初頭を中心に登場した二大政党制を扱う諸研究の多くが、二〇〇九年の民主党による政権交代前後に書かれており、当時の政治情勢に強い影響を受けていることは疑いない（米山 二〇二二：一六二）。たとえば、加藤高明研究で知られる奈良岡聰智は、二〇〇六年に刊行した『加藤高明と政党政治』の「あとがき」で研究の動機として「戦前期の政党政治を検討することによって、今後の政党政治の行く末を見定める何らかの手がかりを得られるのではないかと考えた」ことを挙げている。その上で「自国の歴史的経験に対する洞察を欠いたまま、その時々の状況に応じて都合良く欧米のモデルが提示されていく様には、違和感を覚えざるを得なかった。今日政権交代可能な政党システムの創出が望まれているが、それを曲がりなりにも実現させた戦前期日本の経験は、今後の政党政治の行く末を見定める上で重要な示唆を与えてくれるのではないだろうか」としている（奈良岡 二〇〇六：四二一～四二二）。また、二〇一二年に刊行された筒井清忠『昭和戦前期の政党政治』も、「第三極」をいたずらに支持する状況を批判的に叙述している。この『昭和戦前期の政党政治』の下敷きとなったのが「現代の政党政治をめぐる危機的状況の当事者としての切実な問題意識に基づいて催された」民主党の近現代史研究会での報告内容であることからも、当時の政治的状況の要請に基づいていたものであることは明らかだろう（筒井 二〇一二：二八五～二八九）。同じく二〇一二年に発表された井上寿一『政友会と民政党』の意図はより明確である。「戦前昭和と今の二大政党は悪いところばかり似ている」とした上で、「民主党が民政党から学ぶべきは、官僚を批判することよりも使いこなすこと」であり、「自民党が政友会から学ぶべき」は、政友会が地方農村やスラム街までを徹底調査した経験であり、自民党は「包括政党」を目指すべきであるとする（井上 二〇一二：二五四〜二五五）。

やや後年のことになるが、二〇一四年の著作『日本近代主権と立憲政体構想』で小関素明は、政党と官僚の関係について、「はたして内閣が交代するだけで行政権力を国民の意向に準拠させることが可能なのか」と提起した上で、「たとえ多数議席を確保し、内閣首班となっても桁違いの人的資源と情報を一手に掌握したこの集団と全面的に敵対し対峙したのでは勝算はな」く、「今日、われわれの目前において、長らく政権政党に居座った政党から政権を掌握した勢力が、『政治主導』を謳って主導力を行使しようとしても、官僚機構に阻まれてかけ声倒れに終わった惨状を見ればそれは明らかであろう」と指摘し、官僚機構への「民意」の注入が必要だと主張している（小関 二〇一四：三一四）。

いずれも、当時の政治情勢を踏まえて、そこになんらかの教訓を見出そうとして書かれたことが明らかである。そうした動機を隠さずに披露することは、政党政治史研究のような現代的課題に直結しているような研究分野の進展に欠かせない。

### 坂野潤治の期待と失望

歴史学者の中で民主党への政権交代に強い期待を寄せていたのは坂野潤治である。それは次のような記述からも明らかであろう。

一八六八年の明治維新から一九四五年の敗戦までの七七年の戦前史を見れば、「自由」と「平等」の両立が実現した時は一度もなかった。今後といえども、この両者は簡単には両立しないであろう。それにもかかわらず、本書が文庫としてより広い読者の前に現れる二〇〇九年八月という時は、その両立に向けての一歩が踏み出されようとしている時である。筆者は、文庫版の刊行と日本政治の新しい一歩とが偶然一致したことを、心から喜んでいる。（坂野 二〇〇九：二八六）

坂野は他の著作でも民主党政権誕生に対して祝意を述べている（坂野 二〇一〇：一四、二三、二五九）。歴史学者が自らの著作の中で、これほどまでに民主党政権に強い期待を寄せたものは他に類を見ないだろう。もっとも、民主党政権の試みが失敗に終わり、坂野の期待が無残なまでに裏切られたことは周知の事実である。二〇一二年の民主党政権崩壊後、坂野は二大政党制、すなわち政権交代可能な政治体制を実現させることへの熱意も展望も喪失したのか、「帝国」「立憲」「階級」といった別の概念に関心を移していった（坂野 二〇一四・二〇一七）。しかし、著書で強い期待を表明していた以上、民主党の失敗に対してほとんど反応を示さなかったことは無責任だったと言わざるをえない。過去と現在の二大政党制の経験の総括と、自らの期待がなぜ裏切られたのか、その展望のどこに誤りがあったのかを示すことは、歴史学者として避けて通れない道だったはずである。しかし、坂野がその責任を生涯において果たすことはなかった。

坂野に代わってその過ちを総括するなら、坂野の一連の研究は「格差」や「自由主義」などの一部の概念や「政権交代」「二大政党制」などの政治動態に関心が行き過ぎ、他に汲み取るべき重要な教訓を見落としていたことに尽きる。その課題とは政権と政策をめぐる正当性の問題である。

### 政策中心型の政党をめぐる蹉跌――政党の「自殺」

坂野に限らず、現実の政治過程において自民党一強が明らかとなる中で、二大政党制への関心は急速に失われていった。しかし、今日の政治状況でもなお、政党研究の重要性は変わっていない。そもそも、政党不信と言われているが、政党が信頼を得た時代など存在しないのである。政党内閣の全盛期を築いたとされる原敬や加藤高明の指導下ですら、汚職やスキャンダルとは無縁ではなく、政党間の駆け引きや党争も頻発していたのである（奈良岡 二〇二一：四五～四六）。重要だったのは二大政党制という形式や政治体制や政治の動態だけでなく、いかなる政党が望ましいと見なされていたかという過去の議論や、政党の活動や政策がどう展開し、どのような意義を持っていたかにあったのではないだろうか。[8]具体的にいえば、憲政会・民政党が自らの高い専門性や政策体系で選挙に勝利した結果、これら専門性や政策体系が政権の正当性となった。一方で、政策の修正はより困難となり政権運営に行き詰まっていったことは先に見た通りである。

ここで政策と政権の正当性をめぐる言説を二つ紹介しておきたい。

一つ目は、一九三〇年の総選挙における政友会の行政改革をめぐる評価である。当時の政友会は犬養毅総裁のもと、山本条太郎が政調会長に就任し、行政改革構想を提唱した。その結果、一九三〇年の総選挙で政友会が掲げた「八大政綱」の中の三番目に「行政改革」が盛り込まれた。そこでは「事務系統的配分による省の廃置分合」が唱われていた。[9]これは田中内閣の「挫折」を経た政友会による「体質改善」と評価されている（十河 二〇二四：三七〇）。しかし、当時の政治社会において政友会の行政改革がどのように評価されたかという点で見ると、違った評価が浮かび上がってくる。

『松陽新報』は一九三〇年の総選挙において、民政党と政友会の公約を比較検討する連載社説を掲載した。そこで政友会の行政改革について次のように言及している。「政友会は七大政綱（ママ）の第三項として行政整理を唱へ、省の廃合、事務の統制分割」などを掲げているが、「近く田中内閣の時曾て整理を実行せず、却て省を増置するなどの政策に出たのは何としたのだ、今度の政綱は更生といふよりも自殺的と評しても宜からう」（「朝野両大党の政綱比較観（中）」『松陽』一九三〇年二月一四日）。省の増置とは、田中内閣における拓務省新設のことを指す。島根県の政友会候補であった古川清も公約に拓務省新設を盛り込んでいた（第2章）。しかし、そこからわずか二年で「省の廃合」という真逆の政策を掲げたことは「更生」などではなく「自殺的」行為としか映らなかったのである。たとえ政党内で新たな政治構想を立ち上げて「体質改善」を図ろうとしても、それが社会から評価されなければ支持を得られない。『松陽』が民政党系であることを差し引いても、こうした一八〇度異なる真逆の政策を主張していては、有権者に受け入れられたとは考えにくい。政友会には政策の転換を有権者に説明する視点が欠落していた。政友会が一九三〇年の総選挙で大敗した理由は、こうした説明なき政策転換が支持を得られなかったためとも考えられる。

二つ目は、昭和恐慌における民政党の失業対策である。それまでの浜口内閣は非公債主義のもと緊縮財政に徹していた。しかし、昭和恐慌が深刻化すると失業対策事業に迫られていた。そのような中で『山陰新聞』はそれまで公債による事業を頑なに否定していた民政党が、地方起債による失業対策を「緩和する心になつた」とした上で次のように評した。

「失業救済の為の事業、その為の起債、それは汝の持する緊縮政策の放棄である。積極政策への乗換である。が政党としては自殺に等しいと観念せよ」と。[10] 民政党の緊縮財政を貫徹させるために失業救済の公債を認めるなどというのは政策の破綻であり、政党の「自殺」だというのである。このように、当時の言説では政策の矛盾・失敗＝政権の正当性の喪失という見方があった。こうなると政策転換が政権の正当性を失うことにつながりかねず、容易に政策転換ができなくなる。「近代政党」として政策体系を整備すればするほど、政策の自縄自縛にとらわれるのである。民政党も政友会も同様の課題に直面していたと言える。

### 現代政治への教訓

政策と政権の正当性をめぐる問題について、現代政治に目を向けると坂野が期待を寄せた民主党政権をめぐる問題が想起される。民主党は政権交代の旗印としてマニフェストを掲げたが、その修正をめぐって党自体が分裂し選挙での大敗を招いた（日本再建イニシアティブ 二〇一三）。憲政会政権（第一次若槻内閣）時は経済危機への対応をめぐる枢密院との衝突、民政党政権（第二次若槻内閣）は満洲事変とそれに伴う協力内閣運動をめぐる閣内不一致による総辞職であり、民主党政権は二〇一二年の総選挙の敗北が政権陥落の直接的理由であった。それぞれの背景に政治家の専門性や政権公約・政策体系による政策の硬直性と、それをめぐる他の政治勢力との対立や党内対立などがあったことは既述の通りである。一見すると異なる政権陥落の要因の背景には、専門性、政策体系と政権の正当性をめぐる問題が伏在していた。政策中心型の選挙とそれを担う「近代政党」のような政党のあり方が望ましいというのが一九九〇年代の政治改革で構想されていた望ましい政党像であった(11)。

実はすでに憲政会・民政党において高い専門性を有し、「民意」を糾合できる、政治改革が目標としてきた政党像は実現しつつあった。本書が明らかにした「近代政党」への転換を推し進めていた民政党がそうである。すなわち、憲政会・民政党においては官僚出身の政治家が中心となって政策を整備し、その政策能力は飛躍的に高まっていたのである。以上の前提を踏まえるなら、憲政会・民政党のいずれの政権も専門性や政策ゆえに失敗した事実こそが重要だったのではないか。二大政党制の教訓や格差是正などの政治形態や個別政策への教訓ばかりが盛んに議論されてきたが、肝心の政党論や専門性、政策体系の問題が十分に議論されなかったことが、今日の政党政治の混迷に重大な影響を与えているように思えてならない。坂野が見落とした教訓はまさにここにある。むろん、有権者に示す政策体系なくして政権交代はありえないであろうが、重大な政策の転換については政権の正当性の喪失につながりかねない。民政党と民主党の失敗の共通項を見出すべき点はここにある。

それでは、本書で得られた教訓から今日の政党政治は何を学ぶべきなのか。重要なのは政策体系に基づく政権公約をどう位置づけるかである。政治状況・国際情勢・経済状況などの変化に伴い、政策体系の変更を余儀なくされた場合、それはただちに政権公約の反故と見なされ、政権の正当性の喪失につなげようとする議論がある。しかし、これらの議論は政党の政策の硬直性を招くものであり、政党政治の安定化に寄与しない。政策体系や政権公約の変更については政権が有権者に対し説明を重ね続け、来るべき選挙で評価の是非を問うべきである。メディアも政策体系や政権公約を絶対的なものとして見なすことをやめるべきである。もちろん、政策の変更を繰り返す行為や、政権公約を次々と反故にすることを繰り返せば、政党への支持は低下し、政権陥落につながるだろう。政権を担当する政党は政権公約を可能な限り守る努力をしなければならない。

また、政策を転換する場合は有権者への丁寧な説明が欠かせない。かつて拓務省を新設した政友会が、下野後には省の廃合を主張したことは、いかに当時の政友会指導部が「体質改善」を目指そうとしていたとしても、あまりに政策の正当性や継続性を軽視したものと言わざるをえない。『松陽』が「自殺」と評するのも無理はなかった。

有権者の中にも政友会の政策の正当性・継続性に疑問を抱いた者もいたのではないだろうか。政友会に必要だったのは有権者への政策転換に至った理由の説明であったが、そうした有権者に理解を得るための努力が十分になされたとは言い難い。こういった政策の転換に関する説明責任を果たさなかったことが政党不信につながったとは考えられないだろうか。この点についてはさらなる考察が求められよう。一方で、政策の正当性や継続性を重視するこうした言説は、政党内閣の政策選択の幅を急速に狭めていくことにもつながった。戦前期の経験は、今なお政党政治を生きる私たちに多くの教訓を残している。

## 私たちと政党

本書では、政党という存在がどのように展開したのか、どのように政治家が考えてきたのか、社会と政党のあり方を振り返ってきた。今日では、世界的にデモクラシーのあり方が問い直されている。ただ、少なくとも日本に限って言えば、戦前期の政党政治の経験を振り返ることが、よりいっそう求められている。本書が政党政治、デモクラシーのあり方を問い直す材料になれば幸いである。最後に岡沢憲芙『政党』の一節を引用して締め括りたい。

現代デモクラシーは、一方で、国際政治・経済システムからの挑戦（経済危機、エネルギー危機、貿易摩擦、通貨危機、地域紛争の恒常化、東西軍事対立、南北経済格差）と国際エコ・システムからの挑戦（人口爆発、生活環境の悪化）に対して、また、そこから生じる社会・文化変動に対して民主的な社会が適応する能力を持っているかどうかが問われている。デモクラシーの未来は、実務政治家が政治システムの既存メカニズムを、新しく困難な環境からの挑戦に、適応させる技術を学習できる能力にかかっていると言える（統治能力）。その一方で、常態化・構造化された政治エリートの腐敗行為に端を発する国民の政治不信を克服できる能力を持っているかどうかを問われている。スキャンダルが露見するたびに、政治への憤怒は頂点に達し、「政治離れ」は着実に蓄積される。感情的な「悪人さがしゲーム」に始まって、「リーダー＝聖人君主論」で終止符を打つだけでは、「政党政治離れ」を食止めることはできそうにない。デモクラシーの未来は、自浄能力を獲得し市民の政治不信を克服する方法を学習できるかどうかにかかっている（自己自浄能力）。自浄能力の重要性はいくら強調されても過ぎるということはない。有権者は、一般に、政治的ミスや政治家の優柔不断、無能・無策には比較的寛容な態度を装うことができる。だが、スキャンダルには極めて鋭敏な拒否反応を起こす傾向がある。才気溢れる有能な政治家がスキャンダルでつまずき、集団ヒステリー(ママ)に直撃されて政界の表舞台から引退を余儀なくされた例は少なくない。逆に、必ずしも有能と思えないのに、スキャンダルが少ないという理由だけで高く評価された政治家の例もある。デモクラシーの消費者は、「ハイ・リスク＝ハイ・リターン」策に賭けるほどの冒険心は備わっていない。こうした有権者の心情を無視して、統治能力を強化することなどできない。論理整合性の高い有意な政策であっても、それが「ウサン臭い」政治家によって提出されたという事実だけで、前審議段階で葬り去られてしまうからである。市民の政治不信をほぐし、それを積極的支持に転換できる能力こそ、政党政府による統治能力の基礎である。（岡沢 一九八八：二〇〇〜二〇一）

岡沢の提起は、戦前から今日まで続く政党政治の課題を私たちに訴えかけているように思われる。過去から現在に至る政党の課題は、大きくは変わっていない。だからこそ、政党の経験は現代と過去との「対話」を通じて、語られ続けなければならないのである。本書はそのささやかな「対話」の一つである。

注

（1）伊藤隆編『斎藤隆夫日記　下』（中央公論新社、二〇〇九年）一九四七年一月三一日（七一七頁）。

（2）鶴見俊輔・上野千鶴子・小熊英二『戦争が遺したもの』（新曜社、二〇〇四年）二〇六〜二〇七頁。鶴見が若槻に対して「自分をつくる知識人」という評価を与えた理由は、父親で衆議院議員も務めた鶴見祐輔と比較してのことだろう。同書のなかで鶴見は父親である祐輔を「勉強だけでのし上がってきた人」と評し、そうした「模範解答」を書けるような「知識人」が国を誤らせたという見方を示している（一六〜一七頁）。これに対して「いばりもしないし見栄も張らない」若槻の姿を見た鶴見は、「親父なんかとは全然違う種類の人間がいると思って感激した」と述べている（一八頁）。鶴見にとって若槻は父親との対比的な存在として位置づけられていたことが分かる。

(3)　桑原は談話の中で次のように語っている。「非常に温厚そう明な人柄、一時的な興奮にかられて他人と物争いなど決してしなかった、世間では非常に大酒飲みのようにいわれているが、評判ほどの大酒ではなく少しずつたしなむ程度のものだつた、家庭の都合で松江中学を中退、一時玉造近くの小学校の代用教員をしていたことがあつたが、当時の月給はわずか一円八十銭か二円で、生活不如意のため松江から学校まで三里の道を歩いて通勤していたことなど今は忘れられない思い出となつた、法科を首席で卒業、恩師梅謙次郎博士からしきりに大学に残るように勧められたがこれを断つて官界に入り後年政界の大物として活躍するようになつたが、今郷土の生んだ偉大な人物を失つたことはわれわれ県人としてとくに感慨深いものがある」。

(4)　岩瀬達哉『われ万死に値す』(新潮文庫、二〇〇二年、初版一九九九年)九四～九七頁。

(5)　岩瀬『われ万死に値す』一二〇～一二七頁。同書によれば竹下陣営は多数の逮捕者を出し、その生活の世話などに追われたという。逮捕の背景には元内務官僚で衆議院議員の大橋武夫の手引きがあったのではないかとも言われたとされているが、真偽は定かではない。

(6)　メディアの言説と政党の関係については、茶谷(二〇二〇)と古川(二〇二四：三七八～三七九)も参照。

(7)　内閣制度の変遷については、関口(二〇二〇)を参照。

(8)　宮田は、「二大政党を政党政治の理想形と見なす研究」について、「日本の政党政治は、日本の歴史的経緯や伝統的価値観の上に成立しており、それを欧米の政治状況を基準として理解するのは、日本の慣習的ないし無自覚な概念規定に基づいて西洋史を理解するのと対をなす、非歴史学的な研究姿勢である」と批判する(二〇一四：一七)。「非歴史学的な研究姿勢」というのはやや行き過ぎた批判であるものの、二大政党制が理想的だとする一連の研究への批判は重要なものである。

(9)　西野政務調査局編『総選挙並に最近の政局』(西野政務調査局、一九三〇年)二四～二五頁。

(10)　『山陰』一九三〇年三月九日。もっとも、『山陰』が主張する「地方起債の緩和」は七月の民政党社会政策委員会でも議題に上っており(「失業救済より防止へ」『民政』第四巻第九号、一九三〇年九月)、三月時点で地方起債が容認されたわけではない。また、従来の研究では井上準之助は失業対策のための公債発行を強く否定していたとされている(中村一九八八：二七八～二七九)。しかし、実際には井上は「失業者の為めならば、地方に於ても起債を許す考へを持つて居」た(井上「国民経済の立直しと金解禁の決行」『民政』第三巻第八号、一九二九年八月)。重要なのは非公債を公言する一方で、失業対策に公債を出すという矛盾する政策が批判され、内閣は正当性を失ったとする見方が登場していたことである。

(11)　一九九二年に設立され、政治改革に大きな影響を及ぼした二一世紀臨調は、政党がシンクタンクを創設して政策構想の策定を行うべきであると主張している(新しい日本をつくる国民会議　二〇〇二：一〇三～一〇四)。

# 参考文献


## 未刊行史料

岡山県立記録資料館蔵〈国立国会図書館憲政資料室蔵〉『松本学関係文書』
学習院大学図書館蔵〈国立国会図書館憲政資料室蔵〉『山岡万之助文書』
『渡部寛一郎文書』

## 刊行史料（事典・回顧録・日記・伝記・翻刻史料・記録など）

安達謙蔵『安達謙蔵自叙伝』（新樹社、一九六〇年）
尼子止『平民宰相浜口雄幸』（宝文館、一九三〇年）
伊香俊哉・倉敷伸子編『昭和初期政党政治関係資料　第一巻〜第四巻』（不二出版、一九八八年）
伊藤隆編『斎藤隆夫日記　下』（中央公論新社、二〇〇九年）
櫻内幸雄『蒼天一夕談』（蒼天会、一九五二年）
桜田会編『総史　立憲民政党―資料編』（学陽書房、一九八九年）
山陰中央新報編『島根県歴史人物事典』（山陰中央新報社、一九九七年）
島根県編『島根県選挙粛正総覧』（島根県、一九三六年）
島根県編『島根県選挙粛正運動概要』（島根県、一九三九年）
島根県歴史人物事典刊行委員会編『島根県歴史人物事典』（山陰中央新報社、一九九七年）
島洋之助編『人材島根』（島根文化社、一九三八年）
白名徹夫『島根県新聞史』（山陰新聞社、一九五五年）
妹尾正義編『島根県人物誌』（島根県人物社、一九二九年）

遠山茂樹・安達淑子編『近代日本政治史必携』(岩波書店、一九六一年)
内務省警保局『新聞雑誌社特秘調査』(大正出版、一九七九年)
広瀬順皓編『憲政史編纂会旧蔵　政治談話速記録　第1巻　安達謙蔵氏談話速記　市島謙吉氏談話速記　伊藤仁太郎氏談話速記』(ゆまに書房、一九九八年)
広瀬順皓編『憲政史編纂会旧蔵　政治談話速記録　第8巻　男爵若槻礼次郎談話速記』(ゆまに書房、一九九九年)
深田豊市編『島根・鳥取名士列伝　下』(博進館、一九〇六年)
渡部寛一郎文書研究会「翻刻　渡部寛一郎宛若槻礼次郎書簡」(『山陰研究』第八号、二〇一五年)
渡部寛一郎文書研究会「翻刻　渡部寛一郎宛若槻礼次郎書簡(続)」(『山陰研究』第九号、二〇一六年)
若槻礼次郎「始まりを知らず」(思想の科学研究会編『私の哲学』中央公論新社、一九五〇年)
若槻礼次郎『明治・大正・昭和政界秘史』(講談社、一九八三年)

## 自治体史など

出雲今市町誌編集委員会編『出雲今市町誌』(出雲今市町誌刊行委員会、一九九三年)
松江市誌編さん委員会編『新修松江市誌』(松江市、一九六二年)
松江市史編集委員会編『松江市史　通史編五　近現代』(松江市、二〇二〇年)

## 書籍(研究書)

赤木須留喜『近衛新体制と大政翼賛会』(岩波書店、一九八四年)
新しい日本をつくる国民会議(21世紀臨調)編『政治の構造改革』(東信堂、二〇〇二年)
雨宮昭一『総力戦体制と地域自治』(青木書店、一九九九年)
阿部恒久『近代日本地方政党史論』(芙蓉書房出版、一九九六年)
阿部恒久『「裏日本」はいかにつくられたか』(日本経済評論社、一九九七年)
有泉貞夫『明治政治史の基礎課程』(吉川弘文館、一九八〇年)
粟屋憲太郎『十五年戦争期の政治と社会』(大月書店、一九九四年)
粟屋憲太郎『昭和の政党』(岩波書店、二〇〇七年、初版一九八三年)

家近亮子『蔣介石の外交戦略と日中戦争』（岩波書店、二〇一二年）
伊藤隆『昭和初期政治史研究』（東京大学出版会、一九六九年）
伊藤之雄『大正デモクラシーと政党政治』（山川出版社、一九八七年）
井上敬介『立憲民政党と政党改良』（北海道大学出版会、二〇一三年）
井上敬介『戦前期北海道政党史研究』（北海道大学出版会、二〇一九年）
井上敬介『立憲民政党の地方組織と北海道』（吉川弘文館、二〇二二年）
井上寿一『政友会と民政党』（中央公論新社、二〇一二年）
井上寿一ほか『立憲民政党全史』（講談社、二〇二四年）
岩瀬達哉『われ万死に値す』（新潮文庫、二〇〇二年、初版一九九九年）
ウェーバー、マックス著、野口雅弘訳『仕事としての学問　仕事としての政治』（講談社、二〇一八年）
上山和雄『陣笠代議士の研究』（日本経済評論社、一九八九年）
江口圭一『十五年戦争の開幕』（小学館、一九八八年、初版一九八二年）
大石嘉一郎・西田美昭編『近代日本の行政村』（日本経済評論社、一九九一年）
岡沢憲芙『政党』（東京大学出版会、一九八八年）
尾川翔大『政党内閣期のスポーツ政策』（創文企画、二〇二二年）
奥健太郎『昭和戦前期立憲政友会の研究』（慶應義塾大学出版会、二〇〇四年）
奥健太郎・清水唯一朗・濱本真輔編著『政務調査会と日本の政党政治』（吉田書店、二〇二四年）
小関素明『日本近代主権と立憲政体構想』（日本評論社、二〇一四年）
川口暁弘『ふたつの憲法と日本人』（吉川弘文館、二〇一七年）
河島真『戦争とファシズムの時代へ』（吉川弘文館、二〇一七年）
川人貞史『日本の政党政治』（東京大学出版会、一九九二年）
官田光史『戦時期日本の翼賛政治』（吉川弘文館、二〇一六年）
車田忠継『昭和戦前期の選挙システム』（日本経済評論社、二〇一九年）
桑原羊次郎・相見香雨研究会編『郷土のエンサイクロペディア　桑原羊次郎』（松江市歴史まちづくり部史料編纂課、二〇一八年）
黒澤良『内務省の政治史』（藤原書店、二〇一三年）

小路田泰直『日本近代都市史研究序説』（柏書房、一九九一年）
小林道彦『政党内閣の崩壊と満州事変』（ミネルヴァ書房、二〇一〇年）
小山俊樹『憲政常道と政党政治』（思文閣出版、二〇一二年）
斉藤淳『自民党長期政権の政治経済学』（勁草書房、二〇一〇年）
酒井哲哉『大正デモクラシー体制の崩壊』（東京大学出版会、一九九二年）
佐藤健太郎『「平等」理念と政治』（吉田書店、二〇一四年）
清水唯一朗『政党と官僚の近代』（藤原書店、二〇〇七年）
清水唯一朗『近代日本の官僚』（中央公論新社、二〇一三年）
清水唯一朗『原敬』（中央公論新社、二〇二一年）
季武嘉也『選挙違反の歴史』（吉川弘文館、二〇〇七年）
季武嘉也編『日本近現代史』（放送大学教育振興会、二〇二一年）
季武嘉也・武田知己編『日本政党史』（吉川弘文館、二〇一一年）
菅谷幸浩『昭和戦前期の政治と国家像』（木鐸社、二〇一九年）
須崎慎一『日本ファシズムとその時代』（大月書店、一九九八年）
関静雄『ロンドン海軍条約成立史』（ミネルヴァ書房、二〇〇七年）
関口哲矢『強い内閣と近代日本』（吉川弘文館、二〇二〇年）
十河和貴『帝国日本の政党政治構造』（吉田書店、二〇二四年）
杣正夫『日本選挙制度史』（九州大学出版会、一九八六年）
高岡裕之『総力戦体制と「福祉国家」』（岩波書店、二〇一一年）
高杉洋平『昭和陸軍と政治』（吉川弘文館、二〇二〇年）
竹永三男『初代松江市長　福岡世徳』（今井出版、二〇一三年）
種稲秀司『近代日本外交と「死活的利益」』（芙蓉書房出版、二〇一四年）
種稲秀司『幣原喜重郎』（吉川弘文館、二〇二一年）
玉井清『第一回普選と選挙ポスター』（慶應義塾大学出版会、二〇一三年）
筒井清忠『昭和戦前期の政党政治』（筑摩書房、二〇一二年）

筒井清忠『戦前日本のポピュリズム』(中央公論新社、二〇一八年)
鶴見俊輔・上野千鶴子・小熊英二『戦争が遺したもの』(新曜社、二〇〇四年)
手塚雄太『近現代日本における政党支持基盤の形成と変容』(ミネルヴァ書房、二〇一七年)
デュベルジェ、モーリス著、岡野加穂留訳『政党社会学』(潮出版社、一九七〇年)
内藤正中『島根県の百年』(山川出版社、一九八二年)
中澤俊輔『治安維持法』(中央公論新社、二〇一二年)
中村政則『昭和の恐慌』(小学館、一九八八年、初版一九八二年)
奈良岡聰智『加藤高明と政党政治』(山川出版社、二〇〇六年)
西尾林太郎『大正デモクラシーと貴族院改革』(成文堂、二〇一六年)
日本再建イニシアティブ『民主党政権失敗の検証』(中央公論新社、二〇一三年)
バーガー、ゴードン著、坂野潤治訳『大政翼賛会』(山川出版社、二〇〇〇年)
萩原淳『平沼騏一郎』(中央公論新社、二〇二一年)
坂野潤治『昭和史の決定的瞬間』(筑摩書房、二〇〇四年)
坂野潤治『日本憲政史』(東京大学出版会、二〇〇八年)
坂野潤治『近代日本の国家構想』(岩波書店、二〇〇九年、初版一九九六年)
坂野潤治『日本政治「失敗」の研究』(講談社、二〇一〇年、初版二〇〇一年)
坂野潤治『日本近代史』(筑摩書房、二〇一二年)
坂野潤治『〈階級〉の日本近代史』(講談社、二〇一四年)
坂野潤治『帝国と立憲』(筑摩書房、二〇一七年)
久野洋『近代日本政治と犬養毅』(吉川弘文館、二〇二二年)
古川隆久『昭和戦中期の議会と行政』(吉川弘文館、二〇〇五年)
古川隆久『戦時議会』(吉川弘文館、二〇〇一年)
古川隆久『政党政治家と近代日本』(人文書院、二〇二四年)
古厩忠夫『裏日本』(岩波書店、一九九七年)
法政大学大原社会問題研究所・榎一江編著『無産政党の命運』(法政大学出版局、二〇二四年)

増田知子『天皇制と国家』（青木書店、一九九九年）
升味準之輔『日本政党史論　第五巻』（東京大学出版会、二〇一一年、初版一九七九年）
升味準之輔『現代政治　一九五五以後　下』（東京大学出版会、一九八五年）
升味準之輔『日本政治史3　政党の凋落、総力戦体制』（東京大学出版会、一九八八年）
待鳥聡史『民主主義にとって政党とは何か』（ミネルヴァ書房、二〇一八年）
松尾尊兊『普通選挙制度成立史の研究』（岩波書店、一九八九年）
松尾尊兊『大正デモクラシー』（岩波書店、二〇〇一年、初版一九七四年）
松沢裕作『自由民権運動』（岩波書店、二〇一六年）
三谷太一郎『増補日本政党政治の形成』（東京大学出版会、一九九五年）
源川真希『近現代日本の地域政治構造』（日本経済評論社、二〇〇一年）
宮地正人『日露戦後政治史の研究』（東京大学出版会、一九七三年）
三和良一『戦間期日本の経済政策史的研究』（東京大学出版会、二〇〇三年）
村井良太『政党内閣制の成立』（有斐閣、二〇〇五年）
村井良太『政党内閣制の展開と崩壊』（有斐閣、二〇一四年）
村瀬信一『首相になれなかった男たち』（吉川弘文館、二〇一四年）
室井康成『政治風土のフォークロア』（七月社、二〇二三年）
森武麿『戦時日本農村社会の研究』（東京大学出版会、一九九九年）
森武麿『戦間期の日本農村社会』（日本経済評論社、二〇〇五年）
安田浩『大正デモクラシー史論』（校倉書房、一九九四年）
安野修右『競争を否定する選挙法』（日本評論社、二〇二四年）
山田央子『明治政党論史』（創文社、一九九九年）
横関至『近代農民運動と政党政治』（御茶の水書房、一九九九年）
芳井研一『環日本海地域社会の変容』（青木書店、二〇〇〇年）
米山忠寛『昭和立憲制の再建』（千倉書房、二〇一五年）
鹿錫俊『蔣介石の「国際的解決」戦略』（東方書店、二〇一六年）

若月剛史『戦前日本の政党内閣と官僚制』（東京大学出版会、二〇一四年）

## 論文・解説文

赤木須留喜「選挙粛正運動」（渓内謙・阿利莫二・井出嘉憲・西尾勝編『現代行政と官僚制　下』東京大学出版会、一九七四年）
浅野和生「戦前総選挙における集団投票」（大麻唯男伝記研究会編『大麻唯男―論文編』桜田会、一九九六年）（浅野一九九六a）
浅野和生「政友会分裂の地方への波及状況と大麻唯男」（大麻唯男伝記研究会『大麻唯男―論文編』桜田会、一九九六年）（浅野一九九六b）
有泉貞夫「昭和恐慌前後の地方政治状況」（『年報・近代日本研究六　政党内閣の成立と崩壊』山川出版社、一九八四年）
有泉貞夫「日本近代政治史における中央と地方」（『日本史研究』第二七一号、一九八五年）
有馬学「山県有朋の語られ方」（伊藤隆編『山県有朋と近代日本』吉川弘文館、二〇〇八年）
池田真歩「地方社会と明治憲法体制」（『アステイオン』九〇、二〇一九年）
伊藤寛崇「東北六県における大正十四年貴族院多額納税者議員選挙」（『秋大史学』第六三号、二〇一七年）（伊藤二〇一七a）
伊藤寛崇「岩手県下の大正十四年貴族院多額納税者議員選挙」（『岩手史学研究』第九八号、二〇一七年）（伊藤二〇一七b）
伊藤寛崇「新潟県下の大正十四年貴族院多額納税者議員選挙」（『皇學館史学』第三三号、二〇一八年）
伊藤隆「解説」（若槻礼次郎『明治・大正・昭和政界秘史』講談社、一九八三年）
今津敏晃「若槻礼次郎」（筒井清忠編『昭和史講義3』筑摩書房、二〇一七年）。
上原直人「大正期から昭和初期における政治教育運動の展開」（『生涯学習・キャリア教育研究』第一六巻、二〇二〇年）
江口圭一「林内閣」（林茂・辻清『日本内閣史録』第一法規出版、一九八一年）
小栗勝也「非常時下における既成政党の選挙地盤の維持」（大麻唯男伝記研究会編『大麻唯男―論文編』桜田会、一九九六年）
小栗勝也「大正十三年総選挙にみる集団的行動」（『選挙研究』一二号、一九九七年）
加藤佑介「立憲民政党と金解禁政策」（『史学雑誌』第一二一巻第一一号、二〇一二年）
苅部直・小川原正道「政党」（大石眞監修・縣公一郎・笠原英彦編『なぜ日本型統治システムは疲弊したのか』ミネルヴァ書房、二〇一六年）
金宗植「一九二〇年代内務官僚の政界革新論」（『史学雑誌』第一一一巻第二号、二〇〇二年）

河島真「戦間期内務官僚の政党政治構想」（『日本史研究』第三九二号、一九九五年）
北山幸子「戦前期島根県内の企業の存立状況」（小林准士編『山陰地方における地域社会の存立基盤とその歴史的転換に関する研究報告書』島根大学研究重点プロジェクト、二〇一四年）
草薙志帆「『保守の危機』時代における自民党組織改革論」（『日本歴史』第九一三号、二〇二四年）
小林昭夫「大正期における市民政社の動向」（上）・（中）・（下）（『北陸史学』第五五～五七号、二〇〇六～一〇年）
小南浩一「粛正選挙下における政党とその支持動向」（『北陸法学』第六巻第四号、一九九九年）
小南浩一「粛正選挙から翼賛選挙へ」（『北陸法学』第八巻第二号、二〇〇〇年）（小南二〇〇〇a）
小南浩一「再考・選挙粛正運動とは何だったのか」（『選挙研究』第一五号、二〇〇〇年）（小南二〇〇〇b）
小松浩「小選挙区制論・二大政党制論の再検討」（『立命館法学』第三三三・三三四号、二〇一一年）
酒井哲哉「一九三〇年代の日本政治」（『年報近代日本研究一〇　近代日本研究の検討と課題』山川出版社、一九八八年）
酒井正文「二大政党対立下における与党勝利の選挙準備」（中村勝範編『近代日本政治の諸相』慶応通信、一九八九年）
酒井正文「戦前期二大政党対立下の選挙における地方指導者の事大主義的傾向」（大麻唯男伝記研究会編『大麻唯男―論文編』桜田会、一九九六年）（酒井一九九六a）
酒井正文「民政党の反応」（中村勝範編『満州事変の衝撃』勁草書房、一九九六年）（酒井一九九六b）
佐藤健太郎「選挙粛正運動の本義」（佐藤健太郎・荻山正浩編著『厚生の遍歴』吉田書店、二〇二二年）
清水唯一朗「立憲政友会の分裂と政党支持構造の変化」（坂本一登・五百旗頭薫編著『日本政治史の新地平』吉田書店、二〇一三年）
清水唯一朗「近代」（中公新書編集部編『日本史の論点』中央公論新社、二〇一八年）
正田浩由「林銑十郎内閣期における『反撥集団』としての既成政党」（『白鷗大学論集』第三三巻第二号、二〇一九年）
季武嘉也「戦前期の総選挙と地域社会」（『日本歴史』第五四四号、一九九三年）
季武嘉也「明治後期・大正期の『地域中央結合集団』としての政党」（有馬学・三谷博編『近代日本の政治構造』吉川弘文館、一九九三年）
季武嘉也「政党政治を支えたもの」（季武嘉也編『大正社会と改造の潮流』吉川弘文館、二〇〇四年）
季武嘉也「選挙区制度と期待された代議士像」（『選挙研究』第二五巻第二号、二〇一〇年）
季武嘉也『日本近代史』（放送大学教育振興会、二〇二一年）

菅谷幸浩「立憲民政党横浜支部の成立と展開」(『政治学論集』第三六号、二〇二三年)
杉谷直哉「『地方メディア』の政党論」(『洛北史学』第二〇号、二〇一八年)
高久嶺之介「有泉貞夫『明治政治史の基礎課程——地方政治状況史論』」(『日本史研究』第五九一号、二〇一一年)
高橋進・宮崎隆次「政党政治の定着と崩壊」(坂野潤治・宮地正人編『日本近代史における転換期の研究』山川出版社、一九八五年)
竹永三男「県人会・郷土雑誌考」(『山陰地域研究』第一号、一九八五年)
谷口直人「大正期地方政治史研究覚書」(宇野俊一編『近代日本の政治と地域社会』国書刊行会、一九九五年)
茶谷翔「政党内閣期末から挙国一致内閣期における政党をめぐる言説と政治」(『ヒストリア』第二八一号、二〇二〇年)
塚原浩太郎「二大政党における県下支部の構成」(『選挙研究』第三八巻第一号、二〇二二年)
土川信男「政党内閣と産業政策　一九二五年~一九三二年(一)・(二)・(三)」(『国家学会雑誌』第一〇七巻第一一・一二号、第一〇八巻第三・第四号、第一一・一二号、一九九五年)
土川信夫「政党内閣期における床次竹二郎の政権戦略」(北岡伸一・御厨貴編『戦争・復興・発展』東京大学出版会、二〇〇〇年)
筒井正夫「『政党政治』確立期における地域支配構造(4)」(『彦根論叢』第二四九号、一九八八年)
手塚雄太「戦前日本における個人後援会の全国分布」(『選挙研究』第三八巻第一号、二〇二二年)
手塚雄太「戦前日本の選挙運動と候補者家族」(『國學院雑誌』第一二三巻第一〇号、二〇二三年)
戸部良一「書評　英米世界秩序と東アジアにおける日本」(『軍事史学』第五一巻第三号、二〇一五年)
奈良岡聰智「普通選挙と政党政治」(筒井清忠編『昭和史研究の最前線』朝日新聞出版、二〇二二年)
沼本龍「島根県における鉄道敷設運動の出発」(『松江市歴史叢書二　松江市史研究　第一号』松江市教育委員会、二〇一〇年)(沼本二〇一〇a)
沼本龍「鉄道敷設法成立以前の山陰地域における鉄道敷設運動」(『山陰研究』第三号、二〇一〇年)(沼本二〇一〇b)
波田永実「選挙粛正運動の展開と地方政治構造の変容」(『日本歴史』第四五八号、一九八六年)
橋本美保「八大教育主張講演会の教育史的意義」(『東京学芸大学紀要. 総合教育科学系』第六六巻第一号、二〇一五年)
浜口裕子「書評と紹介　英米世界秩序と東アジアにおける日本」(『日本歴史』第八一二号、二〇一六年)
原朗「一九二〇年代の財政支出と積極・消極両政策路線」(中村隆英編『戦間期の日本経済分析』山川出版社、一九八一年)

原田伸一「安達謙蔵研究序説」（『国士舘大学大学院政経論集』第五巻、二〇〇二年）
福間良明「九州における地方紙の政治性」（佐藤卓己・河崎吉紀編『近代日本のメディア議員』創元社、二〇一八年）
朴羊信「永井柳太郎論（一）・（二）」（『北大法学論集』第四三巻第四号〜第五号、一九九二〜九三年）
前山亮吉「政友本党の基礎研究」（『国際関係・比較文化研究』第五巻第一号、二〇〇六年）
前山亮吉「中期政友本党の分析」（『国際関係・比較文化研究』第六巻第一号、二〇〇七年）
牧千夏「〈産業組合主義〉の比喩的展開」（『富山大学日本文学研究』第一巻、二〇一七年）
松浦正孝「田中義一内閣（一九二七、四、二〇―一九二九、七、二）論」（『立教法学』第一〇一号、二〇二〇年）
松尾尊允「政友会と民政党」（『岩波講座日本歴史近代六』岩波書店、一九七六年）
松尾理也「昭和戦前期〝二流紙〟の日本主義化のプロセス」（『マス・コミュニケーション研究』第九四号、二〇一九年）
三谷太一郎「政党内閣の条件」（中村隆英・伊藤隆編『近代日本研究入門（増補版）』東京大学出版会、一九八三年）
源川真希「政党政治はどうして崩壊を余儀なくされたか」（佐々木隆爾編『争点　日本の歴史　第六巻　近・現代編』新人物往来社、一九九一年）
宮崎隆次「大正デモクラシー期の農村と政党（一）・（二）・（三）」（『国家学会雑誌』第九三巻第七・八号、九・一〇号、一一・一二号、一九八〇年）
宮崎隆次「戦前日本の政治発展と連合政治」（篠原一編『連合政治Ⅰ』岩波書店、一九八四年）
宮崎隆次「日本政治史におけるいくつかの概念」（『法学論集』第五巻第一号、一九九〇年）
宮地英敏・西尾典子「昭和金融恐慌と緊急勅令」（『経済学研究』第八六巻第二・三号、二〇一九年）
森武麿「戦時・戦後農村の変容」（大津透・桜井英治・藤井讓治・吉田裕・李成市編『岩波講座　日本歴史　第一八巻　近現代4』岩波書店、二〇一五年）
森邊成一「政党政治と農業政策」（『広島法学』第一九巻第三号、一九九六年）
橋本貴彦「昭和初期島根県における地域経済の構造変化」（小林准士編『山陰地方における地域社会の存立基盤とその歴史的転換に関する研究報告書』島根大学研究重点プロジェクト、二〇一四年）
本間恂一「選挙粛正運動をめぐる政党と官僚」（『地方紙研究』第三六巻第一号、一九八六年）
山田政治「島根県における政党勢力の消長」（『島大法学』第九・一〇合併号、一九六五年）
山中永之佑「一九三六年の陸軍省『国政刷新要綱綱案』と『国政刷新要綱別冊』」（『追手門経営論集』第二巻第一号、一九九六

年）
山室建徳「一九三〇年代における政党地盤の変貌」（『年報政治学』第三五巻、一九八四年）
山室建徳「昭和戦前期総選挙の二つの見方」（『日本歴史』第五四四号、一九九三年）
由井正臣「序論―総動員体制の確立と崩壊」（鹿野政直・由井正臣編『近代日本の統合と抵抗』日本評論社、一九八二年）
横関至「若槻礼次郎の労・農運動対処策の基本的性格」（『一橋論叢』第七六巻第一号、一九七六年）
吉田武弘「大正期における床次竹二郎の政治思想と行動」（『立命館大学人文科学研究所紀要』第一〇〇号、二〇一三年）
米山忠寛「政治史1　政党政治研究の意義と昭和史研究への課題」（松沢裕作・高嶋修一編『日本近・現代史研究入門』岩波書店、二〇二二年）
若月剛史「『平民宰相　若槻礼次郎』」（御厨貴監修『歴代総理大臣伝記叢書別巻』ゆまに書房、二〇〇七年）
渡邉宏明「普通選挙法成立後の政友本党の党基盤」（『東京大学日本史学研究室紀要』第一六号、二〇一二年）
渡邉宏明「大正末期の政界再編」（『史学雑誌』第一二三巻第一〇号、二〇一四年）

## あとがき

　ここからは本書の課題を示したい。まずは、島根県の地域史研究についてである。序章で述べたように、これまで、島根県の地域政治史を概観する研究は乏しかった。島根県の地域政治史について、政党を中心に通史的に論じた単著は初であろう。本書が今後の島根県の地域史研究にわずかでも寄与するところがあれば幸いである。一方で、島根県の地域史研究にはなお多くの研究の余地が残されていることも明らかとなった。本書では政党の県議会での活動や、戦時下の政治状況については考察が十分に加えられなかった。あわせて、明治期から大正初期のかけての政治史についても、山田政治の基礎的研究に依拠しており、本書で明らかになったことを前提とした政治史研究の刷新が求められている。今回は松江を中心とする出雲の政情に多くの紙幅を割いた。一方で、石見・隠岐の政治状況についても検討の余地がある。これらについてはさらなる史料調査を経て地域史的観点から明らかにする必要がある。

　また、「裏日本」意識が政治家の政治活動や地域での言説に強い影響を及ぼしていたことも分かった。「裏日本」意識と島根県の関係についても、今後検討する余地は残されている。いま一つは出雲と石見の地域差についてである。政党支部の役員選出過程に出雲と石見の地域差が考慮されていたことは先述の通りだが、そういった意識の違いは政治だけでなく、文化や地域での活動など様々な側面で表れていたはずである。それぞれの地域出身者がどういった意識を持っていたのか、またその違いはどういった語られ方をしていたのかなどを検討することは、島根県という地域を理解するために必要であろう。地域の問題に政党がどう対応したかの事例については、今市農学校設置問題を取り上げるにとどまったが、今後の史料調査の進展があればさらに政党の政策と地域問題の関係についての研究も進められる。

本書では無産政党についてほとんど検討していない。一九二八年と三〇年の選挙に立候補した福田狂二は大差で落選している。民政党は農民運動に近い人物を県議補選で擁立していたように、無産政党の支持基盤となる層にも浸透していた。無産政党は島根県において小勢力にとどまったが、その理由や背景は何であったか。近年、無産政党をめぐる研究が活発化しつつあるが（法政大学大原社会問題研究所他編著 二〇二四）、こうした最新の研究も踏まえた島根県における無産政党の動向を明らかにすることには大きな意義がある。ここでは提起にとどめたい。

他に指摘すべきは石見地域の政治構造の分析である。先述のように本書では松江を中心とする出雲地域の叙述が多くなった。一方で、政友会勢力が残存していた石見については十分に検討していない。この点については石見地域で史料調査に取り組まれている方々と連携して調査・研究を進めていきたい。また、島根県を対象にしつつも隠岐についても同じく十分な検討ができていないことにも触れておきたい。離島の政治的要求と政党の関係など、さらなる検討が必要となる。

また、島根県の事例がはたしてどこまで普遍化できるかという点についても指摘しておきたい。他地域の事例も踏まえることで、島根県の戦前における立ち位置がより明確になる。このことは、戦前日本のデモクラシーの到達点はどこにあったのかという点を明らかにすることにもなる。ただ、島根県の事例は発展から取り残された地域の中での既成政党の展開という点で、一定の普遍性があると思われる。引き続き後進地域における政党勢力の動向は課題とすべきである。

以上のように、本書には残された課題が複数あると思われる。今後も他地域の事例研究やさらなる史料調査が必要となるだろう。

本書を終えるにあたって付言しなければならないのは、先行研究に対する評価である。本書では一部の先行研究に対して厳しい評価を下している箇所がある。しかしながら、たとえ厳しい評価を加えたとしても、これらの先行研究なくして本書は成り立たなかったことは明記しておきたい。一方で、先行研究の中に問題が認められた場合は、それらに対して具体的な批判を加えることもまた、先行研究への敬意の示し方の一つであると考えている。ご了承願いたい。

本書は二〇二二年に京都府立大学に提出した博士学位論文、「近代日本地方政党史研究――島根県における政党勢力の展開」をもとに書籍化にあたって加筆・修正を加えたものである。初出は次の通りである。

序章　書き下ろし
第一章「島根県における憲政会・立憲民政党勢力の形成と展開」（『山陰研究』第一〇号、二〇一七年）
第二章「島根県における立憲民政党地方組織の展開」（『選挙研究』第三八巻第一号、二〇二二年）
第三章「島根県における政党内閣制崩壊前後の政党勢力の展開」（『日本政治法律研究』第四号、二〇二二年）
第四章「島根県における立憲民政党地方組織の展開」（『島根史学会会報』第六〇号、二〇二二年）
第五章「政党政治家のイメージ形成について」（『山陰研究』第一二号、二〇一九年）
終章　書き下ろし

なお、博士論文では地方紙・郷土人雑誌を中心とするメディアについて論じた章があったが、紙幅・構成等の都合で割愛した。いずれ何らかの形で発表できればと考えている。

研究のテーマが卒業論文、修士論文、博士論文で大きく変わる研究者も少なくないと聞くが、私の研究テーマは島根県の政党から変わることはなかった。二〇〇九年に島根大学に進学した時に、初めて若槻礼次郎が島根県松江市出身であると知った私は、若槻と島根の関係をやってみたいと思い立った。そこから関心の軸足は若槻が所属した憲政会・民政党の島根県での活動に広がり、博士論文の提出に至ったのである。島根大学に進学することがなければ、このテーマに辿り着けなかった。出雲大社は「縁結び」の神ということで全国的に知られているが、私は島根との数奇な「縁」に恵まれたのである。振り返ってみると、私の研究は様々な「縁」の上に成り立っている。

本書の出版にあたって、何よりもまずお二人の先生のお名前を挙げなければならない。

島根大学時代の指導教官であった竹永三男先生のご指導があったからこそ、私は今日まで研究を続けてこられた。竹永先生は学部時代の奔放極まりなかった私に対して、懇切丁寧に歴史学という学問の基礎や史料調査などの基礎を文字どおり一からお教えいただいた。竹永先生の講義と演習は徹底的に作り込まれており、研究者としての基礎的な技量を身につけることができた。今、学生を教える立場になって、竹永先生の講義の完成度の高さを改めて実感している。演習でも古典的な論文だけでなく、最新の研究を読み込む訓練も受けた。私が今日研究者としてどうにかやってこられたのは、島根大学の充実したカリキュラムに加えて、竹永先生が学生の側に常に立って、考え抜かれた講義・演習を手がけてこられたからにほかならない。竹永先生の研究室にしばしば押しかけては荒唐無稽な議論や思いついたことを述べて、そのたびに時には窘められ、時にはアドバイスをいただいたことを昨日のことのように覚えている。このように竹永先生は私のような自分勝手な学生に向き合い続けてくださった。当時竹永先生が関わっておられた松江市史の編纂事業にも参加させていただいたことで、『渡部寛一郎文書』をはじめとする重要な史料群にアクセスできた。この数奇なめぐりあわせがなければ、とうてい研究を形作ることはできなかっただろう。

この他にも竹永先生からいただいた学恩は数多くあるが、忘れられないことがある。卒業論文が思うように書けず、大学院の受験・面接が散々だった私は、竹永先生に研究者としての道を諦めようと思うと相談したことがあった。今にして思えばまだ結果も出ていないのにあまりに早計だったと思うが、当時はそれほどまでに打ちのめされていた。何を言ったのかはよく覚えていないが、私は自分が研究者に向いていないこと、努力をしたつもりだったが実を結びそうにない、大学院進学は諦めたいと言ったと思う。この相談に対して竹永先生は、珍しく険しい口調で私を諭した。「君の研究に対する前向きな姿勢を私は高く評価している。そんなことを言うと君の今までの努力に失礼だ」と。拙いながらも努力をしてきた自分をずっと見守ってくださった竹永先生のお言葉は、今でも深く胸に刻まれている。「竹永さんは教育者だから、いい先生のところに行けたね」というお言葉を、竹永先生を知る方々からいただくことがよくあるが、まさに「教育者」としての竹永先生の献身的なご指導があったからこそ、今の私がある。竹永先生は、私の単著の出版を心から待ち望んでおられた。お会いするたびに期待に応えねばと思い続けてきたが、ようやく出版することができて心から安堵している。

そして、京都府立大学大学院に私を受け入れてくれた小林啓治先生なくして今の私はここにはいない。先述の通り院進学が絶望的かと思われた私だったが、幸いにも京都府立大学大学院に進学することができた。そこで指導教官としてご指導してくださったのが小林先生である。実は小林先生とは私が高校生の時に二〇〇七年のオープンキャンパスで一度お会いしていた。私の第一志望は歴史学科のある京都府立大学であり、どんな大学かを見ておきたかったのである。学部での入学は叶わなかったが、大学院での進学ができて小林先生のもとで教わることになったのである。

小林ゼミでは一九八〇年代を中心とする政治史研究の基礎的な文献を読み込む指導を受けた。今にして思えばあれらの研究は小林先生が学生・院生の頃に読んでいたものを取り上げてくださったのだと思う。小林ゼミは自由闊達に出席者が議論し、最後に小林先生ご自身が議論の総括をするという内容であった。大学院の議論のレベルの高さに驚きつつも、自由に議論できたのは小林先生だけでなく、ゼミ生の皆様が寛容に受け入れていただいたからにほかならない。その時の経験は、いかなる時でも物怖じせずに発言する（それが適切な時もあればそうでないと時もあるが）私の原型を形作ったと思う。小林先生は私の研究に寄り添う指導に徹してくださった。私の問題関心や意見をじっと聞き入れてくださった。今でも私が自由に研究を続けられているのは、小林先生が権威主義とはまったく無縁の教育的姿勢で私に向き合ってくださったからである。社会人であった私が論文執筆と学位取得のことを相談した時にも真摯に相談に乗ってくださり、博士論文の審査もご快諾いただいた。論文博士として博士号を取得できたのは小林先生ご尽力によるものである。なお、横関至氏の非常に重要な研究についても小林先生が紹介してくださった。また、今回の出版についても、単著を出すことを強く勧めてくださり、出版助成に関わる推薦書を書いていただいた。

小林先生とのエピソードで忘れられないことがある。入学前に小林先生の研究室を訪ねた時のことである。その時に「君の研究課題は何だと思う」と聞かれた。私は何と回答したのかよく覚えていないが、確か「二大政党制の意義を考えることですか」と答えたように思う。それに対して小林先生は「日本の民主主義を考えることだ」とお答えになった。その時に自らの考えのスケールの小ささと、小林先生のお考えの広さを思い知ったのである。この論文は私なりに小林先生に対して「日本の民主主義」を考えた一つの回答となっている。もちろん、まだまだのところはあるが、これらかも小林先生から与えられた課題に挑み続けていきたい。

小林ゼミは自由闊達に議論できる環境であり、院生だった私はゼミを楽しみしながら研究発表、論文・書籍の読解を進められた。先輩・後輩の垣根なく自由な議論ができたのは小林先生のお人柄だけでなく、ゼミ生も自由な空気を作り出していたからにほかならない。机を並べて議論を交わした小野寺真人氏、岡本真奈氏、松尾佐保氏、長澤伸一氏らに感謝申し上げたい。

日本史研究会・大阪歴史学会・大阪歴史科学協議会等の関西の歴史学会では報告だけでなく、大会や部会に出席しては好き勝手に放言してきた。そのような私の意見に耳を傾けていただいたこと、学会に参加するたびに声をかけていただく皆様に感謝したい。一人一人のお名前を出すことはできないが、在野で研究している身として、こうした開かれた学会の存在は研究に心をつなぎとめる大切な場となっている。

多くの良き先輩方に恵まれたことも私の研究人生にとって大きなプラスであった。佐々木拓哉氏の紹介で参加した近世近代移行期研究会では、猪原透氏、西田彰一氏、大月英雄氏、澤井広次氏らにお世話になった。今でも研究や現場の第一線で活躍する方々との交流は、島根から関西に出てきた私にとって、かけがえのない交流の場となった。

また、歴史学会以外の場での報告や活動の場も広げられている。とくに日本選挙学会と日本政治法律学会の存在はとても大きい。

日本選挙学会については、二〇二一年に大会報告の機会をいただいた。この報告に関しては、若月剛史氏が私の論文を見て報告を依頼したいと考え、片山慶隆氏が連絡の労をとってくださった。お二人のご尽力によって貴重な報告の機会に恵まれただけでなく、日本選挙学会とつながりを持てたことは自分の研究や見識を深める重要な転機となった。日本選挙学会では政治学をはじめとする様々な分野で活躍している研究者の方々と交流することができた。報告も刺激的なものばかりで毎年の学会を楽しみにしている。なにより、将来を嘱望される若手研究者の方々とつながりを持つことができたのが大きな財産である。優れた成果を次々と発表し、研究に対して真摯に取り組んでいる彼ら彼女らの姿を見ていると、もっと成果を出さなければならないという思いを強くするとともに、大いに励まされている。彼ら彼女らが牽引するこれからの学会の将来は、誠に明るいものであることを確信している。

日本政治法律学会には二〇二一年の学会発表以来参加し続けている。この学会は学際的交流を第一とする学会で、自由で闊達な議論が繰り広げられる場となっている。私も発表やコメントの機会をいただくことがたびたびあり、懇親会では政治学、法学、憲法学など多分野にわたる研究者たちと交流を深めることができている。ここで得られた知見や関心は研究にも大いに役立っている。すべての方々のお名前を挙げることはできないが、とくに白鳥浩氏、丹羽功氏、芦立秀朗氏、吉田龍太郎氏にはいつもお世話になっている。この場を借りてお礼申し上げたい。

島根県を研究テーマにすることは、史料的制約や研究上の課題に常に向き合い続けることを意味している。そのような困難を伴う研究状況の中で、『渡部寛一郎文書』の提供・使用をご快諾いただいた原洋二氏に心より感謝を申し上げたい。原氏のご理解とご協力なくしてこの研究は成り立たない。地域史研究を行う人間として、原氏のように史料を自ら保存し継承してきた方々に敬意を払うことを忘れた日はない。貴重な史料を提供していただいたことを重ねて感謝申し上げるとともに、地域史研究者としてこうした史料の保存・活用について微力ながら今後も協力していきたい。

史料の所有者である原氏もご参加されている渡部寛一郎文書研究会のメンバーである、要木純一氏、板垣貴志氏、内田融氏、大原俊二氏、居石由樹子氏、小林奈緒子氏、本井優太郎氏、森安章氏にもお礼申し上げたい。私は研究会が公表した貴重な成果を活用しながら今日まで研究を続けられている。例会にはあまり出席できておらず恐縮ではあるが、今日の成果があるのは間違いなく研究会の皆様のおかげである。

地域史料の保存・活用という点において、私が手本としているのは沼本龍氏と小山元孝氏である。沼本氏は松江市史編纂室に在職されていた当時、学部生だった私に史料撮影や保存のノウハウを教えてくださった。沼本氏は竹永先生のもとで学ばれた先輩にあたる。右も左も分からない私に丁寧にお教えいただいたことには今でも感謝している。沼本氏の貴重な研究成果は本研究にも活かされている。

小山氏には京都府立大学大学院時代に京丹後市の史料調査でお世話になった。当時京丹後市の文化財担当の職員であった小山氏は、村役場文書や学校史料の保存・活用に向けた活動を精力的に行っていた。小山氏からは史料保存の原則から活用方法、さらには地域史研究のあり方を学んだ。現在は福知山公立大学に勤務されているが、小山氏の地域に根ざした教育・研究姿勢は私にとって手本というべき存在となっている。なお、小山氏のご協力のもとで保存調査活動を行った木津村役場文書については、その成果を「戦時日本の『翼賛行政』」(『道歴研年報』第二五号、二〇二四年)として発表した。地域史から大きな枠組みを論じるという私の姿勢は、史料の保存に取り組むお二人の姿勢から学んだものである。今後もお二人から学んだ地域史料を活かした研究を続けていきたい。

板倉家文書の使用を快諾いただいた板倉好子氏に心よりお礼申し上げたい。板倉家文書は竹永先生を中心に調査を行ったものである。憲政会・民政党に関する貴重な史料があり、引き続き調査・研究を進める所存である。

島根県立大学の濱野靖一郎氏とは浜田市で二回ほどお会いしている。その時に私に単著出版を強く勧めてくださった。島根県在住の研究者として、今後もご指導いただきたいと考えている。

塚本英樹氏は、数少ない島根県の近現代史研究を進める同志である。お互いに切磋琢磨できればと思っている。

本書のもとになった博士論文の副査を務めていただいた川瀬貴也先生と藤本仁文先生に感謝を申し上げたい。川瀬先生と藤本先生からは博士論文の乗り越えるべき課題を明確に示していただいた。本書では可能な限りその克服に努めたつもりである。川瀬先生はいわば私にとって研究の「叔父」のような存在である。川瀬先生の大学院ゼミでは文献や論文を読み込んで闊達に議論が行われた。他分野の研究者とも交流できる貴重な機会で、普段は読まない思想史の文献にも触れることができた。今後もご指導いただければと考えている。

藤本先生のゼミではくずし字の読解を進めた。くずし字が苦手な私は読み進めるのに苦労したものの、藤本先生は根気強く指導してくださった。今でもくずし字は苦手な方だが、あの時史料を丁寧に読む経験を経たからこそ今の自分があるのだと思う。

本書の出版に際して、法律文化社に推薦文を出していただいた櫻澤誠氏に心からお礼申し上げたい。櫻澤氏とは島根大学在学時に集中講義を受けてから、今日まで学会でお会いすればお話しする間柄となっている。突然の相談にもかかわらず、ご快諾いただいた。ここにも不思議な「縁」を感じている。

島根大学法文学部に在籍していた当時のことについても触れておきたい。島根大学法文学部社会文化学科の歴史と考古コースには、自主ゼミと呼ばれる場があった。これは学部生が主体で運営されているもので、前期では通史を輪読し、後期では自分の読みたい論文を持ち寄るというのが、私が在学していた時の内容であった。学部一回生から岩波講座を通読し、レジュメを作って論点を示したことを覚えている。右も左も分からなかったが、あの時の経験は今日の研究の基盤となっている。島根大学は学部教育がたいへん充実しており、先生方も熱心にご指導してくださった。当時お世話になった大日方克己先生、小林准士先生、渋谷聡先生、加藤克夫先生、丸橋充拓先生、佐々木愛先生に心より感謝申し上げたい。当時の先生方にとって私は手に負えない学生であり、ご迷惑をおかけしたと思う。粘り強くご指導いただいたことに重ねて感謝申し上げたい。また、教育学部の長谷川博史先生と富澤芳亜先生にも大変お世話になった。暇さえあればお二人の研究室に押しかけ、講義の感想を述べたり本を借りたりしていたことを覚えている。他学部の学生でも丁寧にご対応いただいたことにお礼申し上げたい。

京都府立大学大学院では同期や先輩にも恵まれ、存分に研究できる環境にあった。お世話になった先輩や同期、後輩の皆様にも感謝している。

石見地域の史料保存に携わっておられる浜田市の鍵本俊朗氏、藤田大輔氏、濱松里美氏、津和野町郷土館の小杉紗友美氏、椋木利則氏に感謝申し上げたい。皆様からは、地域の貴重な史料を研究のために惜しみなく供していただいている。その成果を本書に盛り込むことは時間的制約によってかなわなかったが、近い将来必ず形にしたい。改めて地域史研究は、こうした史料保存に熱心に取り組まれる方々なくして成り立たないものだということを実感している。皆様の日頃の史料保存の取り組みに心から敬意を表する。

私はわけあって日本国憲法をめぐる研究にも着手している。本書と直接関係する内容ではないので詳細は差し控えるが、研究の中で稲田恭明氏、熊本史雄氏、鈴木敦氏、種稲秀司氏、中村克明氏と交流を持つことができた。研究分野も出身大学もまったく異なるが、研究を通じてつながったご縁である。他分野から制憲史、戦後史の研究に足を踏み入れた私にとって、皆様の研究成果は大変重要な指針となっている。これまでのご厚恩に感謝申し上げるとともに、今後もご指導ご鞭撻を願いたい。

本書の出版にあたっては京都府立大学の令和六年度研究成果公表支援事業の支援を受けている。在野研究者の私にも門戸を開いてくれた京都府立大学にお礼申し上げる。

本書の出版をご担当いただいた法律文化社編集部の田引勝二氏には出版に至るまで様々なご支援をいただいた。日本政治法律学会で初めてお会いした時から、今日まで根気強く付き合っていただき感謝に堪えない。編集者として数多くの著作を手がけてこられた田引氏のご尽力があったからこそ、本書は日の目を見ることができた。今後とも田引氏と法律文化社にはよい仕事をできればと考えている。

私は研究機関における地位は有していない、いわば在野研究者である。在野研究には数多くの制約が伴う。大学に所属する研究者のように資料の利用は思うようにできない上に、研究時間も大きな制約を受けている。研究室や大学図書館が取り寄せているような研究誌へのアクセスすらままならない。大学に所属する研究者よりも制限された環境で研究していることは間違いない。

そのような私が今日まで研究を続けてこられたのは、これまで挙げてきた権威や地位にとらわれずに学術の発展に取り組んでおられる方々と、私に貴重な史料や情報を与えてくださった方々の善意による。学術とは大学の中で完結するものではないことを明記したい。

今日まで私を支えてくれた家族にも一言述べておきたい。父・俊嗣と母・理恵は今日まで様々な面で私を支援してくれた。部屋の一角が本と資料で山積みになっても、私の研究に理解を示してくれて協力を惜しまなかった。姉の真奈も様々な面で私を応援してくれた。心から感謝している。

兄の杉谷和哉は私の人生にとって大きな存在である。その存在を一言でいうなら兄であり生涯の学友である。今や日本における公共政策研究のトップランナーといって差し支えないであろうその存在は、私の人生の中で常に超えがたいものであった。博士号を取得する決意をしたのも、一つには和哉に少しでも追いつきたいという思いによるところもあった。和哉は在野研究者である私を気にかけ、事あるごとに様々な機会を与えてくれた。研究発表の場所を探していた私を日本政治法律学会に連れ出してくれたことには今でも感謝している。二人で会うたびに話すのは研究や学問のことがほとんどである。時には深夜まで議論を交わすこともしばしばである。この兄弟のやり取りの中で、彼が最新の政治学の研究状況や知見を教えてくれているからこそ、政治学にも研究の視野を広げられたといってよい。兄としてだけでなく、生涯の学友として今後も末永く議論できればと思っている。

他にもここには書き切れないくらいに多くの方々に支えられてきた。私に関わってくれた方々のご厚意なくして、今日まで研究を続けることはできなかった。改めて自分一人では何事もなしえなかったのだと実感している。ただ、一方で自分の限界や不十分さ、力不足も日々感じている。それでも研究を止めることはないだろう。研究を継続することこそ、今までご厚意を持って接してくださった方々に報いる唯一の道であると確信しているからである。今はこの一冊を世に示すことで、一つの知見を形にしておきたい。

二〇二四年一一月一九日　秋風薫る津和野の地にて

杉谷直哉

ら　行



わ　行

# 事項索引

## ま　行



## や　行



## わ　行

さ　行



た　行



な　行



は　行

# 人名索引

## あ 行



## か 行

《著者紹介》

杉谷直哉（すぎたに・なおや）

1990年　大阪府生まれ。

2013年　島根大学法文学部社会文化学科卒業。

2015年　京都府立大学大学院文学研究科史学専攻博士前期課程修了。博士（歴史学）。

現　在　島根大学法文学部山陰研究センター客員研究員、丹波篠山市役所職員、京都文教大学非常勤講師。

論　文　「“平和主義者”ダグラス・マッカーサーの実像――憲法第九条の父をめぐる言説史」『ROLES REPORT』32、2024年10月。

「戦時日本の「翼賛行政」――京都府竹野郡木津村役場文書からの検討」『道歴研年報』25、2024年９月。

「“平和主義者”幣原喜重郎の誕生――憲法第九条幣原発案説の言説史」『Antitled』3、2024年５月。

「島根県における立憲民政党地方組織の展開」『選挙研究』38(1)、2022年７月。

「島根県における選挙粛正運動の展開」『島根史学会会報』60、2022年７月。

「島根県における政党内閣制崩壊前後の政党勢力の展開――二つの総選挙をめぐる二つの逆説」『日本政治法律研究』4、2022年３月。

「渡部寛一郎文書と政党政治」『近代山陰地域の文化教養環境における漢詩文の位置』2022年２月。

「政党政治家のイメージ形成について――若槻礼次郎の伝記と地元評からの検討」『山陰研究』12、2019年12月。

「「地方メディア」の政党論――島根県の地方紙・郷土人雑誌の分析から」『洛北史学』20、2018年６月。

「島根県における憲政会・立憲民政党勢力の形成と展開」『山陰研究』10、2017年12月。

# 日本における「近代政党」の誕生
## ――戦前期島根県における憲政会・民政党勢力の展開

2025年3月31日　初版第1刷発行

著　者　杉谷直哉

発行者　畑　　光

発行所　株式会社 法律文化社

〒603-8053 京都市北区上賀茂岩ヶ垣内町71
電話 075(791)7131　FAX 075(721)8400
customer.h@hou-bun.co.jp
https://www.hou-bun.com/

印刷：㈱冨山房インターナショナル／製本：新生製本㈱
装幀：白沢　正

ISBN 978-4-589-04399-3